A ÁRVORE DO CONHECIMENTO

As Bases Biológicas da Compreensão Humana

A ÁRVORE DO CONHECIMENTO
As Bases Biológicas da Compreensão Humana

Humberto R. Maturana
e Francisco J. Varela

Tradução
Humberto Mariotti e Lia Diskin

Palas Athena

Título original: *El árbol del conocimiento*
Copyright © 1984 by Behncke, Maturana, Varela

Grafia segundo o Acordo Ortográfico da Língua Portuguesa de 1990, que entrou em vigor no Brasil em 2009.

Coordenação editorial: *Emilio Moufarrige*
Revisão de provas: *Lucia Brandão Saft Moufarrige*
Revisão ortográfica: *Lidia La Marck*
Diagramação: *Maria do Carmo de Oliveira*
Capa: *Mauricio Zabotto*

Dados Internacionais de Catalogação na Publicação (CIP)
(Câmara Brasileira do Livro, SP, Brasil)

M445a

Maturana, Humberto R.
   A árvore do conhecimento: as bases biológicas da compreensão humana/ Humberto R. Maturana e Francisco J. Varela; tradução: Humberto Mariotti e Lia Diskin; ilustração: Carolina Vial, Eduardo Osorio, Francisco Olivares e Marcelo Maturana Montañez – São Paulo: Palas Athena, 2001.

   288 págs. : il. ; 16x23cm

   ISBN 978-85-7242-032-0

   1. Teoria do conhecimento. I. Título.

CDD: 121

13ª Edição - fevereiro de 2024

Todos os direitos reservados e protegidos
pela Lei 9.610 de 19 de fevereiro de 1998.
É proibida a reprodução total ou parcial, por quaisquer meios,
sem a autorização prévia, por escrito, da Editora.

Direitos adquiridos para a língua portuguesa no Brasil por

PALAS ATHENA EDITORA
Alameda Lorena, 355 - Jardim Paulista
01424-001 - São Paulo - SP - Brasil
fone: (11) 3050.6188
www.palasathena.org.br   editora@palasathena.org.br

Sumário

Prefácio: Humberto Mariotti............7

CAPÍTULO I
Conhecer o conhecer................21

CAPÍTULO II
A organização do ser vivo............39

CAPÍTULO III
História: reprodução e hereditariedade.....65

CAPÍTULO IV
A vida dos metacelulares..............85

CAPÍTULO V
A deriva natural dos seres vivos........105

CAPÍTULO VI
Domínios comportamentais...........135

CAPÍTULO VII
Sistema nervoso e conhecimento.......157

CAPÍTULO VIII
Os fenômenos sociais................199

CAPÍTULO IX
Domínios linguísticos
e consciência humana...............227

CAPÍTULO X
A árvore do conhecimento............261

Glossário........................275
Fonte das ilustrações...............279

PREFÁCIO

Outro olhar, outra visão

O ponto de partida desta obra é surpreendentemente simples: a vida é um processo de conhecimento; assim, se o objetivo é compreendê-la, é necessário entender como os seres vivos conhecem o mundo. Eis o que Humberto Maturana e Francisco Varela chamam de biologia da cognição.

O modo como se dá o conhecimento é um dos assuntos que há séculos instiga a curiosidade humana. Desde o Renascimento, o conhecimento em suas diversas formas tem sido visto como a representação fiel de uma realidade independente do conhecedor. Ou seja, as produções artísticas e os saberes não eram considerados construções da mente humana. Com alguns intervalos de contestação (como aconteceu logo no início do século 20, por exemplo), a ideia de que o mundo é pré-dado em relação à experiência humana é hoje predominante – e isso talvez mais por motivos filosóficos, políticos e econômicos do que propriamente por causa de descobertas científicas de laboratório.

Segundo essa teoria, nosso cérebro recebe passivamente informações vindas já prontas de fora. Num dos modelos teóricos mais conhecidos, o conhecimento é apresentado como o resultado do processamento (computação) de tais informações.

Em consequência, quando se investiga o modo como ele ocorre (isto é, quando se faz ciência cognitiva), a objetividade é privilegiada e a subjetividade é descartada como algo que poderia comprometer a exatidão científica. Tal modo de pensar se chama representacionismo, e constitui o marco epistemológico prevalente na atualidade em nossa cultura. Sua proposta central é a de que o conhecimento é um fenômeno baseado em representações mentais que fazemos do mundo. A mente seria, então, um espelho da natureza. O mundo conteria "informações" e nossa tarefa seria extraí-las dele por meio da cognição.

Como aconteceu com muitas outras, essa posição teórica também produziu consequências práticas e éticas. Veio, por exemplo, reforçar a crença de que o mundo é um objeto a ser explorado pelo homem em busca de benefícios. Essa convicção constitui a base da mentalidade extrativista – e com muita frequência predatória – dominante entre nós. A ideia de extrair recursos de um mundo-coisa, descartando em massa os subprodutos do processo, estendeu-se às pessoas, que assim passaram a ser utilizadas e, quando se revelam "inúteis", são também descartadas. Como todos sabem, a exclusão social alcança hoje em muitos países proporções espantosas, em especial no continente africano e na América Latina. Ao nos convencer de que cada um de nós é separado do mundo (e, em consequência, das outras pessoas), a visão representacionista em muitos casos terminou desencadeando graves distorções de comportamento, tanto em relação ao ambiente quanto no que diz respeito à alteridade.

Prefácio

O representacionismo é um dos fundamentos da cultura patriarcal sob a qual vive hoje boa parte do mundo, inclusive as Américas. A esse respeito, lembremos um dado histórico comentado por Hannah Arendt[1] em relação aos bôeres, europeus em sua maioria descendentes de holandeses que iniciaram a colonização da África do Sul no século 17. O contato com os nativos sempre os chocava, diz Arendt. Para aqueles homens brancos, o que tornava os negros diferentes não era propriamente a cor da pele, mas o fato de que eles se comportavam como se fizessem parte da natureza. Não haviam, como os europeus, criado um âmbito humano separado do mundo natural.

Do ponto de vista dos bôeres, essa ligação tão íntima com o ambiente transformava os nativos em seres estranhos. Era como se eles não pertencessem à espécie humana. Por serem parte da natureza, eram vistos como mais um "recurso" a ser explorado. Por isso, era "justo" que fossem amplamente utilizados como produtores de energia mecânica no trabalho escravo, ou então simplesmente massacrados. Eis um exemplo do tipo de alteridade gerado pelo modelo mental fragmentador. A fragmentação traduz a separação sujeito-objeto, principal característica da concepção representacionista. Hoje, mais do que nunca, o representacionismo pretende que continuemos convencidos de que somos separados do mundo e que ele existe independentemente de nossa experiência.

Foi exatamente para mostrar que as coisas não são tão esquemáticas assim que surgiu *A Árvore do Conhecimento*. Eis a sua tese central:

vivemos no mundo e por isso fazemos parte dele; vivemos com os outros seres vivos, e portanto compartilhamos com eles o processo vital. Construímos o mundo em que vivemos durante as nossas vidas. Por sua vez, ele também nos constrói ao longo dessa viagem comum. Assim, se vivemos e nos comportamos de um modo que torna insatisfatória a nossa qualidade de vida, a responsabilidade cabe a nós.

Ao contrário das tentativas anteriores de contestar pura e simplesmente o representacionismo, as ideias de Maturana e Varela têm nuanças que lhes proporcionam uma leveza e uma perspicácia que constituem a essência de sua originalidade. Para eles, o mundo não é anterior à nossa experiência. Nossa trajetória de vida nos faz construir nosso conhecimento do mundo – mas este também constrói seu próprio conhecimento a nosso respeito. Mesmo que de imediato não o percebamos, somos sempre influenciados e modificados pelo que vemos e sentimos. Quando damos um passeio pela praia, por exemplo, ao fim do trajeto estaremos diferentes do que estávamos antes. Por sua vez, a praia também nos percebe. Estará diferente depois da nossa passagem: terá registrado nossas pegadas na areia – ou terá de lidar também com o lixo com o qual porventura a tenhamos poluído.

Do mesmo modo, as águas de um rio vão abrindo o seu trajeto por entre os acidentes e as irregularidades do terreno. Mas estes também ajudam a moldar o itinerário, pois nem a correnteza nem a geografia das margens determinam isoladamente o curso fluvial: ele se estrutura de um modo interativo, o que nos revela como as coisas se determinam e se constroem umas às outras. Por serem assim, a cada momento elas nos surpreendem, revelando-nos que aquilo que pensávamos ser repetição sempre foi diferença, e o que julgávamos ser monotonia nunca deixou de ser criatividade.

Tomemos ainda outra metáfora: não são só os timoneiros que dirigem os navios. O meio ambiente também pilota as embarcações, por meio das correntes marítimas, dos ventos, dos acidentes de percurso, das tempestades e assim por diante. Dessa forma os pilotos guiam, mas também são guiados. Não há velejador experiente que não saiba disso. Portanto, pode-se dizer que construímos o mundo e, ao mesmo tempo, somos construídos por ele. Como em todo esse processo entram sempre as outras pessoas e os demais seres vivos, tal construção é necessariamente compartilhada.

Para mentes condicionadas como as nossas não é nada fácil aceitar esse ponto de vista, porque ele nos obriga a sair do conforto e da passividade de receber informações vindas de um mundo já pronto e acabado – tal como um produto recém-saído de uma linha de montagem industrial e oferecido ao consumo. Pelo contrário, a ideia de que o mundo é construído por nós, num processo incessante e interativo, é um convite à participação ativa nessa construção. Mais ainda, é um convite à assunção das responsabilidades que ela implica. Não se trata, porém, de uma escolha retórica, e sim do cumprimento de determinações que derivam da nossa própria condição de viventes. Maturana e Varela mostram que a ideia de que o mundo não é pré-dado, e que o construímos ao longo de nossa interação com ele, não é apenas teórica: apoia-se em evidências concretas. Várias delas estão expostas – com a frequente utilização de exemplos e relatos de experimentos – nas páginas deste livro.

Em suma: se a vida é um processo de conhecimento, os seres vivos constroem esse conhecimento não a partir de uma atitude passiva e sim pela interação. Aprendem vivendo e vivem aprendendo. Essa posição, como já vimos, é estranha a quase tudo o que nos chega por meio da educação formal.

Um pouco de história

As teorias de Maturana e Varela constituem uma concepção original e desafiadora, cujas consequências éticas agora começam a ser percebidas com crescente nitidez. Nos últimos anos, por exemplo, tal compreensão vem se ampliando de modo significativo e tem influenciado muitas áreas do pensamento e atividade humanos. *A Árvore do Conhecimento* tornou-se um clássico, ou melhor, recebeu o justo reconhecimento de seu classicismo inato. Por isso, é importante contar aqui as linhas gerais de sua história.[2]

Tudo começou na década de 1960, quando Maturana, professor da Universidade do Chile, intuiu que a abordagem convencional da biologia – que basicamente estuda os seres vivos a partir de seus processos internos – podia ser fertilizada por outro modo de ver. Tal abordagem os concebe em termos de suas interações com o ambiente, no qual, é claro, estão os demais seres vivos. Em meados dos anos 60, Varela tornou-se aluno de Maturana. A seguir, já também professor, continuou a trabalhar com ele na Universidade do Chile. Juntos escreveram um primeiro livro: *De Máquinas y Seres Vivos: Una Teoría de la Organización Biológica*.³ Tempos depois, a instauração do regime militar no país, a partir de 1973, fez com que os dois autores fossem para o exterior, onde continuaram a trabalhar separadamente.

Em 1980, de volta ao Chile, retomaram a colaboração. Por essa época, a Organização dos Estados Americanos (OEA) buscava novas formas de abordar a comunicação entre as pessoas e o modo como ocorre o conhecimento. Por intermédio de Rolf Behncke, também chileno e ligado a essa instituição, Maturana e Varela começaram a expor os resultados de suas pesquisas em uma série de palestras, assistidas por pessoas de formação heterogênea. A transcrição e edição dessas apresentações resultou num livro, publicado em 1985 em edição não comercial para a OEA. Essa obra constitui, com algumas modificações, o que é hoje *A Árvore do Conhecimento*. Desde a sua primeira edição destinada ao público – em 1987 –, ela jamais deixou de despertar atenção, gerando comentários, resenhas, análises, pesquisas, outros livros. Tudo isso compõe hoje uma ampla bibliografia, espalhada por áreas tão diversas como a biologia, a administração de empresas, a filosofia, as ciências sociais, a educação, as neurociências e a imunologia.

O centro da argumentação de Maturana e Varela é constituído por duas vertentes. A primeira, como vimos, sustenta que o conhecimento não se limita ao processamento de informações oriundas de um mundo anterior à experiência do observador, o qual se apropria dele para fragmentá-lo e explorá-lo. A segunda grande linha afirma que os seres vivos são autônomos, isto é, autoprodutores – capazes de produzir seus próprios componentes ao interagir com o meio: vivem no conhecimento e conhecem no viver.

A autonomia dos seres vivos é uma alternativa à posição representacionista. Por serem autônomos, eles não podem se limitar a receber passivamente informações e comandos vindos de fora. Não "funcionam" unicamente segundo instruções externas. Conclui-se, então, que se os considerarmos isoladamente eles são autônomos. Mas se os virmos em seu relacionamento com o meio, torna-se claro que dependem de recursos externos para viver. Desse modo, autonomia e dependência deixam de ser opostos inconciliáveis: uma complementa a outra. Uma constrói a outra e por ela é construída, numa dinâmica circular.

Mas o que fazer para que o ser humano se veja também como parte do mundo natural? Para tanto, é preciso que ele observe a si mesmo enquanto observa o mundo. Esse passo é fundamental, pois permite compreender que entre o observador e o observado (entre o ser humano e o mundo) não há hierarquia nem separação, mas sim cooperatividade na circularidade. Na verdade, Maturana e Varela dão – não apenas com este livro, mas com o conjunto de suas

Desdobramentos

respectivas obras – uma contribuição relevante à compreensão daquilo que talvez seja o maior problema epistemológico de nossa cultura: a extrema dificuldade que temos de lidar com tudo aquilo que é subjetivo e qualitativo.

Mas temos outra limitação. Para nós, não é fácil aceitar que o subjetivo e o qualitativo não se propõem a ser superiores ao objetivo e ao quantitativo; e que não pretendem descartá-los e substituí-los, mas sim manter com eles uma relação complementar. Não entendemos que todas essas instâncias são necessárias, e que é essencial que entre elas haja um relacionamento transacional, uma circularidade produtiva. Tal situação tem produzido, como foi dito, consequências éticas importantes. Parece incrível, mas muitas pessoas (inclusive cientistas e filósofos) imaginam que o trabalho científico deve afastar de suas preocupações a subjetividade e a dimensão qualitativa – como se a ciência não fosse um trabalho feito por seres humanos. Maturana e Varela mostram, com abundância de exemplos e constatações, que a subjetividade (tanto quanto a objetividade), e a qualidade (tanto quanto a quantidade), são na verdade indispensáveis ao conhecimento e, portanto, à ciência.

O agora e o futuro

Hoje, os dois autores seguem caminhos diferentes. No entanto, a diversidade de suas linhas de trabalho atuais não elimina um traço básico do ideário original: o que sustenta que os seres vivos e o mundo estão interligados, de modo que não podem ser compreendidos em separado.

Outro ponto de convergência é o que diz que, se o conhecimento não é passivo – e sim construído pelo ser vivo em suas interações com o mundo –, a postura de só levar em conta o que é observado deixa de ter sentido. A transacionalidade entre o observador e aquilo que ele observa, além de mostrar que um não é separado do outro, torna indispensável a consideração da subjetividade do primeiro, isto é, a compreensão de como ele experiencia o que observa.

Maturana permanece no Chile, de onde sai periodicamente para cursos, conferências e seminários em vários países do mundo, inclusive o Brasil. Aprofunda seu pensamento sobre a biologia do conhecimento e a respeito de sua concepção de alteridade, que chama de biologia do amor. A transacionalidade da biologia do conhecimento com a biologia do amor compõe a base do que ele denomina de Matriz Biológica da Existência Humana.

Varela trabalha em Paris, onde desenvolve duas linhas complementares de pesquisa. A primeira consta de estudos experimentais sobre a integração neuronal durante os processos cognitivos. A outra consiste em investigações sobre a consciência humana. Tais pesquisas proporcionam contribuições à sua escola de estudos cognitivos – a ciência cognitiva enativa (teoria da atuação). Em linhas gerais, essa teoria sustenta que é preciso levar em conta não apenas a objetividade, mas também a subjetividade do observador, que havia sido preterida pelos modelos teóricos representacionistas de ciência cognitiva. Ou seja, pretende lançar uma ponte sobre o fosso que separa a ciência (o universo da objetividade) da experiência humana (o domínio da subjetividade).

Há anos que a Associação Palas Athena, por meio de sua Editora, pretendia lançar uma tradução de *A Árvore do Conhecimento*. Esse desejo sempre traduziu a certeza não apenas da importância da obra, mas também da afinidade entre as ideias dos cientistas chilenos e os princípios da Associação. Eis por que agora a concretização do projeto é para todos nós um acontecimento da maior importância, que queremos compartilhar.

Humberto Mariotti

P.S. Este livro já estava traduzido e seu texto preparado quando recebemos a notícia do falecimento de Francisco Varela. É com pesar que registramos essa imensa perda. Que esta tradução se incorpore às muitas homenagens que a sua memória merece e certamente receberá. A elas somamos também a nossa gratidão, pelo privilégio de ter convivido com seus ensinamentos e de poder continuar aprendendo com eles.

Humberto Mariotti É médico, psicoterapeuta, professor, escritor, conferencista nacional e internacional, e pesquisador do pensamento sistêmico, complexidade e ciência cognitiva. É autor do livro *As paixões do ego – complexidade, política e solidariedade*, publicado pela Palas Athena Editora. E-mail – homariot@uol.com.br   complexidade@uol.com.br

REFERÊNCIAS

1. ARENDT, Hannah. *Origens do Totalitarismo*. São Paulo: Companhia das Letras, 1998, p. 222, 223.
2. MATURANA, Humberto R., VARELA, Francisco J. *Preface. The Tree of Knowledge: The Biological Roots of Human Understanding*. Boston e Londres: Shambhala, 1998, p. 11-13.
3. MATURANA, Humberto, VARELA, Francisco. *De Máquinas y Seres Vivos: Una Teoria de la Organización Biológica*. Santiago: Editorial Universitaria, 1973.

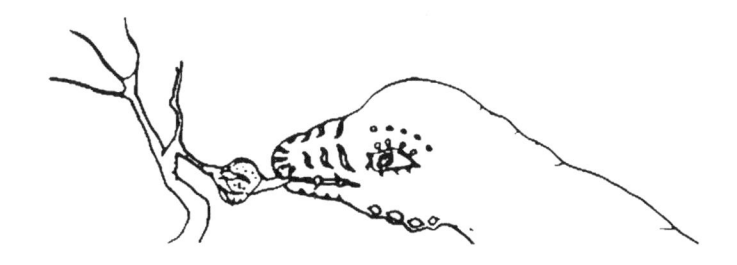

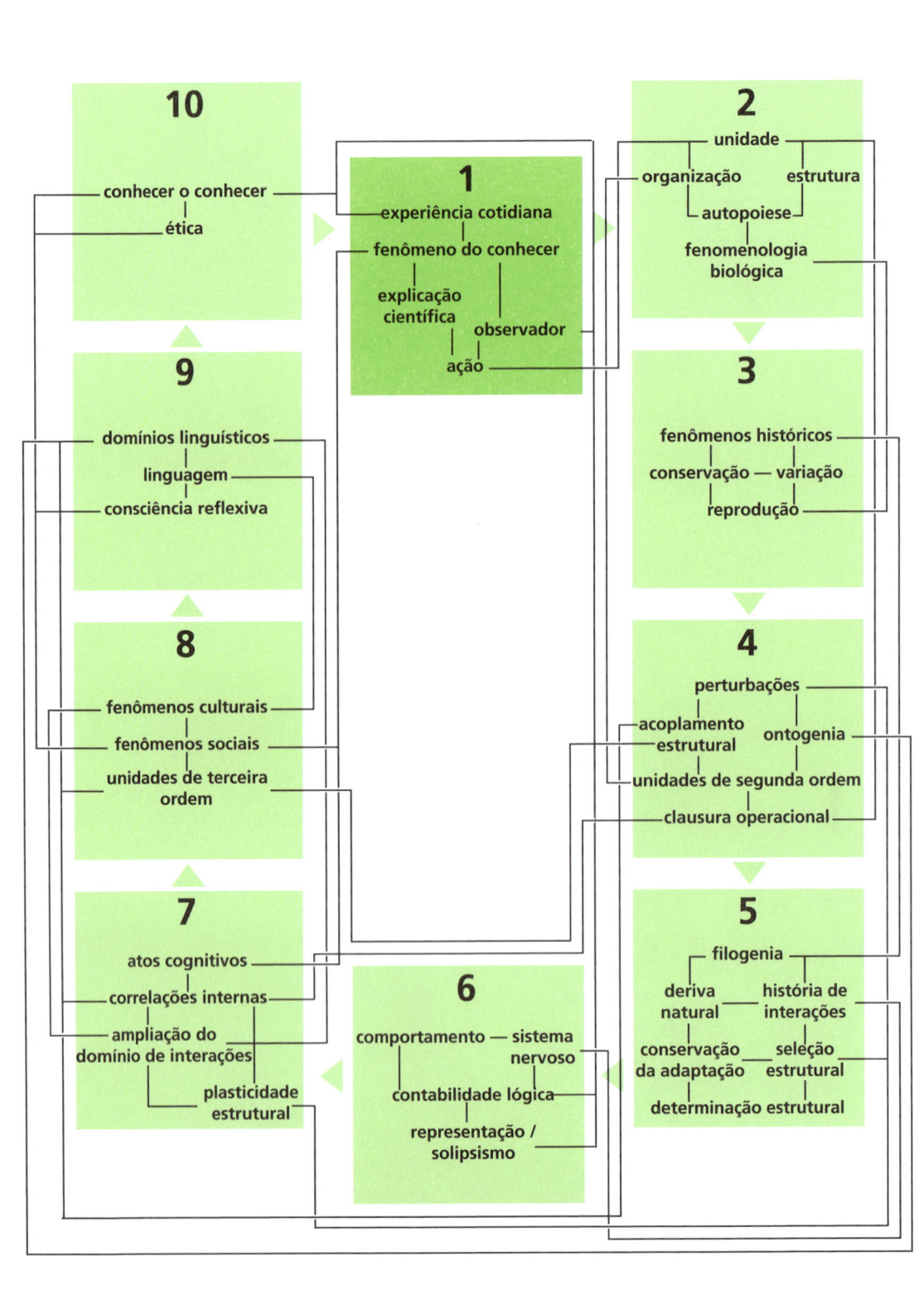

1
- experiência cotidiana
- fenômeno do conhecer
- explicação científica
- observador
- ação

2
- unidade
- organização — estrutura
- autopoiese
- fenomenologia biológica

3
- fenômenos históricos
- conservação — variação
- reprodução

4
- perturbações
- acoplamento estrutural — ontogenia
- unidades de segunda ordem
- clausura operacional

5
- filogenia
- deriva natural — história de interações
- conservação da adaptação — seleção estrutural
- determinação estrutural

6
- comportamento — sistema nervoso
- contabilidade lógica
- representação / solipsismo

7
- atos cognitivos
- correlações internas
- ampliação do domínio de interações
- plasticidade estrutural

8
- fenômenos culturais
- fenômenos sociais
- unidades de terceira ordem

9
- domínios linguísticos
- linguagem
- consciência reflexiva

10
- conhecer o conhecer
- ética

I CONHECER O CONHECER

A grande tentação

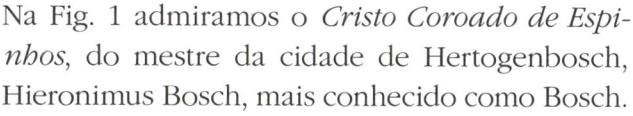

Na Fig. 1 admiramos o *Cristo Coroado de Espinhos*, do mestre da cidade de Hertogenbosch, Hieronimus Bosch, mais conhecido como Bosch.

Essa representação tão pouco tradicional da coroação com espinhos pinta a cena quase em plano único, com grandes cabeças e, mais do que retratar um incidente da Paixão, aponta para um sentido universal do demoníaco em contraste com o reino dos céus. No centro, Cristo expressa uma imensa paciência e aceitação. Entretanto, seus torturadores não foram pintados aqui como em tantas outras composições da época e do próprio Bosch, com figuras extraterrenas que o agridem diretamente, puxando seus cabelos, ferindo a sua carne. Os verdugos do Cristo aparecem com quatro tipos humanos que, na mente medieval, representavam uma visão total da humanidade. Cada um desses tipos é como que uma grande tentação para a amplitude e a paciência da expressão de Cristo. São quatro estilos de alienação e perda da equanimidade interior.

Há muito o que contemplar e refletir sobre essas quatro tentações. Para nós, porém, no início do longo itinerário que será este livro, o personagem do canto inferior direito é particularmente importante. Segura Jesus pelo manto. Firma-o

Fig. 1. *Cristo coroado de espinhos*, de Hieronimus Bosch, Museu do Prado, Madri.

contra o solo. Segura-o e restringe sua liberdade fixando sua perspectiva. Parece estar dizendo: "Mas eu sei, já o sei". Eis a tentação da **certeza**.

Tendemos a viver num mundo de certezas, de solidez perceptiva não contestada, em que nossas convicções provam que as coisas são somente como as vemos e não existe alternativa para aquilo que nos parece certo. Essa é nossa situação cotidiana, nossa condição cultural, nosso modo habitual de ser humanos.

Pois bem, todo este livro pode ser visto como um convite à suspensão de nosso hábito de cair na tentação da certeza. Isso é duplamente necessário. Por um lado, porque, se o leitor não suspender suas certezas, não poderemos comunicar aqui nada que fique incorporado à sua experiência como uma compreensão efetiva do fenômeno do conhecimento. Por outra parte, porque aquilo que este livro precisamente irá mostrar, ao estudar de perto o fenômeno do conhecimento e nossas ações dele surgidas, é que toda experiência cognitiva inclui aquele que conhece de um modo pessoal, enraizado em sua estrutura biológica, motivo pelo qual toda experiência de certeza é um fenômeno individual cego em relação ao ato cognitivo do outro, numa solidão que (como veremos) só é transcendida no mundo que criamos junto com ele.

As surpresas do olho

Nada do que vamos dizer será compreendido de maneira verdadeiramente eficaz, a menos que o leitor se sinta pessoalmente envolvido, a menos que tenha uma experiência direta que ultrapasse a simples descrição.

A

B

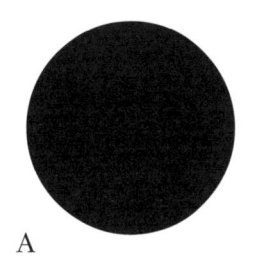

Fig. 2. Experiência do ponto cego.

Portanto, em vez de falar sobre como a aparente solidez de nosso mundo experiencial se torna rapidamente suspeita quando o observamos de perto, iremos demonstrar esse fato por meio de duas situações simples. Ambas correspondem ao âmbito de nossa experiência visual cotidiana.

Primeira situação: cubra seu olho esquerdo e olhe fixamente para a cruz desenhada na página 23, mantendo-a a uma distância de cerca de quarenta centímetros. Você observará então que o ponto negro da figura, de tamanho nada desprezível, desaparece de repente! Experimente girar um pouco a página ou abrir o outro olho. É também interessante copiar o mesmo desenho em outra folha de papel e aumentar gradualmente o ponto negro, até ver qual é o tamanho máximo necessário para o seu desaparecimento. Em seguida, gire a página, de modo que o ponto B ocupe o lugar que antes ocupava A, e repita a observação. O que aconteceu com a linha que cruza o ponto?

Com efeito, essa mesma situação pode ser observada sem nenhum desenho em papel: basta substituir a cruz e o ponto pelos polegares. O dedo aparece como que sem sua última falange (experimente!). Por falar nisso, foi assim que essa observação se tornou popular: Marriot, um cientista da corte de um dos Luíses, mostrou ao rei, mediante esse procedimento, como ficariam seus súditos sem cabeça antes de decapitá-los.

A explicação normalmente aceita para esse fenômeno é que, nessa posição específica, a imagem do ponto (ou do dedo, ou do súdito) cai na zona da retina de onde sai o nervo óptico, que

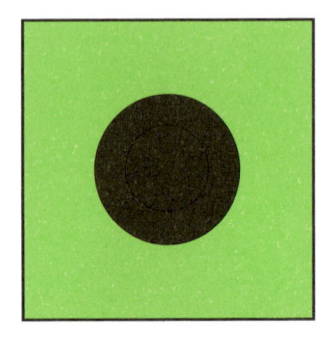

Fig. 3. Os dois círculos desta página foram impressos com a mesma tinta. No entanto, o de baixo parece rosado, por causa de seu entorno verde. Moral da história: a cor não é uma propriedade das coisas; ela é inseparável de como estamos estruturados para vê-la.

portanto não tem sensibilidade à luz. É o chamado ponto cego. Entretanto, o que muito raramente se destaca quando se dá essa explicação é: por que não andamos pelo mundo com um buraco desses o tempo todo? Nossa experiência visual corresponde a um espaço contínuo e, a menos que façamos essas engenhosas manipulações, não percebemos que de fato há uma descontinuidade que deveria aparecer. Nesse experimento do ponto cego, o fascinante é que **não vemos que não vemos**.

Segunda situação: tome dois focos de luz e disponha-os como na Fig. 4 (isso pode ser feito simplesmente com um cilindro de cartolina, do tamanho de uma pequena lâmpada potente, e usando um papel celofane vermelho como filtro). A seguir, interponha um objeto – sua mão, por exemplo – e olhe para as sombras projetadas sobre a parede. Uma delas parecerá azul-esverdeada! O leitor pode experimentar diferentes papéis transparentes de cores diversas diante das lâmpadas, bem como diferentes intensidades de luz.

Aqui, a situação é tão surpreendente quanto no caso do ponto cego. De onde vem a cor azul-esverdeada, quando o que se espera é a branca, a vermelha ou a mistura das duas (rosado)? Estamos acostumados a pensar que a cor é uma qualidade dos objetos e da luz que deles se reflete. Assim, se vejo verde deve ser porque uma luz verde chega até meus olhos, ou seja, uma luz com um certo comprimento de onda. Agora, se usarmos um aparelho para medir a composição da luz nessa situação, descobriremos que não

Fig. 4. Sombras coloridas.

há nenhum predomínio de comprimentos de onda chamados verdes ou azuis na sombra que vemos como azul-esverdeada, e sim apenas a distribuição própria da luz branca. No entanto, a experiência de azul-esverdeado é, para cada um de nós, inegável.

Esse belo fenômeno das chamadas sombras coloridas foi descrito pela primeira vez por Otto von Guericke em 1672, quando ele notou que seu dedo se tornava azul na sombra entre uma vela e o sol nascente. Em geral, diante desse fenômeno (e de outros semelhantes) as pessoas dizem: "Bem, mas qual é **realmente** a cor?", como se os dados fornecidos pelos instrumentos de medição de comprimento de onda fossem a última resposta. Na verdade, esse experimento simples não nos revela uma situação isolada, que possa (com se faz com frequência) ser considerada marginal ou ilusória. Nossa experiência de um mundo feito de objetos coloridos é literalmente independente da composição dos comprimentos de onda da luz que vem de cada cena que observamos. Com efeito, se levo uma laranja de dentro de casa até o pátio, ela continua sendo da mesma cor. No entanto, no interior da casa ela era iluminada por, digamos, uma luz fluorescente, que tem uma grande quantidade de comprimentos de onda chamados azuis (ou curtos), enquanto que ao sol predominam comprimentos de onda chamados vermelhos (ou longos). Não há maneiras de estabelecer uma correspondência entre a tremenda estabilidade das cores com as quais vemos os objetos do mundo e a luz que deles provém. A explicação de como vemos as cores não é simples e não tentaremos fornecê-la com detalhes aqui. Contudo, o essencial é que para entender o fenômeno devemos deixar de pensar que a cor dos objetos que vemos é determinada pelas características da luz que nos chega a partir deles. Em vez disso, precisamos nos concentrar em compreender como a experiência de uma cor corresponde a uma configuração específica de estados de atividade no sistema nervoso, determinados por sua estrutura. Com efeito, embora não o façamos neste momento, é possível demonstrar que, como tais estados de atividade neuronal (como a visão do verde) podem ser desencadeados por uma variedade de perturbações luminosas (como as que tornam possível ver as sombras coloridas), é possível correlacionar o nomear das cores com estados de atividade neuronal, porém não com comprimentos de onda. Os estados de atividade neuronal deflagrados por diferentes perturbações estão determinados em cada pessoa por sua estrutura individual, e não pelas características do agente perturbador.

O que foi dito é válido para todas as dimensões da experiência visual (movimento, textura, forma etc.), bem como para qualquer outra modalidade perceptiva. Poderíamos falar de situações similares, que nos revelam, de um só golpe, que aquilo que tomávamos como uma simples captação de algo (tal como espaço ou cor) traz a marca indelével de nossa própria estrutura. Por enquanto, teremos de nos contentar somente com as observações e experiências acima, e confiar em que o leitor de fato as tenha feito e que, portanto, estejam frescas em sua memória as evidências de como é escorregadio o que ele estava habituado a considerar como muito sólido.

Na verdade tais experimentos – ou muitos outros similares – contêm de maneira capsular o sabor da essência do que queremos dizer. Eles nos mostram como nossa experiência está indissoluvelmente atrelada à nossa estrutura. Não vemos o "espaço" do mundo, vivemos nosso campo visual; não vemos as "cores" do mundo, vivemos nosso espaço cromático. Sem dúvida nenhuma – e como de alguma forma descobriremos ao longo destas páginas –, estamos num mundo. No entanto, quando examinarmos mais de perto como chegamos a conhecer esse mundo, descobriremos sempre que não podemos separar nossa história das ações – biológicas e sociais – a partir das quais ele aparece para nós. O mais óbvio e o mais próximo são sempre difíceis de perceber.

O grande escândalo

No zoológico do Bronx, em Nova York, há um grande pavilhão especialmente dedicado aos primatas. Lá é possível ver os chimpanzés, gorilas, gibões e muitos macacos do Novo e do Velho Mundo. Chama a atenção, porém, que no fundo existe uma jaula separada, com fortes grades. Quando nos aproximamos, vemos uma inscrição que diz: "O primata mais perigoso do planeta". Ao olhar por entre as grades, vemos com surpresa a nossa própria cara: o letreiro esclarece que o homem já matou mais espécies no planeta que qualquer outra espécie conhecida.

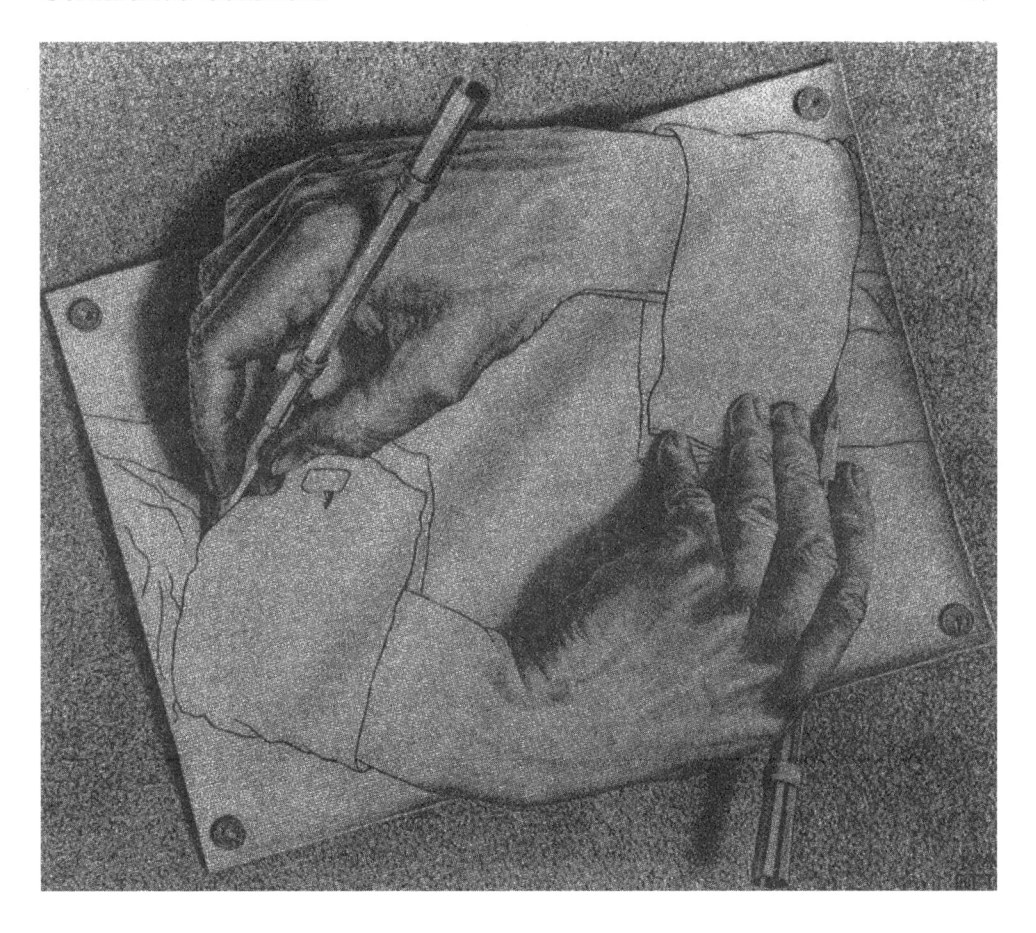

Fig. 5. *Mãos que desenham,* de M.C. Escher.

De observadores, passamos a observados (por nós mesmos). Mas o que vemos?

O momento de reflexão diante de um espelho é sempre muito peculiar, porque nele podemos tomar consciência do que, sobre nós mesmos, não é possível ver de nenhuma outra maneira: como quando revelamos o ponto cego, que nos mostra a nossa própria estrutura, e como quando suprimimos a cegueira que ela ocasiona, preenchendo o vazio. A reflexão é um processo de conhecer como conhecemos, um ato de voltar a nós mesmos, a única oportunidade que temos de descobrir nossas cegueiras e reconhecer que as certezas e os conhecimentos dos outros são, respectivamente, tão aflitivos e tão tênues quanto os nossos.

Essa situação especial de conhecer como se conhece é tradicionalmente esquiva para nossa cultura ocidental, centrada na ação e não na reflexão, de modo que nossa vida pessoal é, geralmente, cega para si mesma. Parece que em alguma parte há um tabu que nos diz: "É proibido conhecer o conhecer". Na verdade, é um escândalo que não saibamos como é constituído o nosso mundo experiencial, que é de fato o mais próximo da nossa existência. Há muitos escândalos no mundo, mas essa ignorância é um dos piores.

Talvez uma das razões pelas quais tendemos a evitar tocar as bases de nosso conhecer é que isso nos dá uma sensação um pouco vertiginosa, dada a circularidade resultante da utilização do instrumento de análise para analisar o próprio instrumento de análise: é como se pretendêssemos que um olho visse a si mesmo. Na figura 5, que é um desenho do artista holandês M.C. Escher, essa vertigem está representada com muita nitidez, por meio das mãos que se desenham mutuamente, de tal modo que nunca se sabe onde está o fundamento de todo o processo: qual é a mão "verdadeira"?

De modo semelhante, embora tenhamos visto que os processos envolvidos em nossas atividades, em nossa constituição, em nossa atuação como seres vivos, formam o nosso conhecer, propomo-nos a investigar como conhecemos

> **Os aforismos-chave do livro**
>
> "Todo fazer é um conhecer e todo conhecer é um fazer."
>
> "Tudo o que é dito é dito por alguém."

olhando para essas coisas por meio desses processos. Não temos outra alternativa, pois há uma inseparabilidade entre o que fazemos e nossa experiência do mundo, com suas regularidades: seus lugares públicos, suas crianças e suas guerras atômicas.

O que podemos tentar – e que o leitor deve tomar como uma tarefa pessoal – é perceber tudo o que implica essa coincidência contínua de nosso ser, nosso fazer e nosso conhecer, deixando de lado nossa atitude cotidiana de pôr sobre nossa experiência um selo de inquestionabilidade, como se ela refletisse um mundo absoluto.

Por isso, na base de tudo o que iremos dizer estará esse constante dar-se conta de que não se pode tomar o fenômeno do conhecer como se houvesse "fatos" ou objetos lá fora, que alguém capta e introduz na cabeça. A experiência de qualquer coisa lá fora é validada de uma maneira particular pela estrutura humana, que torna possível "a coisa" que surge na descrição.

Essa circularidade, esse encadeamento entre ação e experiência, essa inseparabilidade entre ser de uma maneira particular e como o mundo nos parece ser, nos diz que **todo ato de conhecer**

faz surgir um mundo. Essa característica do conhecer será inevitavelmente um problema nosso, nosso ponto de vista e o fio condutor de tudo o que apresentaremos nas páginas seguintes. Tudo isso pode ser englobado no aforismo: **todo fazer é um conhecer e todo conhecer é um fazer**.

Quando falamos aqui em ação e experiência, não nos referimos somente àquilo que acontece em relação ao mundo que nos rodeia no plano puramente "físico". Essa característica do fazer humano se aplica a todas as dimensões do nosso viver. Aplica-se, em particular, ao que estamos fazendo aqui e agora, os leitores e nós. E o que estamos fazendo? Estamos na linguagem, movendo-nos nela, numa forma peculiar de conversação – num diálogo imaginado. Toda reflexão, inclusive a que se faz sobre os fundamentos do conhecer humano, ocorre necessariamente na linguagem, que é nossa maneira particular de ser humanos e estar no fazer humano. Por isso, a linguagem é também nosso ponto de partida, nosso instrumento cognitivo e nosso problema. O fato de não esquecer que a circularidade entre ação e experiência se aplica também àquilo que estamos fazendo aqui e agora é muito importante e tem consequências-chave, como o leitor verá mais adiante. Esse ponto não deve ser jamais esquecido. Para tanto, resumiremos tudo o que foi dito num segundo aforismo, que devemos ter em mente ao longo deste livro: **tudo o que é dito é dito por alguém**. Toda reflexão faz surgir um mundo. Assim, a reflexão é um fazer humano, realizado por alguém em particular num determinado lugar.

Esses dois aforismos deveriam ser como faróis, a lembrar-nos permanentemente de onde viemos e para onde vamos.

Costuma-se imaginar que esse fazer surgir o conhecimento seja algo difícil, um erro ou resíduo explicativo que precisa ser erradicado. Daí, por exemplo, dizer-se que a sombra colorida é uma "ilusão de ótica" e que "na realidade" não existe cor. O que estamos dizendo é justamente o oposto: esse caráter do conhecer é a chave mestra para entendê-lo, não um resíduo incômodo ou um obstáculo. Fazer surgir um mundo é a dimensão palpitante do conhecimento e estar associado às raízes mais fundas de nosso ser cognitivo, por mais sólida que seja a nossa experiência. E, pelo fato de essas raízes se estenderem até a própria base biológica – como veremos –, esse fazer surgir se manifesta em **todas** as nossas ações e em todo o nosso ser. Não há dúvida de que ele se manifesta em todas as ações da vida social humana nas quais costuma ser evidente, como no caso dos valores e das preferências. Não há descontinuidade entre o social, o humano e suas raízes biológicas. O fenômeno do conhecer é um todo integrado e está fundamentado da mesma forma em todos os seus âmbitos.

Explicação

Nosso objetivo, portanto, está claro: queremos examinar o fenômeno do conhecer tomando a universalidade do fazer no conhecer (esse fazer surgir um mundo) como problema e ponto de partida para que possamos revelar seu fundamento. E qual será nosso critério para dizer que obtivemos êxito em nosso exame?

Uma explicação é sempre uma proposição que reformula ou recria as observações de um fenômeno, num sistema de conceitos aceitáveis para um grupo de pessoas que compartilham um critério de validação. A magia, por exemplo, é tão explicativa para os que a aceitam como a ciência o é para os que a adotam. A diferença específica entre a explicação mágica e a científica está no modo como se gera um sistema explicativo científico, o que constitui de fato o seu critério de validação. Dessa maneira, podemos distinguir essencialmente quatro condições que devem ser satisfeitas na proposição de uma explicação científica, as quais não necessariamente ocorrem de modo sequencial, mas sim de maneira imbricada:

a. Descrição do fenômeno ou fenômenos a explicar de maneira aceitável para a comunidade de observadores;
b. proposição de um sistema conceitual capaz de gerar o fenômeno a explicar de modo aceitável para a comunidade de observadores (hipótese explicativa);
c. dedução, a partir de b., de outros fenômenos não explicitamente considerados em sua proposição, bem como a descrição de suas condições de observação na comunidade de observadores;
d. observação desses outros fenômenos, deduzidos a partir de b.

Somente quando esse critério de validação é satisfeito, uma explicação é considerada científica. E uma afirmação só é científica quando se fundamenta em explicações científicas.

Conhecer

Conhecer é uma ação efetiva, ou seja, uma efetividade operacional no domínio de existência do ser vivo.

Explicação do conhecer

I. Fenômeno a explicar: ação efetiva do ser vivo em seu meio ambiente;
II. Hipótese explicativa: organização autônoma do ser vivo. Deriva filogenética e ontogenética, com conservação da adaptação (acoplamento estrutural);
III. Dedução de outros fenômenos: coordenação comportamental nas interações recorrentes entre seres vivos e coordenação comportamental recursiva sobre a coordenação comportamental;
IV. Observações adicionais: fenômenos sociais, domínios linguísticos, linguagem e autoconsciência.

Esse ciclo de quatro componentes não é estranho ao nosso modo cotidiano de pensar. Com frequência, nós o usamos para dar explicações de fenômenos tão variados como o enguiço do automóvel ou as eleições presidenciais. O que os cientistas fazem é tentar ser plenamente consistentes e explícitos em relação a cada uma das etapas, e deixar um registro documentado, de tal forma que se crie uma tradição que vá além de uma pessoa ou geração.

Nossa situação é exatamente a mesma. Tanto o leitor como nós próprios estamos transformados em observadores que fazem descrições. Como observadores, escolhemos precisamente o conhecer como fenômeno a ser explicado. Além disso, o que dissemos torna evidente qual será nossa descrição inicial do fenômeno do conhecer: já que todo conhecer faz surgir um mundo, nosso ponto de partida será necessariamente a efetividade operacional do ser vivo em seu domínio de existência. Em outras palavras, nosso marco inicial, para gerar uma explicação cientificamente validável, é entender o conhecer como **ação efetiva**, ação que permita a um ser vivo continuar sua existência em um determinado meio ao fazer surgir o seu mundo. Nem mais, nem menos.

E como saberemos quando tivermos chegado a uma explicação satisfatória do fenômeno do conhecer? Bem, a esta altura o leitor poderá imaginar a resposta: quando tivermos proposto um sistema conceitual capaz de **gerar** o fenômeno cognitivo como resultado da ação do ser vivo. E, também, quanto tivermos mostrado que esse processo pode resultar em seres vivos como nós próprios, capazes de produzir descrições e refletir sobre elas, como consequência de sua realização como seres vivos, ao funcionar efetivamente em seus domínios de existência. A partir dessa proposição explicativa, perceberemos de que modo podem ser geradas todas as dimensões do conhecer que nos são familiares.

Eis o itinerário que propomos ao leitor nestas páginas. Ao longo dos capítulos que se seguirão, desenvolveremos tanto essa proposição explicativa, quanto sua conexão com vários fenômenos adicionais, tais como a comunicação e a linguagem. No final dessa viagem, o leitor poderá reler estas páginas e avaliar o proveito de ter aceitado nosso convite para observar de outra maneira o fenômeno do conhecer.

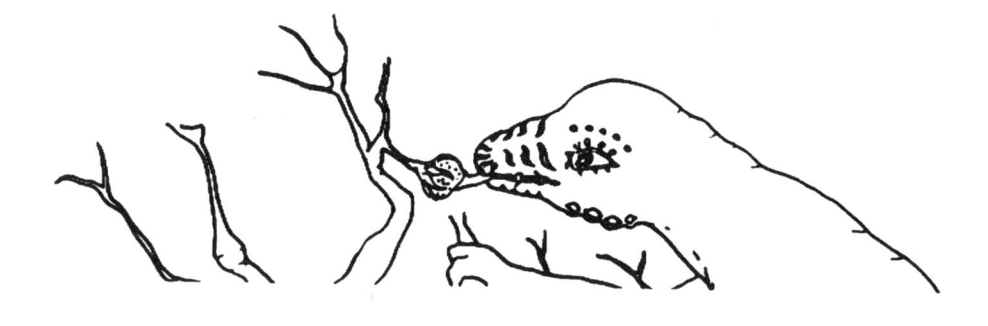

10
- conhecer o conhecer
- ética

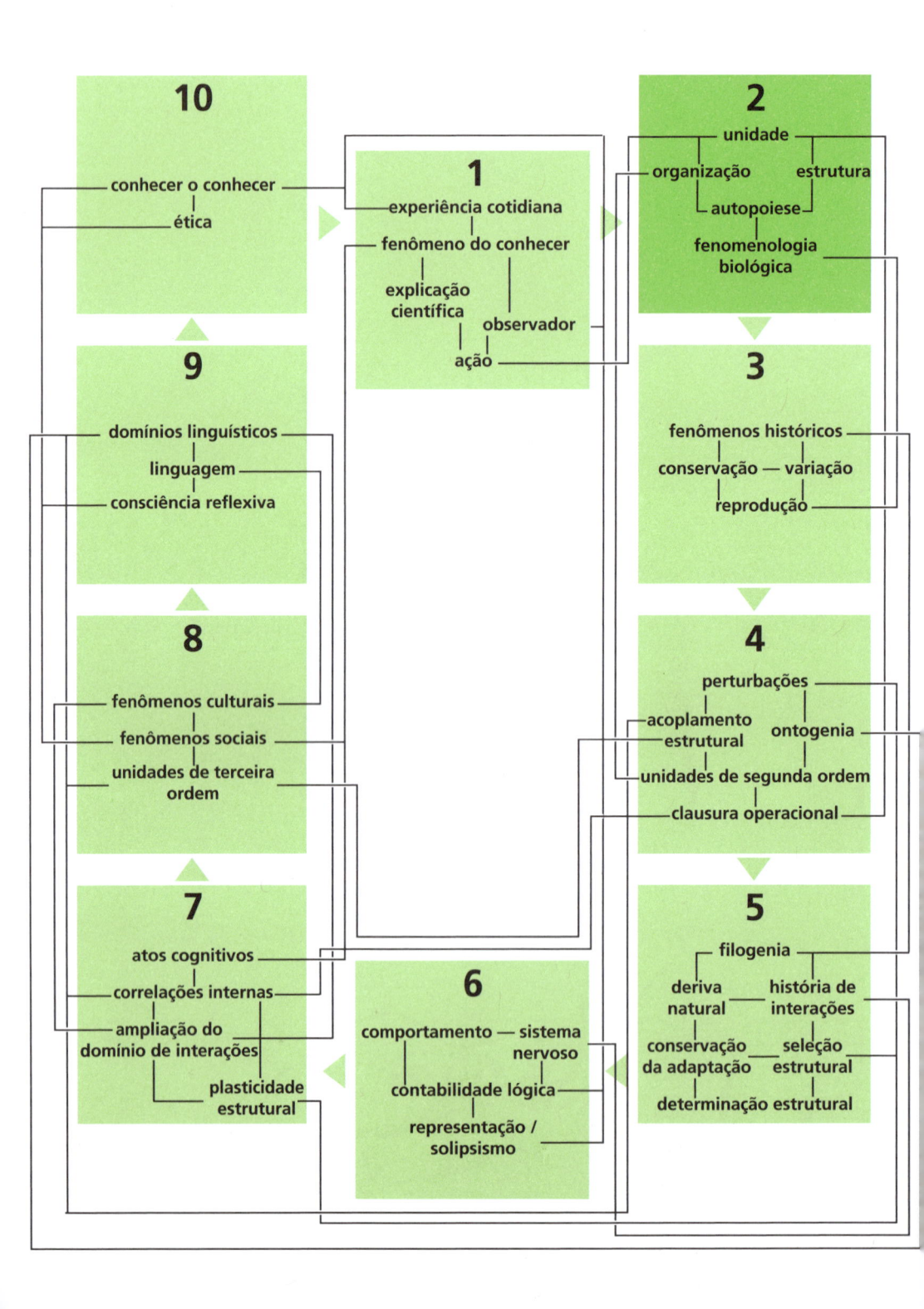

1
- experiência cotidiana
- fenômeno do conhecer
- explicação científica
- observador
- ação

2
- unidade
- organização
- estrutura
- autopoiese
- fenomenologia biológica

9
- domínios linguísticos
- linguagem
- consciência reflexiva

3
- fenômenos históricos
- conservação — variação
- reprodução

8
- fenômenos culturais
- fenômenos sociais
- unidades de terceira ordem

4
- perturbações
- acoplamento estrutural
- ontogenia
- unidades de segunda ordem
- clausura operacional

7
- atos cognitivos
- correlações internas
- ampliação do domínio de interações
- plasticidade estrutural

6
- comportamento — sistema nervoso
- contabilidade lógica
- representação / solipsismo

5
- filogenia
- deriva natural
- história de interações
- conservação da adaptação
- seleção estrutural
- determinação estrutural

II. A ORGANIZAÇÃO DO SER VIVO

Fig. 6. Reprodução da fotografia de uma galáxia.

Nosso ponto de partida foi tomar consciência de que todo conhecer é um fazer daquele que conhece, ou seja, que todo conhecer depende da estrutura daquele que conhece. Esse ponto de partida fornece a pista do que será nosso itinerário conceitual ao longo destas páginas: como ocorre esse fazer surgir o conhecer por meio do fazer? Quais são as raízes e os mecanismos desse modo de operar?

Diante de tais perguntas, o primeiro passo de nosso percurso é o seguinte: o fato de que o conhecer seja o fazer daquele que conhece está enraizado na própria maneira de seu **ser** vivo, em sua **organização**. Sustentamos que as bases biológicas do conhecer não podem ser entendidas somente por meio do exame do sistema nervoso. Parece-nos necessário compreender como esses processos se enraízam na totalidade do ser vivo.

Em consequência, neste capítulo discutiremos alguns aspectos ligados à organização do ser vivo. Notemos que essa discussão não é um adorno biológico, nem uma espécie de recheio academicamente necessário para os que não têm formação em biologia. Neste livro, ela é uma peça fundamental para a compreensão do fenômeno do conhecimento em toda a sua dimensão.

Breve história da Terra

Para dar os primeiros passos no que se refere à compreensão da organização do ser vivo, veremos primeiro como sua **materialidade** pode servir-nos como guia para o entendimento de qual é sua chave fundamental. Façamos uma

A Organização do Ser Vivo

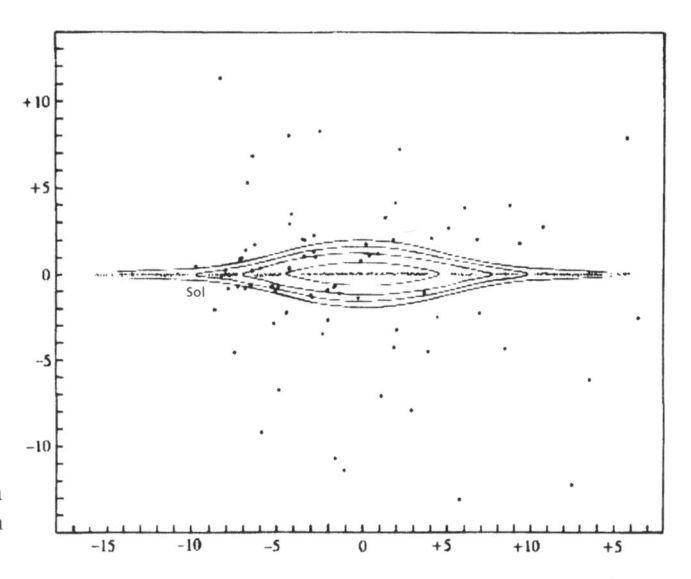

Fig. 7. Distâncias na Via Láctea e localização do nosso Sol em seu âmbito.

viagem por alguns marcos da transformação material que tornaram possível o **aparecimento** dos seres vivos.

Na figura 6, pode-se admirar a galáxia chamada M104, da constelação de Virgem, popularmente conhecida como Galáxia do Sombrero. Além de sua beleza, ela tem para nós um interesse especial: nossa própria galáxia, a Via Láctea, nos pareceria ter uma forma muito semelhante, se pudéssemos vê-la de longe. Como não podemos, devemos nos contentar com um diagrama como o da figura 7, que inclui algumas dimensões do espaço estelar e das estrelas. Elas fazem com que nos sintamos humildes, quando as comparamos com as nossas. As unidades da escala estão em quiloparsecs, e cada um deles equivale a 3.260 anos-luz. Dentro da Via Láctea, nosso sistema solar ocupa uma posição bem mais periférica, está a cerca de 8 quiloparsecs do centro.

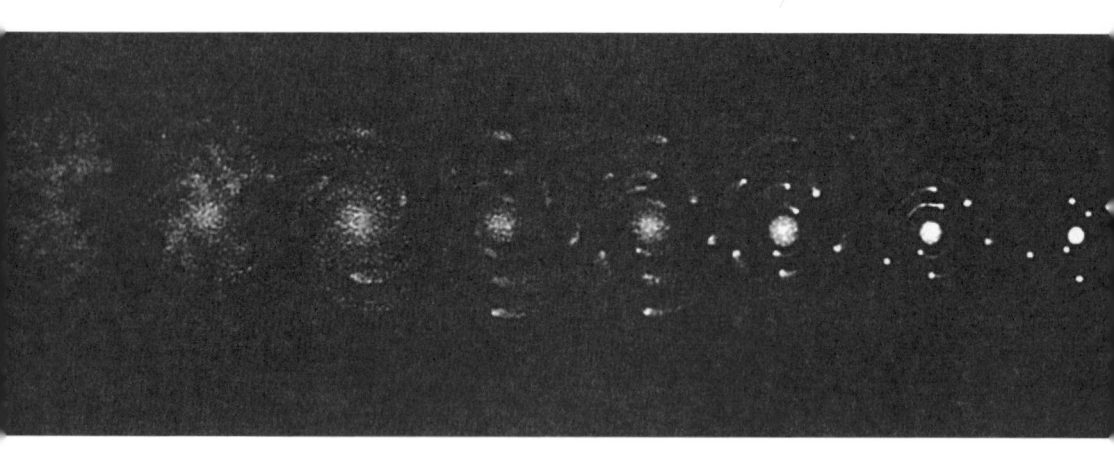

Nosso Sol é uma entre vários milhões de outras estrelas que compõem essas estruturas multifacetadas que são as galáxias. Como surgiram as estrelas? Uma proposta de reconstrução para essa história é a que se segue.

O espaço interestelar contém enormes quantidades de hidrogênio. Turbulências nessas massas gasosas produzem verdadeiros bolsões de gases em alta densidade, que estão ilustrados na primeira etapa da Fig. 8. Nesse estado, algo muito interessante começa a acontecer: produz-se um equilíbrio entre a tendência à coesão pela gravidade e a propensão à irradiação, fruto de reações termonucleares no interior da estrela em formação. Essa irradiação, visível do exterior, permite-nos perceber as estrelas tal como as vemos no céu, mesmo a grandes distâncias.

Quando os dois processos se equilibram, a estrela entra no que se chama "sequência principal" (Fig. 8), ou seja, em seu curso de vida como estrela individual. Durante esse período, a matéria que se condensou é gradualmente consumida em

Fig. 8. Esquema da sequência de transformações de uma estrela desde a sua formação.

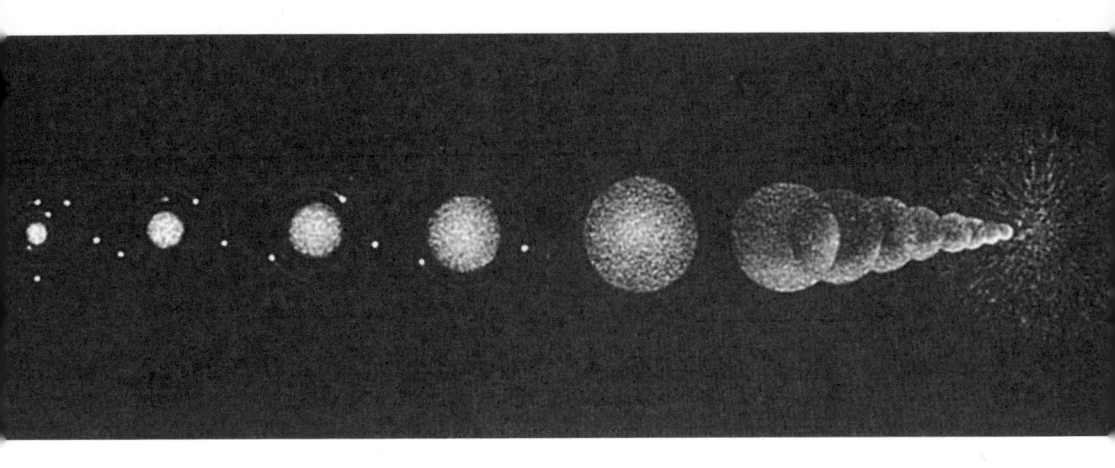

reações termonucleares, ao longo de um tempo de cerca de oito bilhões de anos. Quando uma fração do hidrogênio condensado é consumida, a sequência principal termina num processo de transformações mais dramáticas. Primeiro, a estrela se transforma num gigante vermelho, em seguida numa estrela pulsante e, finalmente, numa supernova, quando então explode num verdadeiro espirro cósmico, no qual se formam os elementos pesados. O que resta de matéria no centro da estrela entra em colapso e se torna uma estrela menor, de densidade muito alta, chamada de "anã branca".

Nosso Sol está num ponto mais ou menos intermediário de sua sequência principal, e espera-se que continue irradiando durante pelo menos três bilhões de anos antes de se consumir. Pois bem: em muitos casos, durante essa transformação, uma estrela agrupa ao seu redor um halo de matéria que capta do espaço interestelar. Esse halo gira em torno dela, mas depende energeticamente do curso de transformações da estrela. A Terra e outros planetas de nosso sistema planetário são desse tipo, e devem ter sido captados como remanescentes da explosão de uma supernova, a julgar por sua riqueza de átomos muito pesados.

Segundo os geofísicos, a Terra tem pelo menos cinco bilhões de anos e uma história de incessante transformação. Se a tivéssemos visitado há quatro bilhões de anos e passeado por sua superfície, teríamos encontrado uma atmosfera constituída por gases como metano, amônia, hidrogênio e hélio. Com certeza, uma atmosfera muito diferente da que conhecemos hoje. Distinta, entre outras coisas, por estar constantemente submetida a um bombardeio energético de radiações ultravioleta, raios gama, descargas elétricas, impactos meteóricos e explosões vulcânicas. Todos esses aportes de energia produziram (e continuam produzindo), na Terra primitiva e em sua atmosfera, uma contínua diversificação das espécies moleculares. No começo da história da estrela havia, fundamentalmente, homogeneidade molecular. Depois da formação dos planetas, um contínuo processo de transformação química produziu uma grande diversidade de espécies moleculares, tanto na atmosfera quanto na superfície da crosta terrestre.

No entanto, dentro dessa complexa e contínua história de transformações moleculares, para nós é particularmente interessante o momento em que se acumulam e se diversificam as moléculas formadas por cadeias de carbono, ou **moléculas orgânicas**. Dado que os átomos de carbono podem formar, sozinhos e com a participação de muitas outras espécies de átomo, uma quantidade

A ORGANIZAÇÃO DO SER VIVO 45

Fig. 9. Comparação em escala de modelos moleculares da água (na parte superior); um aminoácido (lisina) no meio; e uma proteína (a enzima ribonuclease) na parte inferior.

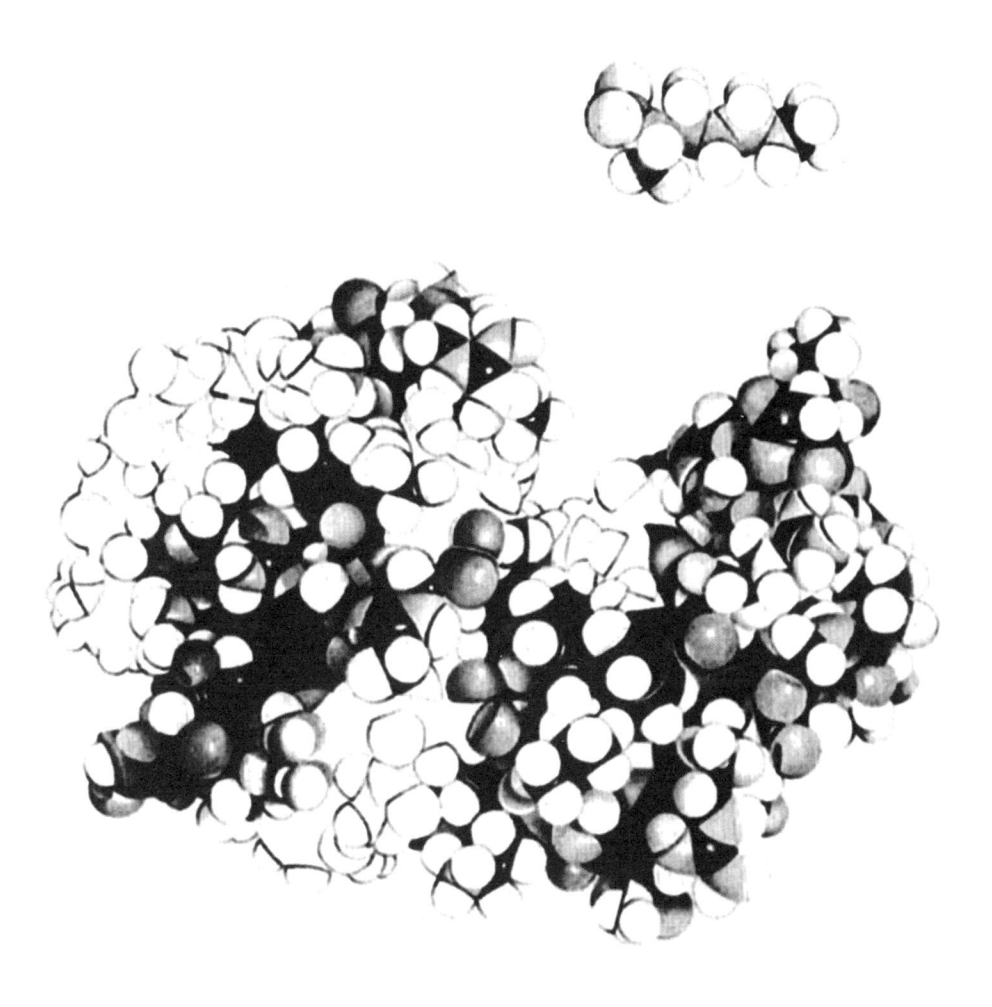

ilimitada de cadeias distintas em tamanho, ramificação, dobradura e composição, a diversidade morfológica e química das moléculas orgânicas é, a princípio, infinita. É precisamente a diversidade morfológica e química dessas moléculas que torna possível a existência de seres vivos, ao permitir a diversidade de reações moleculares envolvidas nos processos que os produzem. Voltaremos ao assunto. Por enquanto, podemos dizer que quem passeasse pela Terra primitiva veria a contínua produção abiogênica (sem a participação de seres vivos) de moléculas orgânicas, tanto na atmosfera quanto em mares agitados, como verdadeiras sopas de reações moleculares. A Fig. 9 mostra um pouco dessa diversidade. Nela se vê uma molécula de água, que tem apenas formas muito limitadas de associação, em comparação com algumas moléculas orgânicas.

O aparecimento dos seres vivos

Quando, nos mares da Terra primitiva, as transformações moleculares chegaram a esse ponto, chegou-se também à situação na qual era possível a formação de sistemas de reações moleculares de um tipo peculiar. Isto é: devido à diversificação e plasticidade possíveis na família das moléculas orgânicas, tornou-se por sua vez possível a formação de redes de reações moleculares, que produzem os mesmos tipos de molécula que as integram e, também, limitam o entorno espacial no qual se realizam. Essas redes e interações moleculares, que produzem a si mesmas e especificam seus próprios limites são, como veremos adiante, seres vivos.

A Fig. 10 mostra fotos tiradas em microscópio eletrônico, nas quais aparece esse tipo de agrupamento molecular, formado há mais de 3,4 bilhões de anos. Poucos casos dessa espécie foram encontrados, mas eles existem. Há outros exemplos encontrados em depósitos fósseis mais recentes do ponto de vista geológico, com menos de dois bilhões de anos. Os pesquisadores classificaram esses agrupamentos moleculares como os primeiros seres vivos fósseis, na verdade como fósseis de seres vivos que ainda hoje existem: as bactérias e as algas.

Distinções

O ato de designar qualquer ente, objeto, coisa ou unidade, está ligado à realização de **um ato de distinção** que separa o designado e o distingue de um fundo. Cada vez que fazemos referência a algo, implícita ou explicitamente, estamos especificando um critério de distinção que assinala aquilo de que falamos e especifica suas propriedades como ente, unidade ou objeto.

Essa é uma situação totalmente cotidiana e não única, na qual estamos submersos de modo necessário e permanente.

Unidades

Uma **unidade** (entidade, objeto) torna-se definida por um ato de distinção. Cada vez que fazemos referência a uma unidade em nossas descrições, tornamos implícita a operação de distinção que a define e torna possível.

Pois bem: essa afirmativa – "isso é um ser vivo fóssil" – é muito interessante e convém examiná-la de perto. O que permite que um pesquisador diga algo assim? Sigamos passo a passo. Em primeiro lugar, foi necessário fazer uma observação e dizer que aqui existe alguma coisa, pequenos glóbulos que podem ser vistos de perfil ao microscópio. Em segundo lugar, observa-se que essas unidades assim apontadas se parecem, em sua morfologia, com seres vivos atualmente existentes. Como há evidências convincentes de que essa aparência é peculiar aos seres vivos – e que esses depósitos datam de uma era compatível com a história de transformações da crosta e da atmosfera terrestre, ligadas a processos próprios aos seres vivos que conhecemos –, a conclusão é que são seres vivos fósseis.

Em outros termos, no fundo o pesquisador está propondo um critério que diz: os seres vivos que existiam anteriormente têm de parecer (neste caso, em sua morfologia) com os atuais. Isso implica que devemos dispor, mesmo de modo implícito, de algum critério para saber e classificar quando um ente ou sistema atual é um ser vivo e quando não o é.

Essa situação nos deixa diante de um problema difícil: como saber quando um ser é vivo? Quais são os nossos critérios? Ao longo da história da biologia, foram propostos muitos critérios e todos eles apresentam dificuldades. Por exemplo, alguns propuseram que o critério fosse a composição química. Ou a capacidade de movimento. Ou, ainda, a reprodução. Ou, por fim, alguma combinação desses critérios, ou seja, uma lista

A Organização do Ser Vivo

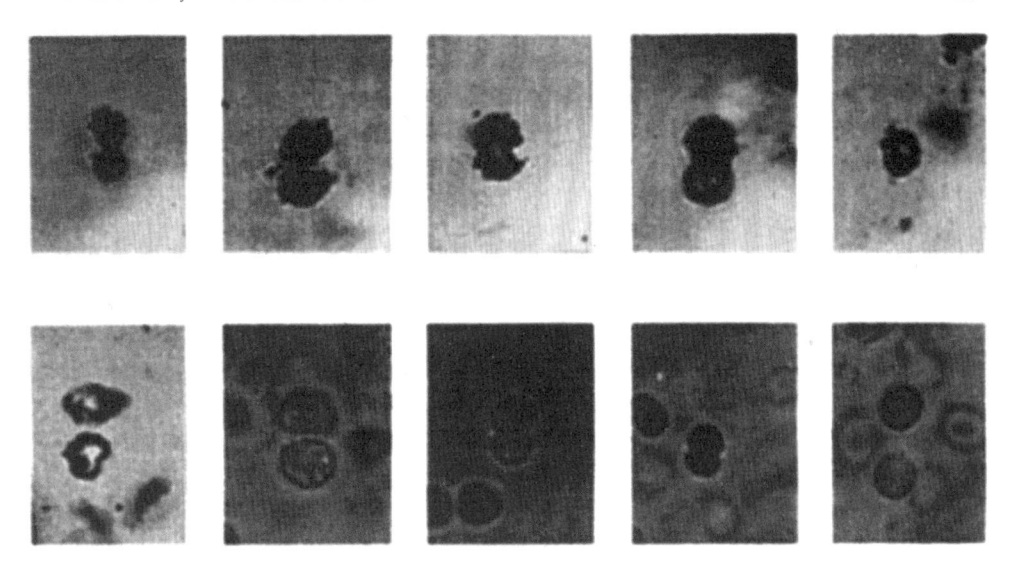

Fig. 10. Acima: fotografias de fósseis do que se presume que tenham sido bactérias encontradas em depósitos de mais de três bilhões de anos. Abaixo: fotografias de bactérias vivas atuais, cuja forma é comparável à dos fósseis reproduzidos acima.

de propriedades. Porém, como saber quando a lista está completa? Por exemplo, se construirmos uma máquina capaz de se reproduzir – mas que é feita de ferro e plástico, não de moléculas orgânicas –, podemos dizer que ela está viva?

Queremos propor uma resposta para essa pergunta, de uma maneira radicalmente diferente dessa tradicional enumeração de propriedades e que simplifica muito o problema. Para entender essa mudança de visão, temos de nos dar conta de que o próprio fato de perguntarmos como se reconhece um ser vivo já indica que temos uma ideia, mesmo que implícita, de qual é a sua **organização**. É essa a ideia que determinará se aceitaremos ou não a resposta que nos for proposta. Para evitar que tal ideia implícita seja uma armadilha que nos ofusque, devemos estar conscientes dela ao considerarmos a resposta seguinte.

O que é a organização de algo? É alguma coisa ao mesmo tempo muito simples e potencialmente complicada. Trata-se daquelas relações que têm de existir, ou têm de ocorrer, para que esse algo seja. Para que eu julgue esse objeto como sendo uma cadeira, é necessário que reconheça que certas relações acontecem entre as partes que chamo de pés, espaldar, assento, de tal maneira que é possível sentar nela. Que seja feita de madeira, com pregos, ou de plástico e parafusos, é inteiramente irrelevante para que eu a qualifique ou classifique como cadeira. Essa situação – na qual reconhecemos implícita ou explicitamente a organização de um objeto ao indicá-lo ou distingui-lo – é universal, no sentido de que é algo que fazemos constantemente como um ato cognitivo básico. Este consiste em nada mais nada menos que gerar classes de qualquer tipo. Assim, a classe das cadeiras ficará definida pelas relações que devem ser satisfeitas para que eu classifique algo como cadeira. A classe das boas ações ficará definida pelos critérios que eu estabelecer que devam ocorrer entre as ações realizadas e suas consequências, para que as considere boas.

É simples apontar para uma determinada organização ao indicar os objetos que formam uma classe. Mas pode ser complexo e difícil descrever com exatidão e de modo explícito as relações que constituem tal organização. Assim, na classe das cadeiras parece fácil descrever a organização "cadeira", mas o mesmo não acontece com a classe das boas ações, ao menos que se compartilhe uma quantidade imensa de bases culturais.

A Organização do Ser Vivo

Fig. 11. O experimento de Miller como metáfora dos eventos da atmosfera primitiva.

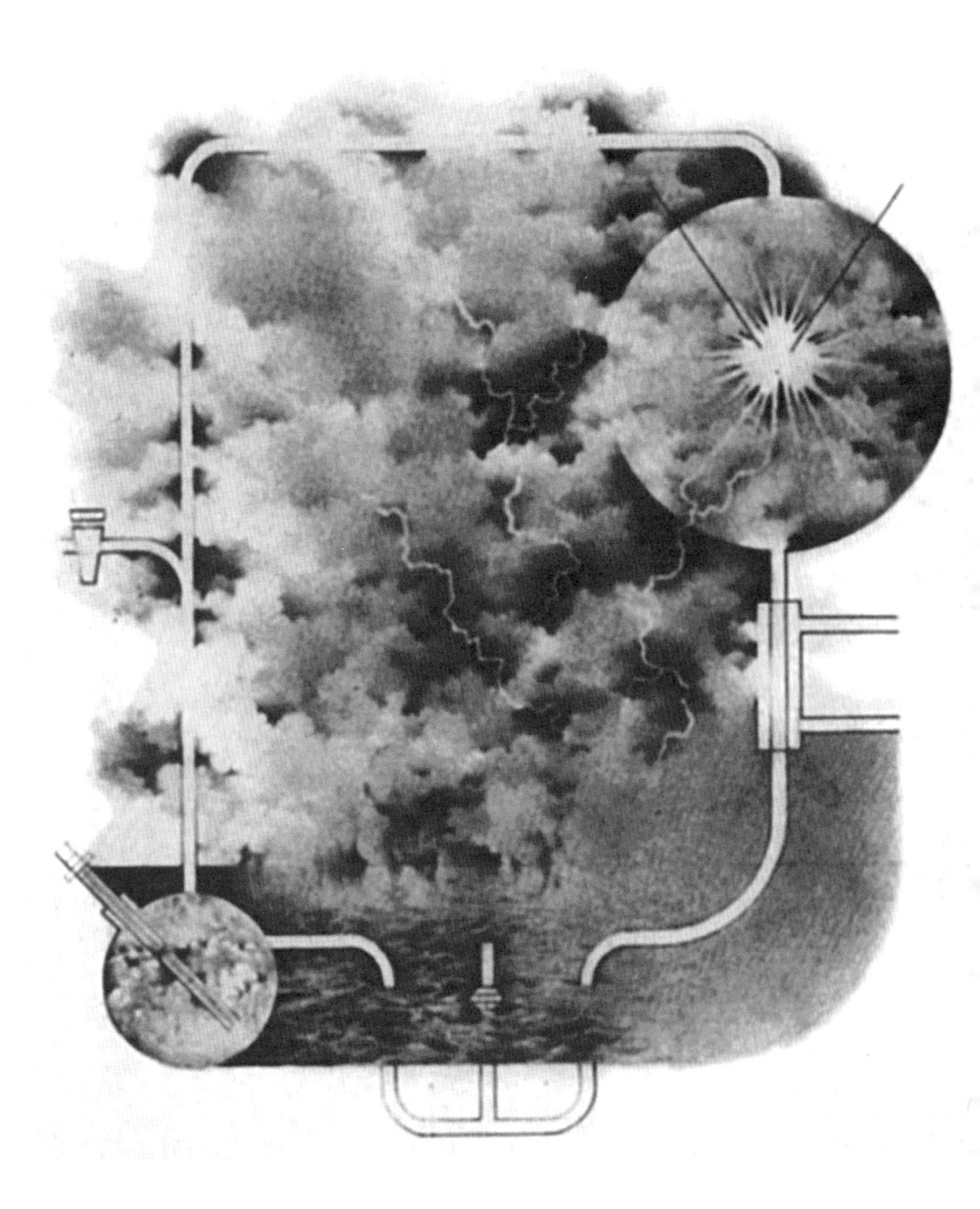

Quando falamos dos seres vivos, já estamos supondo que há algo em comum entre eles, do contrário não os colocaríamos na mesma classe que designamos com o termo "vivo". O que não está dito, porém, é qual é a organização que os define como classe. Nossa proposta é que os seres vivos se caracterizam por – literalmente – produzirem de modo contínuo a si próprios, o que indicamos quando chamamos a organização que os define de **organização autopoiética**. Fundamentalmente, essa organização é proporcionada por certas relações que passamos agora a detalhar e que perceberemos mais facilmente no plano celular.

Em primeiro lugar, os componentes moleculares de uma unidade autopoiética celular deverão estar dinamicamente relacionados numa rede contínua de interações. Atualmente se conhecem muitas transformações químicas concretas dessa rede e o bioquímico as chama, coletivamente, de **metabolismo celular**.

Pois bem: o que é peculiar a essa dinâmica celular, em comparação com qualquer outro conjunto de transformações moleculares nos processos naturais? É muito interessante: esse metabolismo celular produz componentes e todos eles integram a rede de transformações que os produzem. Alguns formam uma **fronteira**, um limite para essa rede de transformações. Em termos morfológicos, podemos considerar a estrutura que possibilita essa clivagem no espaço como uma **membrana**. No entanto, essa fronteira membranosa não é um produto do metabolismo celular tal como o tecido é o produto de um tear, porque essa membrana não apenas limita a extensão da rede de transformações que produz seus componentes, como também participa dela. Se não houvesse essa arquitetura espacial, o metabolismo celular se desintegraria numa sopa molecular, que se espalharia por toda parte e não constituiria uma unidade separada como a célula.

O que temos então é uma situação muito especial, no que se refere às relações de transformação química: por um lado, é possível perceber uma

---

A origem das moléculas orgânicas

Quando se discute a origem das moléculas orgânicas, que são comparáveis às que se encontram nos seres vivos (como as bases nucleotídicas, os aminoácidos ou as cadeias proteicas), tende-se com frequência a pensar que a possibilidade de que elas se tenham produzido espontaneamente é demasiado pequena, e que é preciso que haja alguma diretividade no processo. Segundo a reconstrução que esboçamos, não se trata disso. Cada uma das etapas descritas surge, inevitavelmente, como consequência da anterior. Mesmo hoje em dia, se tomamos uma imitação da atmosfera primitiva e produzimos a agitação energética adequada, produzem-se moléculas orgânicas de complexidade comparável à dos seres vivos atuais. Do mesmo modo, se concentrarmos suficientemente uma massa gasosa de hidrogênio, produzem-se em seu interior reações termonucleares, que dão origem a novos elementos atômicos que antes não estavam presentes. A história que estamos esboçando é o relato de sequências que ocorrem de modo inevitável, e alguém só se surpreenderia com o resultado se não tivesse acesso à totalidade da sequência histórica.

Uma das evidências mais clássicas de que não há descontinuidade nessa transformação por etapas foi proporcionada por um experimento realizado por Miller, em 1953, como se vê na Fig. 11. A ideia de Miller foi simples: colocar dentro de um frasco de laboratório uma atmosfera que imitasse a primitiva, tanto em composição quanto em radiações energéticas. Ele a pôs em prática, fazendo com que uma descarga elétrica atravessasse uma mescla de amoníaco, metano, hidrogênio e vapor d'água. Os resultados das transformações moleculares podem ser obtidos por meio da recirculação da água e análise das substâncias ali dissolvidas. Para surpresa de toda a comunidade científica, Miller obteve uma produção abundante de moléculas como as tipicamente encontradas nos organismos celulares atuais, tais como os aminoácidos alanina e ácido aspártico e outras moléculas orgânicas, como a ureia e o ácido succínico.

> ## Organização e estrutura
>
> Entende-se por **organização** as relações que devem ocorrer entre os componentes de algo, para que seja possível reconhecê-lo como membro de uma classe específica. Entende-se por **estrutura** de algo os componentes e relações que constituem concretamente uma unidade particular e configuram sua organização.
>
> Assim, por exemplo, numa descarga de banheiro a organização do sistema de regulação do nível de água consiste nas relações entre um aparelho capaz de detectá-lo e outro mecanismo capaz de cortar o fluxo de entrada do líquido. No banheiro de uma casa, essa espécie de artefato se configura por meio de um sistema misto de plástico e metal, que consiste numa boia e numa válvula de passagem. Mas essa estrutura específica poderia ser modificada, substituindo-se o plástico por madeira, sem alterar o fato de que ela continuaria sendo uma descarga.

rede de transformações dinâmicas, que produz seus próprios componentes e é a condição de possibilidade de uma fronteira; de outra parte vemos uma fronteira, que é a condição de possibilidade para a operação da rede de transformações que a produziu como uma unidade:

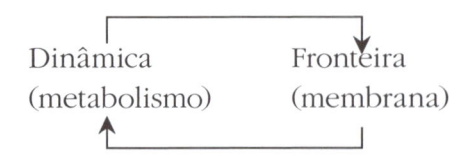

Dinâmica ⟶ Fronteira
(metabolismo)   (membrana)

É importante notar que não se trata de processos sequenciais, mas sim de dois aspectos de um fenômeno unitário. Não é que primeiro haja a fronteira, a seguir a dinâmica, depois a fronteira etc. Estamos falando de um tipo de fenômeno no qual a possibilidade de distinguir algo do todo (alguma coisa que posso ver ao microscópio, por exemplo) depende da integridade dos processos que o tornam possível. Se interrompermos (em algum ponto) a rede metabólica celular, depois de algum tempo observaremos que não existe mais nenhuma unidade a observar! A característica mais peculiar de um sistema autopoiético é que ele se levanta por seus próprios cordões, e se constitui como diferente do meio por sua própria dinâmica, de tal maneira que ambas as coisas são inseparáveis.

O que caracteriza o ser vivo é sua organização autopoiética. Seres vivos diferentes se distinguem porque têm estruturas distintas, mas são iguais em organização.

Autonomia e autopoiese

O reconhecimento de que aquilo que caracteriza os seres vivos é sua organização autopoiética permite relacionar uma grande quantidade de dados empíricos a respeito do funcionamento celular e sua bioquímica. A noção de autopoiese, portanto, não está em contradição com esse corpo de dados. Ao contrário, apoia-se neles e se propõe, explicitamente, a interpretar esses dados a partir de um ponto de vista específico, que destaca o fato de que os seres vivos são unidades **autônomas**.

Utilizamos a palavra autonomia em seu sentido corrente. Vale dizer, um sistema é autônomo se é capaz de especificar sua própria legalidade, aquilo que lhe é próprio. **Não** estamos propondo que os seres vivos são os únicos entes autônomos; certamente não o são. Porém, é evidente que uma das propriedades mais imediatas do ser vivo é sua autonomia. Propomos que o modo, o mecanismo, que faz dos seres vivos sistemas autônomos é a autopoiese, que os caracteriza como tal.

A indagação sobre a autonomia do ser vivo é tão velha quanto a pergunta sobre a condição de estar vivo. Só os biólogos contemporâneos se sentem incomodados diante da questão: como é possível compreender a autonomia do ser vivo? De nosso ponto de vista, porém, essa pergunta se transforma em um fio condutor que nos permite perceber que, para compreender a autonomia do ser vivo, devemos entender a organização que o define como unidade. Perceber os seres vivos como unidades autônomas permite mostrar como sua autonomia – em geral vista como algo misterioso e esquivo – se torna explícita ao indicar que aquilo que os define como unidades é a sua organização autopoiética, e que é nela que eles, ao mesmo tempo, realizam e especificam a si próprios.

Nossa abordagem, então, corresponde a proceder de modo científico: se não podemos fornecer uma lista que caracterize o ser vivo, por que então não propor um sistema que, ao funcionar, gere toda a sua fenomenologia? A evidência de que uma unidade autopoiética tem exatamente essas características pode ser encontrada olhando-se para tudo o que sabemos sobre metabolismo e estrutura celular em sua interdependência.

É claro que o fato de que os seres vivos têm uma organização não é exclusivo deles, mas sim comum a todas as coisas que podem ser investigadas como sistemas. Entretanto, o que lhes é peculiar é que sua organização é tal que seu único produto são eles mesmos. Donde se conclui que não há separação entre produtor e produto. O ser e o fazer de uma unidade autopoiética são inseparáveis, e isso constitui seu modo específico de organização.

Como toda organização, a autopoiética pode ser obtida por meio de muitas espécies diversas de componentes. No entanto, devemos tomar consciência de que no âmbito molecular de origem dos seres vivos terrestres, apenas algumas espécies moleculares devem ter tido as características que permitiram a constituição de unidades autopoiéticas, dando início à história estrutural à qual nós próprios pertencemos. Por exemplo, foi necessário contar com moléculas capazes de formar membranas suficientemente estáveis e plásticas para serem, por sua vez, barreiras eficazes e de propriedades mutantes que permitissem a difusão de moléculas e íons por longos períodos, em relação às velocidades moleculares. As moléculas que formam as lâminas de mica, por exemplo, formam barreiras de propriedades demasiadamente rígidas para permitir que elas participem de unidades dinâmicas (células), em rápidas e contínuas trocas moleculares com o meio.

Somente quando, na história da Terra, ocorreram as condições para a formação de moléculas orgânicas como as proteínas – cuja flexibilidade e possibilidade de complexificação é praticamente ilimitada –, foi que aconteceram as circunstâncias que tornaram possível a formação de unidades autopoiéticas. Com efeito, podemos supor que

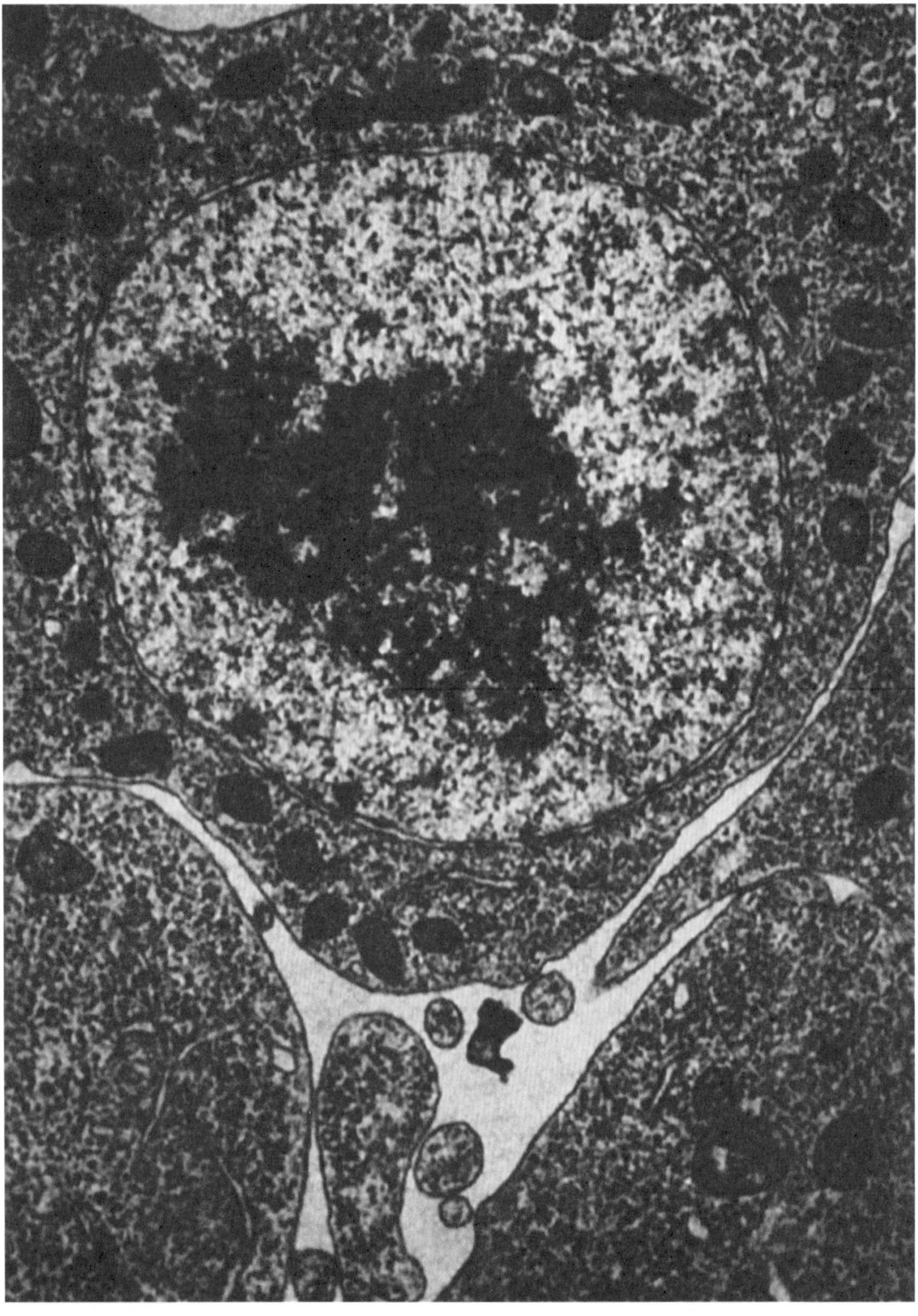

A Organização do Ser Vivo

> ### As células e suas membranas
>
> A membrana celular desempenha um papel muito mais rico e diversificado do que uma simples linha de demarcação espacial de um conjunto de transformações químicas, porque participa da célula tal como os demais componentes. O interior da célula contém uma magnífica arquitetura composta de grandes blocos moleculares, através dos quais transitam múltiplas espécies orgânicas em contínua mudança. Do ponto de vista operacional a membrana faz parte desse interior, o que é correto tanto para as membranas que limitam os espaços celulares adjacentes ao meio exterior, quanto para as que limitam cada um dos diversos espaços internos da célula. É o que se pode ver nas figuras que acompanham este texto.
>
> Essa arquitetura interior e a dinâmica celular constituem, como já destacamos, faces de um mesmo fenômeno de autoprodução. Assim, por exemplo, dentro das células existem organelas especializadas como as mitocôndrias, em cujas paredes se situam, em sequências espaciais precisas, enzimas que, na membrana mitocondrial, se comportam como verdadeiras cadeias transportadoras de elétrons. Esse processo constitui a base da respiração celular.

Fig. 12. Fotografia tirada ao microscópio eletrônico mostrando um corte de uma célula de sanguessuga, na qual aparecem membranas e componentes intracelulares (em aumento aproximado de 20.000 vezes).

quando ocorreram, na história da Terra, todas as condições suficientes, a formação dos sistemas autopoiéticos se deu de forma inevitável.

Esse momento é o ponto que pode ser indicado como a origem da vida. Isso não quer dizer que ele ocorreu num só instante e num único lugar, nem que possamos atribuir-lhe uma data. Tudo nos faz pensar que, dadas as condições para a origem dos sistemas vivos, estes se originaram muitas vezes, ou seja, muitas unidades autopoiéticas com muitas variantes estruturais surgiram em muitos locais da Terra, ao longo de talvez muitos milhões de anos.

O aparecimento de unidades autopoiéticas sobre a superfície da Terra delimita um marco na história do nosso sistema solar. É preciso que isso seja bem compreendido. A formação de uma unidade determina sempre uma série de fenômenos associados às características que

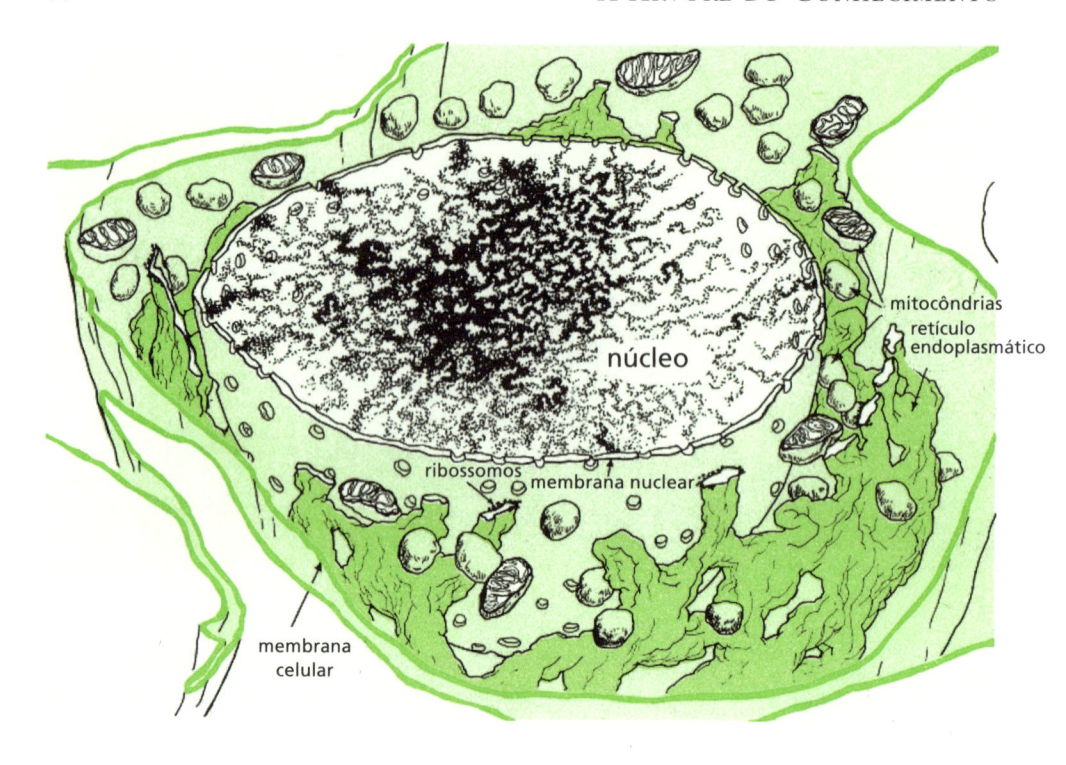

Fig. 13. Diagrama dos principais perfis da célula de sanguessuga mostrada na Fig. 12: membrana nuclear, mitocôndrias, retículo endoplasmático, ribossomos e a membrana celular. Notar o esboço hipotético da projeção tridimensional do que poderia estar sob a superfície do espécime.

a definem, o que nos permite dizer que cada classe de unidades especifica uma **fenomenologia** particular. Assim, as unidades autopoiéticas especificam a **fenomenologia biológica** como uma fenomenologia que lhes é própria, e que tem características diferentes da fenomenologia física. Isso se dá não porque as unidades autopoiéticas violem nenhum aspecto da fenomenologia física – já que, por terem componentes moleculares, devem satisfazer às leis físicas –, mas porque os fenômenos que geram, em seu funcionamento como unidades autopoiéticas, dependem de sua organização e de como esta se realiza, e não do caráter físico de seus componentes. Estes apenas determinam seu espaço de existência.

Assim, se uma célula interage com uma molécula X, incorporando-a a seus processos, o que acontece como consequência da interação não está determinado pelas propriedades dessa molécula, e sim pela maneira como ela é "vista" ou tomada pela célula, ao incorporá-la à sua dinâmica autopoiética. As mudanças que possam ocorrer nela, em consequência dessa interação, serão as determinadas por sua própria estrutura como unidade celular. Portanto, na medida em que a organização autopoiética determina a fenomenologia biológica – ao configurar os seres vivos como unidades autônomas –, será chamado de biológico todo fenômeno que implique a autopoiese de pelo menos um ser vivo.

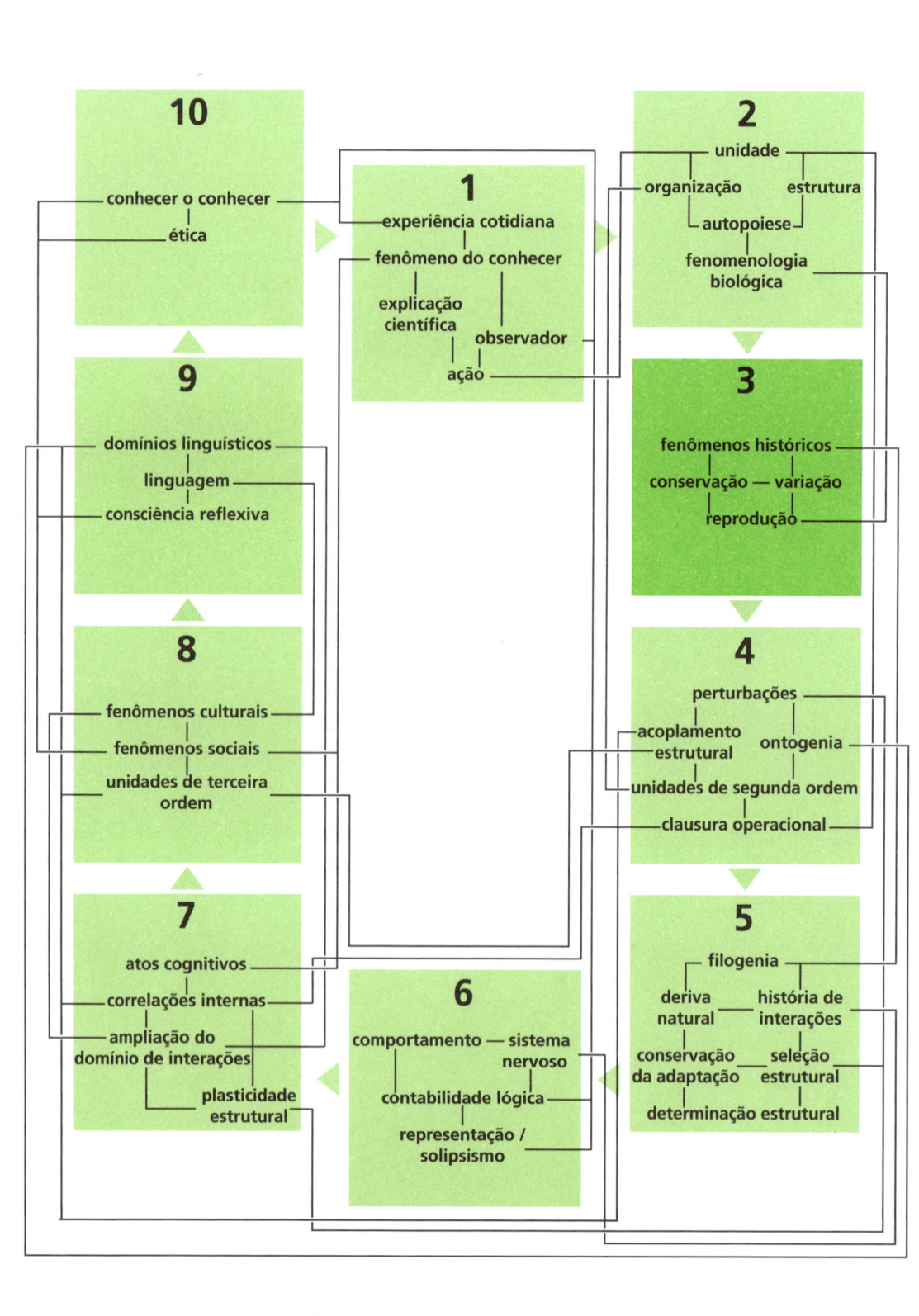

1
experiência cotidiana
fenômeno do conhecer
explicação científica
observador
ação

2
unidade
organização — estrutura
autopoiese
fenomenologia biológica

3
fenômenos históricos
conservação — variação
reprodução

4
perturbações
acoplamento estrutural — ontogenia
unidades de segunda ordem
clausura operacional

5
filogenia
deriva natural — história de interações
conservação da adaptação — seleção estrutural
determinação estrutural

6
comportamento — sistema nervoso
contabilidade lógica
representação / solipsismo

7
atos cognitivos
correlações internas
ampliação do domínio de interações
plasticidade estrutural

8
fenômenos culturais
fenômenos sociais
unidades de terceira ordem

9
domínios linguísticos
linguagem
consciência reflexiva

10
conhecer o conhecer
ética

III HISTÓRIA: REPRODUÇÃO E HEREDITARIEDADE

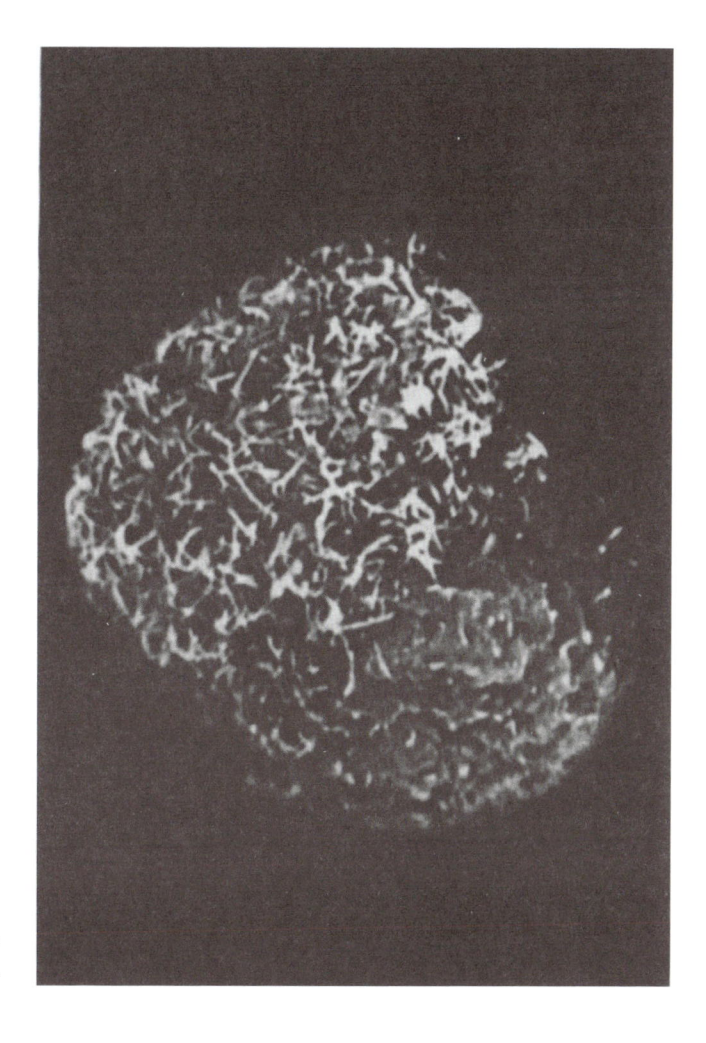

Fig. 14. Uma das primeiras divisões de um embrião de rato.

Neste capítulo, falaremos de reprodução e hereditariedade. Duas razões o tornam necessário. Uma delas é que nós, como seres vivos – e, como veremos, como seres sociais –, temos uma **história**: somos descendentes por reprodução não apenas de nossos antepassados humanos, mas também de ancestrais muito diferentes, que retrocedem no tempo mais de três bilhões de anos. A outra razão é que, como organismos, somos seres multicelulares e todas as nossas células são descendentes – por reprodução – da célula particular que se formou quando um óvulo se uniu com um espermatozoide e nos deu origem. Portanto, a reprodução está inserida em nossa história como seres humanos e em relação com nossos componentes celulares individuais – o que, curiosamente, faz de nós e de nossas células seres da mesma idade ancestral. Além disso, do ponto de vista histórico o mesmo vale para todos os seres vivos e todas as células contemporâneas: compartilhamos a mesma idade ancestral. Assim, para compreender os seres vivos em todas as suas dimensões – e com isso entender a nós mesmos –, torna-se necessário entender os mecanismos que fazem do ser vivo um ser histórico. Com essa finalidade, examinaremos primeiro o fenômeno da reprodução.

Reprodução: como ela acontece?

A biologia estudou o processo da reprodução a partir de muitos pontos de vista e, em particular, no plano celular. Mostrou, há muito tempo, que uma célula pode dar origem a outra por meio de uma divisão, e então se fala em divisão (ou mitose)

Fenômenos históricos

Cada vez que, num sistema, um estado surge como modificação de um estado prévio, temos um **fenômeno histórico**.

como um processo complexo de reordenação de elementos celulares, que resulta na determinação de um plano de divisão. O que acontece nesse processo? Em geral, o fenômeno da reprodução consiste em que a partir de uma unidade – e por meio de um determinado processo – origina-se **outra** da mesma classe. Ou seja: origina-se outra unidade, que um observador pode reconhecer como definida pela mesma organização que a original.

É evidente, pois, que para que haja reprodução têm de ocorrer duas condições básicas: a unidade original e o processo que a reproduz.

No caso dos seres vivos, a unidade original é um vivente, uma unidade autopoiética. E o processo – que veremos adiante – tem de terminar com a formação de pelo menos outra unidade autopoiética, distinguível da que se considera como a primeira.

O leitor atento terá percebido a esta altura que, ao ver assim o fenômeno da reprodução, estamos afirmando que ele **não** é constitutivo do ser vivo, e que portanto – e como já deveria ser evidente – não faz parte de sua organização. Estamos tão acostumados a ver os seres vivos como uma lista

> ### Organização e história
>
> A dinâmica de qualquer sistema no presente pode ser explicada mostrando as relações entre suas partes e as regularidades de suas interações, de modo a fazer com que sua organização se torne evidente. Porém, para que possamos compreender isso de modo cabal, o que queremos não é apenas vê-lo como uma unidade funcionando em sua dinâmica interna, mas também em sua circunstância, no entorno ou contexto com o qual seu funcionamento o conecta. Essa compreensão requer que se adote sempre um certo distanciamento de observação – uma perspectiva que, no caso dos sistemas históricos, implica uma referência à origem. Isso pode ser fácil, por exemplo, nos casos atuais das máquinas projetadas pelo homem, porque temos acesso a todos os detalhes de sua produção. Contudo, a situação não é simples quando se trata de seres vivos, porque sua gênese e história jamais nos são diretamente visíveis e só podem ser reconstruídas de modo fragmentário.

de propriedades (e a considerar a reprodução uma delas), que isso pode parecer chocante à primeira vista. No entanto, o que estamos dizendo é simples: a reprodução não pode ser parte da organização do ser vivo, porque para que algo se reproduza é necessário **primeiramente** que ele esteja constituído como uma unidade e tenha uma organização que o defina. Essa é a lógica simples que usamos no cotidiano. Dessa maneira, levando às últimas consequências essa lógica trivial, seremos obrigados a concluir que, se falarmos da reprodução dos seres vivos, estamos implicando que eles devem poder existir sem se reproduzir. Basta pensar nas mulas, para perceber isso. Pois bem, o que estamos discutindo neste capítulo é como a dinâmica autopoiética no processo da reprodução se torna complicada, e que consequências esse fato traz para a história dos seres vivos. Entretanto, **acrescentar** algo a uma dinâmica estrutural é muito diferente de modificar as características essenciais de uma unidade, o que implica mudar a sua organização.

Modos de gerar unidades

Para compreender o que acontece na reprodução celular, vejamos várias situações que dão origem a unidades de uma mesma classe e procuremos, ao distingui-las, perceber o que é próprio da reprodução celular.

Réplica: Falamos de réplica (ou, às vezes, de produção) cada vez que temos um mecanismo que, em seu funcionamento, pode gerar repetidamente unidades da mesma classe. Por exemplo, uma fábrica é um grande mecanismo produtivo que, por meio da aplicação repetida de um mesmo procedimento, produz em série réplicas de unidades da mesma classe: tecidos, automóveis, pneumáticos (Fig. 15).

O mesmo ocorre com os componentes celulares. Isso pode ser visto com muita clareza na produção de proteínas. Nela os ribossomos, os ácidos nucleicos mensageiros e de transferência, e outras moléculas constituem em conjunto a maquinaria produtiva – e as proteínas constituem o produto.

O fundamental no fenômeno de réplica está em que o mecanismo produtivo e o replicado são sistemas operacionalmente diferentes: o mecanismo produtor gera elementos independentes

Fig. 15. Um caso de réplica.

dele mesmo. É importante notar que, em consequência de como ocorre o fenômeno da réplica, as unidades produzidas são historicamente **independentes** umas das outras. O que acontece a qualquer delas em sua história individual não afeta as que lhes sucedem na série de produção. O que acontecer ao meu Toyota, depois que eu o comprar, em nada afetará a fábrica Toyota, que continuará produzindo imperturbavelmente os seus carros. Em suma: as unidades produzidas por réplicas não constituem entre elas um sistema histórico.

Cópia: Falamos de cópia cada vez que temos uma unidade modelo e um procedimento de projeção para gerar outra que lhe é idêntica. Por exemplo, esta folha de papel, se passada por uma máquina reprodutora produzirá uma cópia, como se diz na linguagem cotidiana. A unidade modelo é esta página, e o procedimento é o modo de funcionar com projeção óptica da máquina reprodutora.

Agora podemos distinguir, nessa situação, dois casos essencialmente diferentes. Se o **mesmo** modelo é utilizado para fazer, de modo sucessivo, muitas cópias, tem-se uma série de cópias historicamente independentes umas das outras. Por outro lado, se o resultado de uma cópia é usado como modelo para fazer a seguinte, produz-se uma série de unidades conectadas, porque o que acontece a cada uma delas durante seu futuro individual, antes que sejam usadas como modelo, determina as características da cópia seguinte. Assim, se uma cópia desta página é por sua vez copiada pela mesma máquina, é evidente que o original e as outras duas cópias diferem ligeiramente entre si. Se repetirmos esse mesmo procedimento, é óbvio que depois de muitas cópias alguém poderá notar a progressiva transformação delas, numa linhagem ou sucessão histórica de unidades copiadas. Um uso criativo desse fenômeno histórico é aquilo que, em arte, se conhece como anamorfose (Fig. 16), que constitui um excelente exemplo de deriva histórica.

Reprodução: Falamos de reprodução quando uma unidade sofre uma **fratura** que resulta em duas unidades da mesma classe. Isso acontece, por exemplo, quando um pedaço de giz é quebrado por pressão, dando origem a dois fragmentos. Ou quando se parte em dois um cacho de uvas.

As unidades que resultam dessas fraturas não são idênticas à original nem entre si, mas pertencem à mesma classe da original, isto é, têm a mesma organização que ela. O mesmo não acontece com a fratura de outras unidades, como um rádio ou uma cédula de dinheiro. Nesses casos, a fratura da unidade original a destrói: deixa dois fragmentos e não duas unidades da mesma classe que ela.

Para que na fratura de uma dada unidade ocorra o fenômeno da reprodução, sua estrutura tem de se organizar de uma maneira **distribuída**, não compartimentalizada. Dessa maneira, o plano de fratura pode separar fragmentos com estruturas capazes de configurar de modo independente a organização original. O giz ou o cacho de uvas têm esse tipo de estrutura e admitem numerosos planos de fratura, porque os componentes que configuram suas respectivas organizações se repetem de forma distribuída e não compartimentalizada em toda a sua extensão (cristais de cálcio, no caso do giz, e uvas no cacho).

Fig. 16. Um caso de cópia com substituição de modelo.

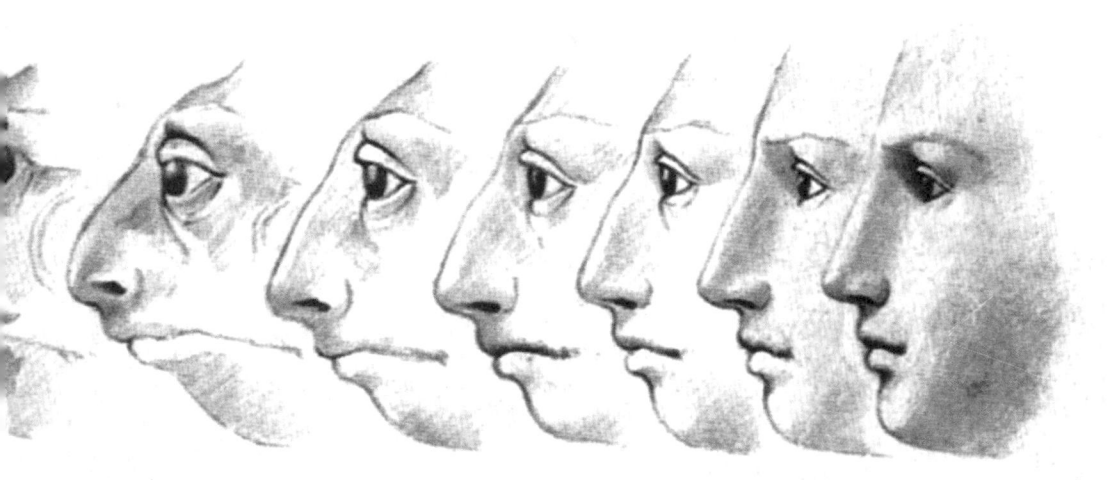

Há muitos sistemas que preenchem esses requisitos, e por isso o fenômeno da reprodução é muito frequente na natureza. Exemplos: cristais, madeiras, comunidades, estradas (Fig. 17). De outra parte, um rádio ou uma moeda não admitem reprodução, porque as relações que os definem não se repetem ao longo de suas extensões. Há muitos sistemas dessa classe, como xícaras, pessoas, canetas-tinteiro, a declaração dos direitos humanos... A incapacidade de admitir reprodução é também um fenômeno muito frequente no Universo. O interessante é que a reprodução como fenômeno não se restringe a um determinado espaço nem a um grupo particular de sistemas.

O fundamental no processo reprodutivo (diferentemente da réplica ou da cópia) é que tudo ocorre na unidade como **parte** dela, e não há separação entre os sistemas reprodutor e reproduzido. Tampouco se pode dizer que as unidades que resultam da reprodução preexistam, ou estejam em formação, antes que aconteça a fratura reprodutiva: elas simplesmente não existem. Além disso, embora as unidades resultantes da fratura reprodutiva tenham a mesma organização que a unidade original e tenham, portanto, aspectos estruturais semelhantes a essa organização, têm também aspectos estruturais diferentes, tanto dela quanto entre si. Isso acontece não apenas porque são menores, mas também porque suas estruturas derivam diretamente da estrutura da unidade original no momento da reprodução, e recebem, ao formar-se, componentes diferentes dela, que não estão uniformemente distribuídos

Fig. 17. Um caso de reprodução por fratura.

e que são função de sua história individual de mudança estrutural.

Por causa dessas características, o fenômeno da reprodução gera **necessariamente** unidades historicamente conectadas, que por sua vez sofrem fraturas reprodutivas e formam, em conjunto, um sistema histórico.

Em todo esse processo, o que acontece com as células? Se tomarmos qualquer uma delas no que se chama de estado de interfase, isto é, quando não está em processo de reprodução, e a fraturarmos, não obteremos duas células. Durante a interfase, uma célula é um sistema compartimentalizado, ou seja, há componentes seus que estão segregados do resto ou se apresentam em quantidades únicas, o que impossibilita um plano de fratura reprodutiva. Isso acontece em particular com os ácidos desoxirribonucleicos (DNA), que fazem parte dos cromossomos, e que na interfase estão recolhidos ao núcleo e separados do resto da célula por uma membrana nuclear (Fig. 18 a).

A reprodução celular

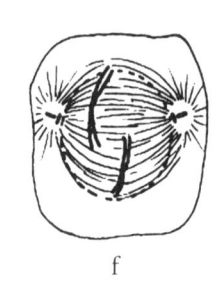

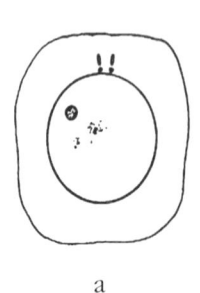

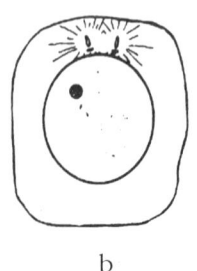

Fig. 18. Mitose ou reprodução por fratura em uma célula animal. O diagrama mostra as diferentes etapas de descompartimentalização, que tornam possível a fratura reprodutiva.

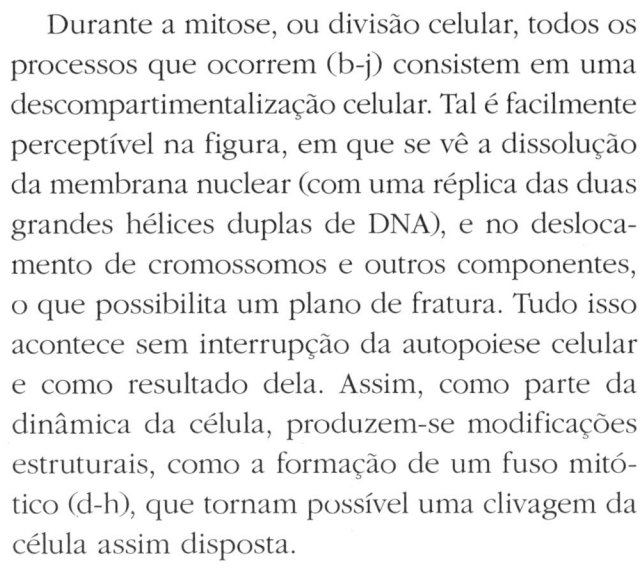

Durante a mitose, ou divisão celular, todos os processos que ocorrem (b-j) consistem em uma descompartimentalização celular. Tal é facilmente perceptível na figura, em que se vê a dissolução da membrana nuclear (com uma réplica das duas grandes hélices duplas de DNA), e no deslocamento de cromossomos e outros componentes, o que possibilita um plano de fratura. Tudo isso acontece sem interrupção da autopoiese celular e como resultado dela. Assim, como parte da dinâmica da célula, produzem-se modificações estruturais, como a formação de um fuso mitótico (d-h), que tornam possível uma clivagem da célula assim disposta.

Visto dessa maneira, o processo de reprodução celular é simples: uma fratura em um plano, que gera duas unidades da mesma classe. Nas células eucarióticas (com núcleo), mais recentes, o estabelecimento desse plano e a mecânica da fratura é um delicado e complexo mecanismo de coreografia molecular. No entanto, nas células mais antigas (ou procarióticas) – que não têm a mesma compartimentalização mostrada na

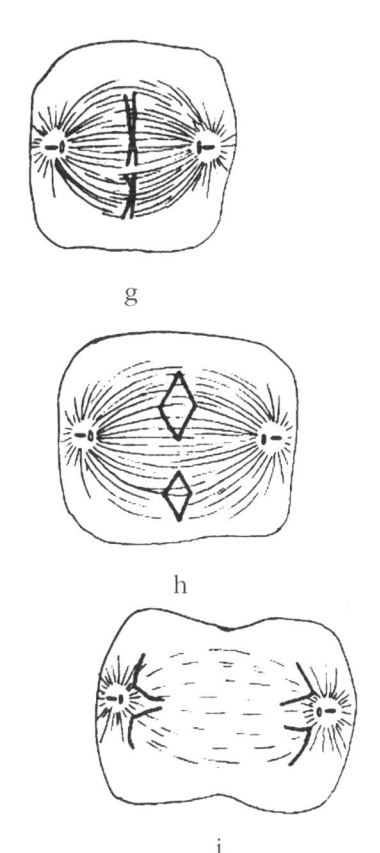

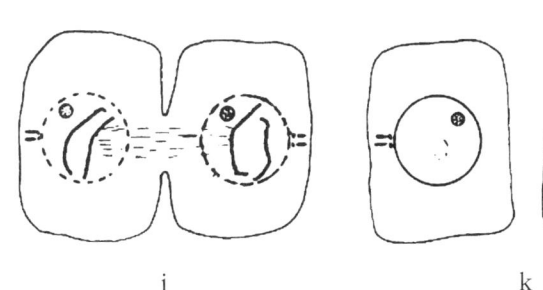

> **Hereditariedade**
>
> Entende-se por hereditariedade a invariância transgeracional de qualquer aspecto estrutural numa linhagem de unidades historicamente conectadas.

Fig. 18 –, o processo é de fato mais simples. Em todo caso, é evidente que a reprodução celular ocorre como se discutiu acima, e não é uma réplica ou cópia de unidades.

Entretanto, ao contrário dos exemplos de reprodução antes mencionados, na reprodução celular ocorre um fenômeno peculiar: é a própria dinâmica autopoiética que torna efetiva a fratura num plano adequado. Não é necessário nenhum agente ou força externa. Podemos imaginar que nas primeiras unidades autopoiéticas isso não ocorreu assim, e que na verdade sua primeira reprodução foi uma fragmentação resultante de choques com outros entes exteriores. Na rede histórica assim produzida, algumas variantes chegaram à fratura como resultado de sua própria dinâmica interna, e dispuseram de um mecanismo de divisão que produziu uma linhagem ou sucessão histórica estável. Estamos longe de saber como tudo isso aconteceu, e provavelmente essas origens estejam perdidas para sempre. Tal circunstância, porém, não invalida o fato de que a divisão celular é um caso particular de reprodução que podemos, legitimamente, chamar de autorreprodução.

Hereditariedade reprodutiva

Independentemente de como ela se gera, toda vez que ocorre uma série histórica acontece o fenômeno **hereditário**. Isto é, encontramos o reaparecimento de configurações estruturais próprias de um membro de uma série na série seguinte. Isso se evidencia tanto na realização da organização própria à classe como em outras características individuais. Se pensarmos, mais uma vez, no caso da série histórica de sucessivas cópias de papel feitas em máquina, teremos que, por mais que as primeiras cópias sejam diferentes das últimas, certas relações de preto e branco das letras permanecerão invariantes. Tal fato permite a leitura e possibilita dizer que uma é cópia da outra. Precisamente no momento em que a cópia se torne tão difusa que não seja possível lê-la, essa linhagem histórica terá terminado.

Da mesma maneira, nos sistemas que se reproduzem a hereditariedade acontece em cada instância reprodutiva como um fenômeno constitutivo dela, ao produzir duas unidades da mesma classe. Exatamente porque a reprodução ocorre quando surge um plano de fratura numa unidade de estrutura distribuída, haverá necessariamente uma certa permanência de configurações estruturais de uma geração para outra.

Assim, como o resultado da fratura reprodutiva é a separação de duas unidades com a mesma organização – mas com estruturas diferentes da unidade original –, a fratura reprodutiva produz a **variação** estrutural. Ao mesmo tempo mantém constante a organização. O fenômeno da reprodução implica, necessariamente, a geração tanto de semelhanças quanto de diferenças estruturais entre "pais", "filhos" e "irmãos". Chamamos de **hereditários** aos aspectos da estrutura inicial da nova unidade que avaliamos como idênticos aos da unidade original. Aos aspectos da estrutura inicial na nova unidade que julgamos diferentes da unidade original, chamamos de **variação reprodutiva**. Em consequência, cada nova unidade começa obrigatoriamente sua história individual com semelhanças e diferenças estruturais em relação às suas antecessoras. Tais diferenças serão conservadas ou perdidas de acordo com as circunstâncias de suas respectivas ontogenias, como veremos em detalhes adiante. Por enquanto, o que nos interessa é ressaltar que o fenômeno da hereditariedade – e a produção de diferenças estruturais nos descendentes – é próprio do fenômeno da reprodução e, certamente, não é menos válido na reprodução dos seres vivos.

Na reprodução celular, há muitas instâncias nas quais é possível detectar com precisão as circunstâncias estruturais que determinam tanto a variação quanto a conservação da semelhança. Assim, há alguns componentes que admitem poucas variações em seu modo de participação na autopoiese, mas admitem muitas peculiaridades na maneira como se realiza essa participação. Tais componentes participam de configurações estruturais fundamentais, que se mantêm de geração a geração (do contrário, não haveria reprodução) com apenas ligeiras variações.

Os mais conhecidos são os DNAs (ácidos nucleicos) ou genes, cuja estrutura fundamental é replicada na reprodução com pouca variação. Como resultado, encontram-se grandes invariâncias entre indivíduos de uma linhagem e, ao mesmo tempo, há aspectos estruturais que variam continuamente e não permanecem constantes por mais de uma ou duas gerações. Assim, por exemplo, o modo de síntese das proteínas com a participação do DNA permaneceu invariante em muitas linhagens, mas o tipo de proteínas sintetizadas mudou muito na história dessas linhagens.

O modo de distribuição da variância ou invariância estrutural, ao longo de uma árvore de linhagens históricas, determina as diferentes maneiras segundo as quais a hereditariedade se

---

A ideia de informação genética

Com frequência, ouvimos que os genes contêm a "informação" que especifica um ser vivo. Trata-se de um erro, por duas razões fundamentais. Primeiro, porque confunde o fenômeno da hereditariedade com o mecanismo de réplica de certos componentes celulares (os DNAs) de grande estabilidade transgeracional. Segundo, porque dizer que o DNA contém o necessário para especificar um ser vivo retira esses componentes (parte da rede autopoiética) de sua inter-relação com todo o resto da rede. É a totalidade da rede de interações que constitui e especifica as características de uma determinada célula, e não um de seus componentes. É claro que modificações nesses componentes – chamados genes – têm consequências dramáticas para a estrutura de uma célula. O erro está em confundir participação essencial com responsabilidade única. Com o mesmo argumento, seria possível dizer que a constituição política de um país determina a sua história. Trata-se de um evidente absurdo: a constituição política é um componente essencial qualquer que seja a história, mas não contém a "informação" que especifica essa história.

distribui de geração em geração, que percebemos como sistemas genéticos (hereditários) diferentes. O moderno estudo da genética se concentrou especialmente na genética dos ácidos nucleicos. Contudo, há outros sistemas genéticos (hereditários) que apenas começamos a compreender. Estes permaneceram ocultos sob o brilho da genética desses ácidos. Um exemplo são os ligados a outros compartimentos celulares, como as mitocôndrias e as membranas.

10
- conhecer o conhecer
- ética

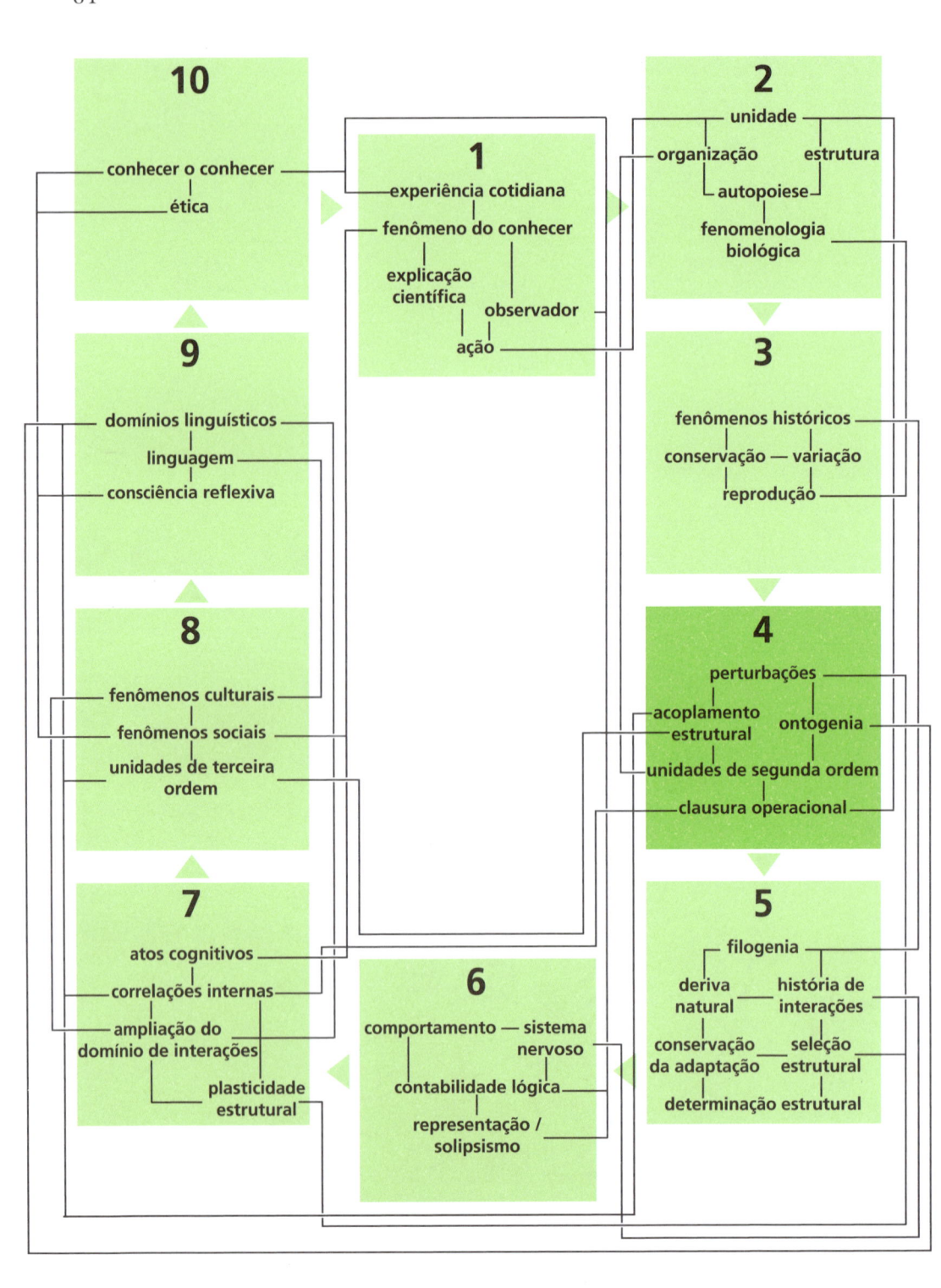

1
- experiência cotidiana
- fenômeno do conhecer
- explicação científica
- observador
- ação

2
- unidade
- organização
- estrutura
- autopoiese
- fenomenologia biológica

9
- domínios linguísticos
- linguagem
- consciência reflexiva

3
- fenômenos históricos
- conservação — variação
- reprodução

8
- fenômenos culturais
- fenômenos sociais
- unidades de terceira ordem

4
- perturbações
- acoplamento estrutural
- ontogenia
- unidades de segunda ordem
- clausura operacional

7
- atos cognitivos
- correlações internas
- ampliação do domínio de interações
- plasticidade estrutural

6
- comportamento — sistema nervoso
- contabilidade lógica
- representação / solipsismo

5
- filogenia
- deriva natural
- história de interações
- conservação da adaptação
- seleção estrutural
- determinação estrutural

IV A VIDA DOS METACELULARES

Fig. 19. *Água*, óleo de Giuseppe Arcimboldo.

A **ontogenia** é a história de mudanças estruturais de uma unidade, sem que esta perca a sua organização. Essa contínua modificação estrutural ocorre na unidade a cada momento, ou como uma alteração desencadeada por interações provenientes do meio onde ela se encontra ou como resultado de sua dinâmica interna. A unidade celular classifica e vê a cada instante suas contínuas interações com o meio segundo a sua estrutura. Esta, por sua vez, está em constante mudança devido à sua dinâmica interna. O resultado geral é que a transformação ontogenética de uma unidade não cessa até que ela se desintegre. Para abreviar toda essa situação, quando nos referirmos a unidades autopoiéticas usaremos o diagrama:

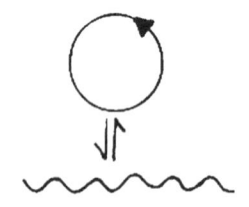

Mas o que acontece, quando não consideramos a ontogenia de uma unidade e sim a de duas ou mais delas, vizinhas em seu meio de interações? Podemos abreviar essa circunstância do seguinte modo:

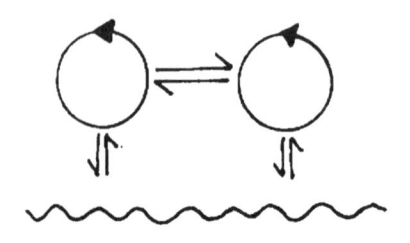

Acoplamento estrutural

É evidente que essa situação será simétrica, se a olharmos do ponto de vista de qualquer das duas unidades. Isto é: para a célula da esquerda, a da direita é apenas mais uma fonte de interações, e como tal indistinguíveis daquelas que nós, como observadores, classificamos como provenientes do meio "inerte". De modo inverso, para a célula da direita a outra é uma fonte a mais de interações, que perceberá segundo sua própria estrutura.

Isso significa que duas (ou mais) unidades autopoiéticas podem estar acopladas em sua ontogenia, quando suas interações adquirem um caráter *recorrente* ou muito estável. Toda ontogenia ocorre em um meio que nós, como observadores, podemos descrever como tendo uma estrutura particular, tal como radiação, velocidade, densidade etc. Dado que também descrevemos a unidade autopoiética como tendo uma estrutura particular, ficará claro que as interações – se forem recorrentes entre unidade e meio – constituirão perturbações recíprocas. Nessas interações, a estrutura do meio apenas desencadeia as modificações estruturais das unidades autopoiéticas (não as determina nem as informa). A recíproca é verdadeira em relação ao meio. O resultado será uma história de mudanças estruturais mútuas e concordantes, até que a unidade e o meio se desintegrem: haverá *acoplamento estrutural*.

Entre todas as interações possíveis, podemos encontrar algumas que são particularmente recorrentes ou repetitivas. Por exemplo, se observarmos a membrana de uma célula, veremos que há um constante e ativo transporte de certos íons (como o sódio ou o cálcio) através dela, de tal maneira que, na presença desses íons, a célula reage incorporando-os à sua rede metabólica. Esse transporte iônico ativo acontece de forma muito regular, e um observador poderá dizer que o acoplamento estrutural das células em seu meio permite as interações recorrentes delas com os íons nele contidos. O acoplamento estrutural das células permite que essas interações ocorram somente em certos íons, pois se outros íons (como césio ou lítio, por exemplo) forem introduzidos no meio, as mudanças estruturais que eles desencadearão na célula não serão conciliáveis com a realização da autopoiese dessa célula.

Mas por que, em cada tipo celular, a autopoiese se dá com a participação de uma certa classe de interações regulares e recorrentes, e não de outras? Essa pergunta só tem resposta na filogenia ou história da estirpe celular correspondente e é: o tipo de acoplamento estrutural atual de cada célula é o estado presente da história de transformações estruturais da filogenia a que ela pertence. Ou seja: é um momento na deriva natural dessa linhagem, que resulta da contínua conservação do acoplamento estrutural de cada célula no meio em que ele se realiza. Assim, no presente da deriva celular natural do exemplo acima, as membranas funcionam transportando íons de sódio e cálcio e não outros.

O acoplamento estrutural com o meio como condição de existência, abrange todas as dimensões das interações celulares e, portanto, também as que têm a ver com outras células. As células dos sistemas multicelulares normalmente existem

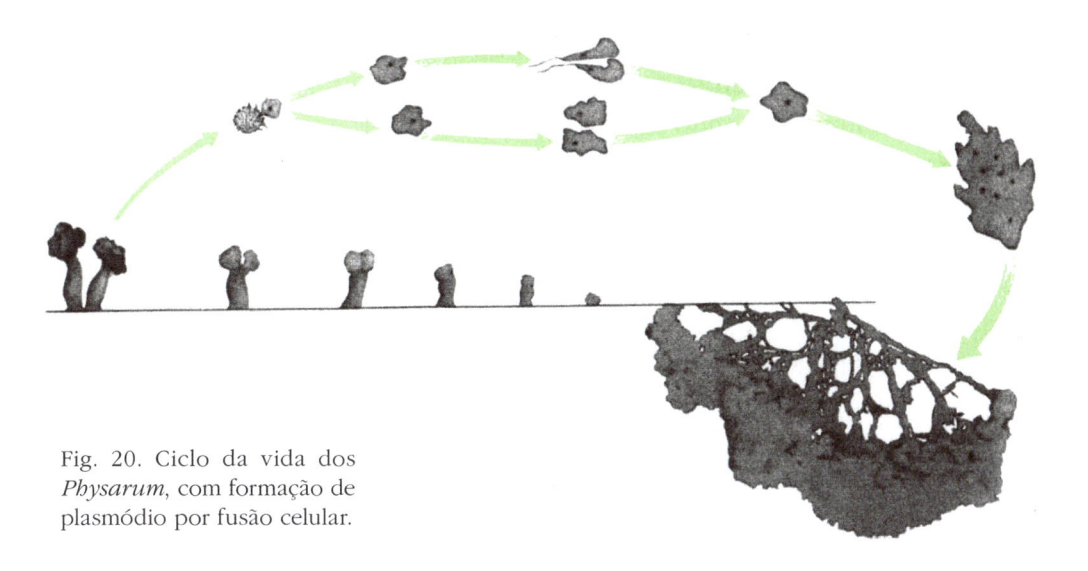

Fig. 20. Ciclo da vida dos *Physarum*, com formação de plasmódio por fusão celular.

em estreita junção com outras células, como meio de realização de sua autopoiese. Tais sistemas são o resultado da deriva natural de linhagens nas quais se manteve essa junção.

Um grupo de animais unicelulares, chamados mixomicetos, representa uma excelente fonte de exemplos que mostram com clareza esse processo. Assim, nos *Physarum*, um esporo germina e dá origem a uma célula (ver Fig. 20). Se o ambiente é úmido, a ontogenia dessa célula resulta no crescimento de um flagelo e na capacidade de movimento. Se o ambiente é mais seco, a ontogenia resulta em células do tipo ameboide. O acoplamento estrutural entre essas células leva a uma junção tão íntima que elas acabam se fundindo. Forma-se então um plasmódio, que por sua vez leva à formação de um corpo frutífero macroscópico que produz esporos. (Note-se que no desenho a parte de cima corresponde a um grande aumento no microscópio; a de baixo refere-se a um aumento muito menor).

Nesses eucariontes filogeneticamente primitivos, o agregamento celular estreito culmina na construção de uma nova unidade. Forma-se então o corpo frutífero, como resultado da fusão celular. Esse corpo frutífero constitui de fato uma unidade metacelular, cuja existência é historicamente complementada pelas células que lhe dão origem na realização do *ciclo vital* da unidade orgânica a que pertence (e que é definida por esse ciclo vital). Nesse ponto, é preciso prestar atenção: a formação de unidades metacelulares capazes de dar origem a linhagens – como resultado de sua reprodução no plano celular – produz uma fenomenologia diferente da fenomenologia das

Fig. 21. Ciclo de vida do *Dyctyostelium* (fungo de limo), com corpo frutífero formado por agrupamento das células que surgem da reprodução de uma célula-esporo fundadora.

células que as integram. Essa *unidade de segunda ordem*, ou metacelular, terá um acoplamento estrutural e uma ontogenia adequados à sua estrutura como unidade composta. Em particular, como se vê no exemplo recém-descrito, os sistemas metacelulares terão um domínio de ontogenia macroscópico, e não microscópico como o de suas células.

Um exemplo mais complexo é o de outro mixomiceto, o *Dyctyostelium* (Fig. 21). Nesse grupo, quando o meio tem certas características muito especiais, os indivíduos ameboides são capazes de se agregar para formar um corpo frutífero como o do exemplo anterior, porém sem fusão celular. No entanto, aqui também encontramos, na unidade de segunda ordem, uma clara diversificação dos tipos celulares. Assim, as células da

J.T. Bonner, *Proc. Natl. Acad. Sci. USA* 45: 379, 1959.

ponta serão capazes de gerar esporos, enquanto as da base não o são, e se enchem de vacúolos e paredes, o que proporciona um apoio mecânico a todo o sistema metacelular. Aqui percebemos que no dinamismo dessa íntima junção celular, como parte de um ciclo de vida, as mudanças estruturais experimentadas em cada célula – em sua história de interações com outras células – são necessariamente complementares entre si e limitadas por sua participação na constituição da unidade metacelular que integram. Em consequência, as modificações estruturais ontogenéticas de cada célula são necessariamente diferentes – e dependem de como elas participam da constituição da referida unidade e do futuro de suas interações e relações de vizinhança.

Ciclos de vida

Insistamos: a íntima junção entre as células que descendem de uma única célula – e que resulta numa unidade metacelular – é uma condição inteiramente consistente com a continuação da autopoiese dessas células. Mas certamente não é imprescindível, na medida em que na filogenia dos seres vivos muitos permaneceram como unicelulares. Nas linhagens em que se estabelece um agregamento celular que resulta num metacelular, as consequências para as respectivas histórias de transformações estruturais são profundas. Vejamos mais de perto essa situação.

É evidente que a ontogenia de um metacelular será determinada pelo domínio de interações que ele especifica como unidade total, e não pelas interações individuais de suas células componentes.

Em outras palavras, a vida de um indivíduo multicelular como unidade transcorre no operar de seus componentes, mas não está determinada pelas propriedades destes. Entretanto, cada um desses indivíduos pluricelulares é o resultado da divisão e da segregação de uma linhagem de células que se originam no momento da fecundação de uma única célula – ou zigoto –, que é produzida por alguns órgãos ou por partes do organismo multicelular. Se não houver geração de novos indivíduos, não haverá continuidade da linhagem. E, para que haja novos indivíduos, é preciso que sua formação comece a partir de uma célula. É tão simples assim: é a lógica de sua constituição que exige que cada organismo metacelular seja parte de um *ciclo* no qual há uma etapa unicelular necessária.

Contudo, é na fase unicelular de um organismo multicelular, durante a reprodução, que acontecem as variações geracionais. Portanto, não há diferença no modo de estabelecimento das linhagens dos seres vivos multicelulares e unicelulares. Em outros termos, o ciclo de vida de um metacelular constitui uma unidade na qual a ontogenia do organismo se dá em sua transformação de unicelular a multicelular até a reprodução. Mas a reprodução e as variações reprodutivas acontecem passando pela etapa unicelular.

É preciso entender que todos os seres vivos multicelulares conhecidos são variações elaboradas sobre o mesmo tema – a organização e a filogenia da célula. Cada indivíduo multicelular representa um momento elaborado da ontogenia de uma linhagem, cujas variações continuam sendo celulares. Nesse sentido, o aparecimento da multicelularidade não introduz, basicamente, nada de novo. Sua grande novidade consiste em que torna possível muitas classes diferentes de indivíduos, ao possibilitar muitas linhagens diversas como distintos modos de conservação do acoplamento estrutural ontogênico com o meio. A riqueza e a variedade dos seres vivos sobre a Terra se devem ao aparecimento dessa variante ou desvio multicelular das linhagens celulares que continuam até hoje, na qual nós mesmos estamos incluídos.

Notemos, porém, que a reprodução sexuada de organismos multicelulares não faz exceção à caracterização fundamental de reprodução que vimos no capítulo anterior. Com efeito, a reprodução sexuada requer que uma das células do organismo multicelular adquira uma dinâmica operacional independente (como o espermatozoide). A seguir, ela deve fundir-se com outra célula de outro organismo da mesma classe para formar o zigoto, que constitui a fase unicelular desse ser vivo. Há alguns organismos multicelulares que podem, além disso – ou exclusivamente – reproduzir-se por simples fratura. Quando isso acontece, a unidade de variação na linhagem não é celular: é constituída por um organismo.

As consequências da reprodução sexual residem na rica recombinação estrutural que dela resulta. Por um lado, isso permite o entrecruzamento de linhagens reprodutivas. Por outro, permite um aumento muito grande nas variações estruturais possíveis em cada instância reprodutiva. Dessa maneira, a genética e a hereditariedade se enriquecem com os efeitos combinatórios das alternativas estruturais de um grupo de seres vivos. Esse efeito de aumentar a variabilidade – que por sua vez torna possível a deriva filogenética, como veremos no próximo capítulo –, explica por que a sexualidade é praticamente universal entre os seres vivos, por facilitar a multiplicação das linhagens.

Tempo de transformações

Uma forma elegante de ver esse fenômeno vital dos metacelulares e seus ciclos de vida é comparar o tempo que eles levam para cobrir um ciclo vital completo de acordo com o seu tamanho. A figura 22-a, por exemplo, mostra um diagrama do mesmo ciclo que discutimos antes – o de um mixomiceto. Coloca num eixo o tempo que cada etapa leva para se completar e em outro o tamanho atingido. Assim, a formação de um corpo frutífero de 1 cm demora mais ou menos um dia. O esporo, que mede cerca de 10 milionésimos de metro, forma-se em aproximadamente um minuto.

Na Fig. 22-b observa-se a mesma história, desta vez em relação à rã. O zigoto, que dá origem a um adulto, forma-se em mais ou menos um minuto, enquanto que um adulto formado leva quase um ano para crescer vários centímetros. O mesmo é válido para a maior árvore do mundo – a sequoia –, que alcança 100 metros de altura com um tempo de formação de mil anos (Fig. 22-c), ou para o maior animal do mundo – a baleia-azul –, que atinge até 40 metros em 10 anos (Fig. 22-d).

J.T. Bonner, *Size and Cycle*, Princeton University Press, 1965.

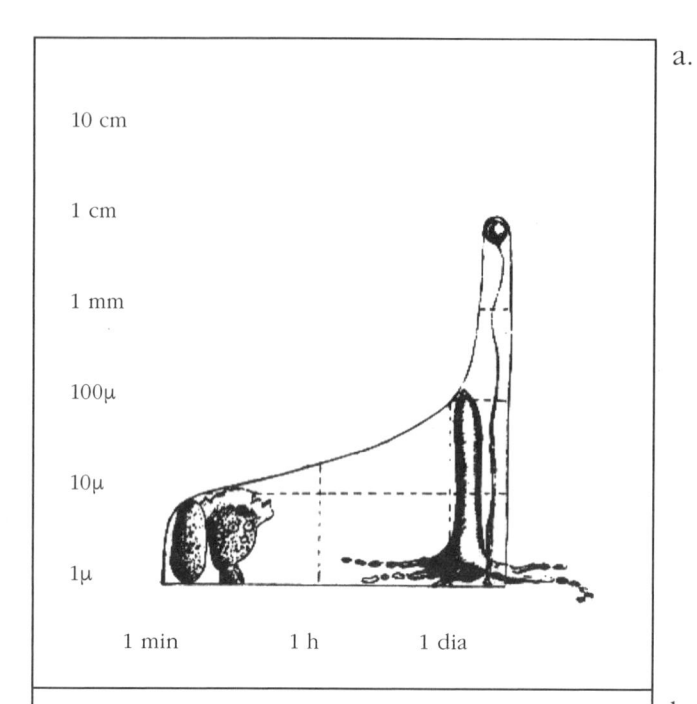

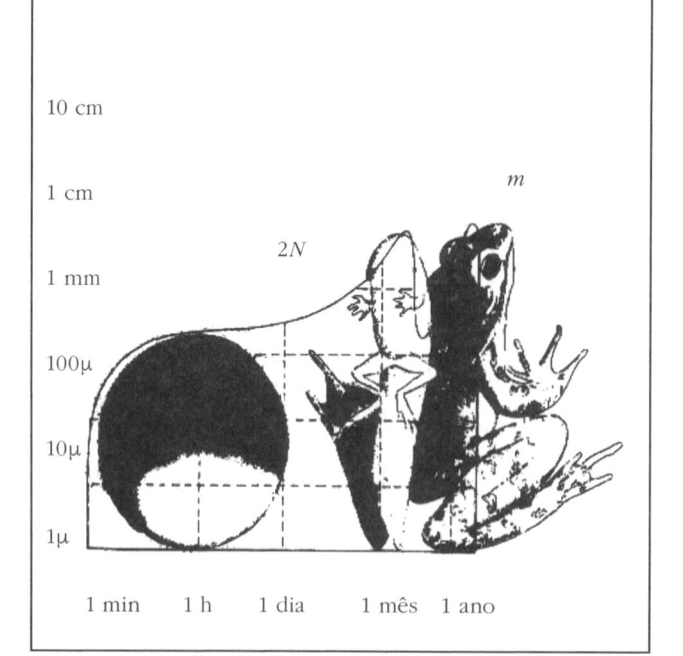

Fig. 22. Exemplos das relações entre o tamanho alcançado e o tempo necessário para alcançá-lo, nas diferentes etapas dos ciclos de vida de quatro organismos.

A Vida dos Metacelulares

c.

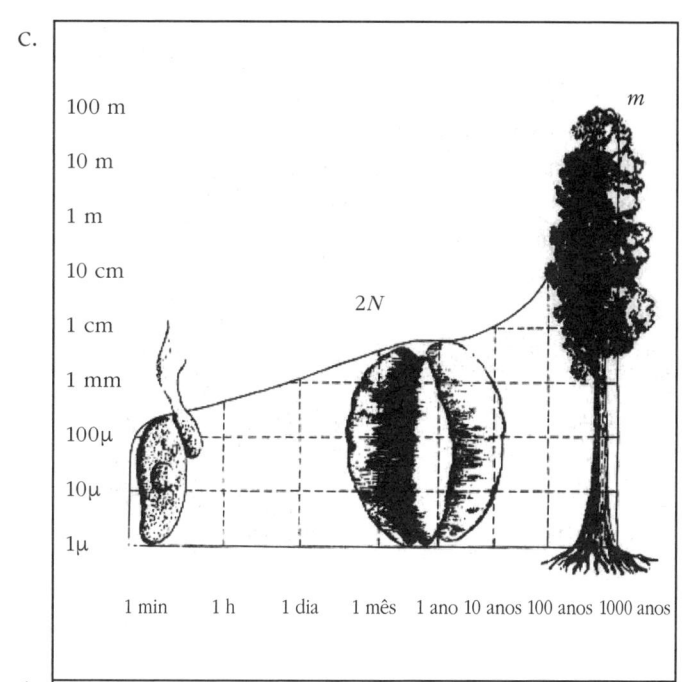

100 m
10 m
1 m
10 cm
1 cm
1 mm
100μ
10μ
1μ

2N

m

1 min 1 h 1 dia 1 mês 1 ano 10 anos 100 anos 1000 anos

d.

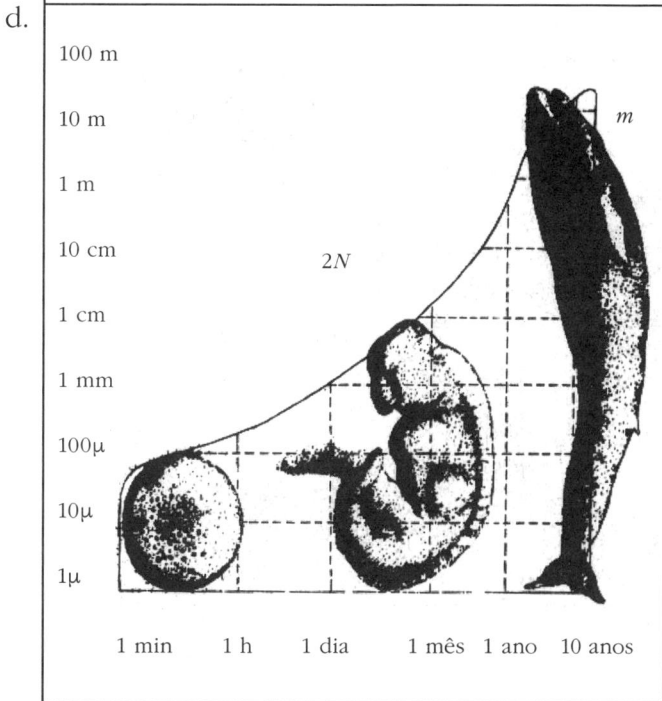

100 m
10 m
1 m
10 cm
1 cm
1 mm
100μ
10μ
1μ

2N

m

1 min 1 h 1 dia 1 mês 1 ano 10 anos

Independentemente do tamanho e do aspecto externo, em todos esses casos as etapas são sempre as mesmas: a partir de uma célula inicial, o processo de divisão e diferenciação celular gera um indivíduo de segunda ordem pelo acoplamento entre as células resultantes dessas divisões celulares. O indivíduo assim formado tem uma ontogenia de extensão variada, que conduz à

Fig. 23. Tempo de transformação em uni e metacelulares.

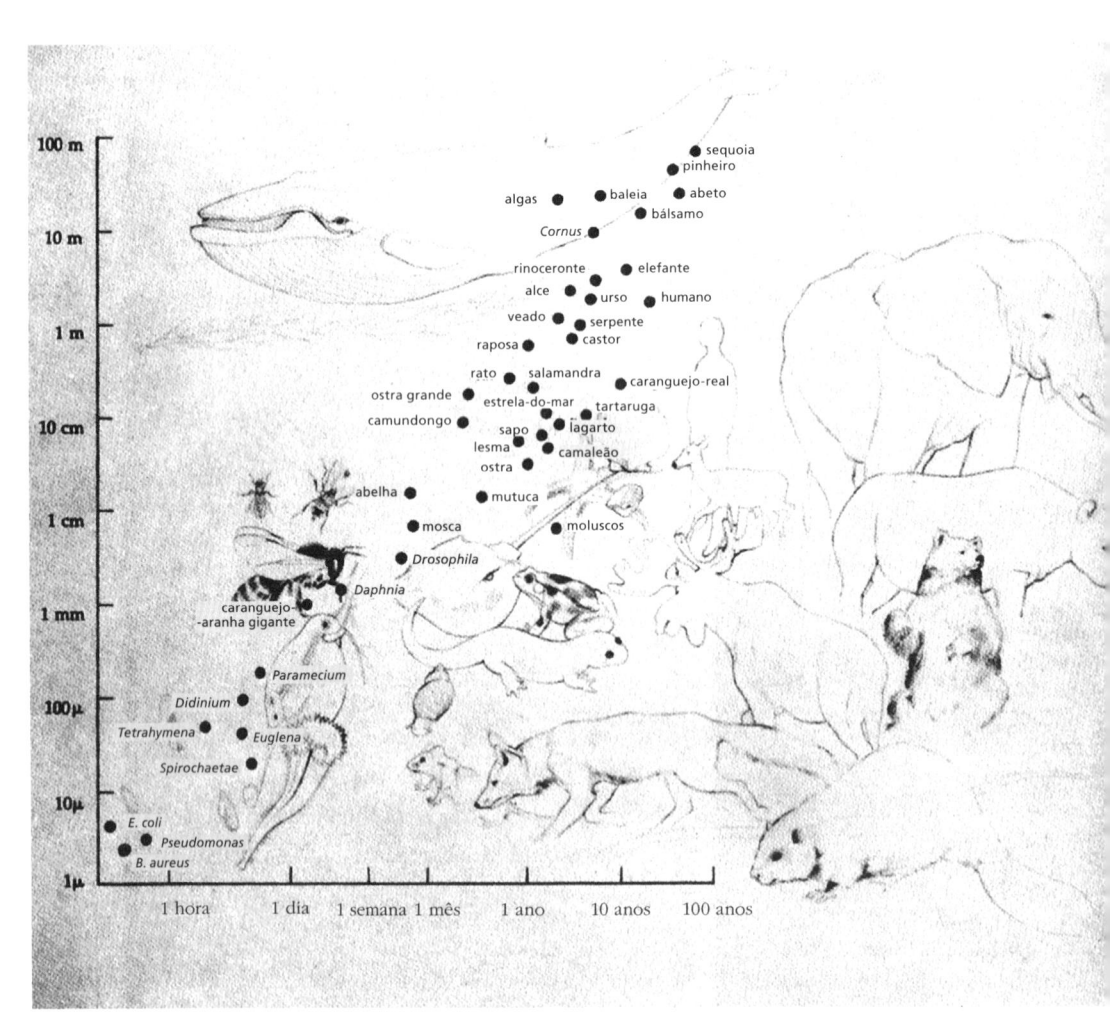

etapa reprodutiva seguinte, com a formação de um novo zigoto. Dessa maneira, o ciclo geracional é uma unidade fundamental que se transforma no tempo. Uma forma de tornar isso evidente é pôr, num gráfico, a relação entre tempo de reprodução e tamanho (Fig. 23). Uma bactéria que não está acoplada a outras tem uma reprodução muito rápida e, portanto, seu ritmo de transformações é igualmente acelerado. Um efeito necessário da formação de indivíduos de segunda ordem por agregação celular é a necessidade de tempo para o crescimento e a diferenciação das células. Portanto, a frequência de gerações será muito menor.

Essa visão torna claro para nós que há uma grande semelhança entre os metacelulares, tal como há entre as células. Apesar de sua assombrosa diversidade aparente, todos eles conservam a reprodução por meio de uma etapa unicelular como característica central de sua identidade como sistemas biológicos. O fato de haver esse elemento comum entre a organização de todos os organismos não interfere na riqueza de sua diversidade, já que esta ocorre na variação estrutural. Por outro lado, ela nos permite perceber que toda essa variação acontece em torno de um tipo fundamental, o que resulta em modos diferentes de dimensionar universos de interação por parte de diferentes unidades com a mesma organização. Isto é: toda variação ontogênica resulta em uma forma diferente de ser no mundo, porque é a estrutura da unidade que determina como ela interage com o meio e que mundo configura.

Metacelularidade e sistema nervoso

Neste livro, sustentamos que não é possível entender como funciona o sistema nervoso, e portanto a biologia do conhecer, sem compreender onde funciona o sistema nervoso. A diferenciação celular própria dos metacelulares, com e sem sistema nervoso, tem uma lógica comum, da qual o tecido nervoso não escapa. Na baleia-azul há bilhões de células muito diferentes, mas todas elas estão inseridas numa legalidade de acoplamento recíproco, que torna possível a unidade de segunda ordem que é essa baleia. De modo semelhante, o sistema nervoso contém milhões de células, mas todas são parte do organismo a cuja legalidade devem ajustar-se. Perder de vista as raízes orgânicas do sistema nervoso representa uma das maiores fontes de confusão no que se refere ao seu modo efetivo de funcionar. Este será o tema de um dos capítulos seguintes.

A organização dos metacelulares

Falamos de metacelulares para nos referirmos a toda unidade em cuja estrutura é possível distinguir agregados celulares intimamente acoplados. A metacelularidade apareceu em todos os reinos (as grandes divisões dos seres vivos): procariontes, eucariontes, animais, plantas e fungos. É uma possibilidade estrutural desde o início da história mais precoce dos seres vivos.

Entretanto, o que é comum a todos os metacelulares dos cinco reinos é que eles incluem células como componentes de sua estrutura. Por essa razão, diremos que os metacelulares são *sistemas autopoiéticos de segunda ordem*. Cabe então a pergunta: qual é a organização dos metacelulares? Já que as células componentes podem estar relacionadas de muitos modos diversos, é evidente que os metacelulares admitem distintos tipos de organização, como organismos, colônias e sociedades. Contudo, seriam alguns metacelulares unidades autopoiéticas? Ou seja, os sistemas

L. Margulis, *Five Kingdoms*, Freeman, San Francisco, 1982.

autopoiéticos de segunda ordem são *também* sistemas autopoiéticos de primeira ordem? O corpo frutífero de um mixomiceto é uma unidade autopoiética? E a baleia?

Estas não são perguntas fáceis. Não temos clareza sobre como descrever as relações entre componentes de um organismo, de modo a que sua organização se revele como uma autopoiese molecular como ocorre na célula, circunstância que conhecemos com muitos detalhes. No caso dos metacelulares, temos hoje em dia um conhecimento muito menos preciso dos processos moleculares que os constituiriam como unidades autopoiéticas comparáveis às células.

Para as finalidades deste livro, vamos deixar em aberto a questão de se os metacelulares são ou não sistemas autopoiéticos de primeira ordem. O que podemos dizer é que eles têm uma *clausura operacional* em sua organização: sua identidade está especificada por uma rede de processos dinâmicos, cujos efeitos não saem dessa rede. Porém, quanto à forma explícita de tal organização, não diremos mais nada. Essa atitude não constitui uma limitação de nossos propósitos no momento: como já dissemos, qualquer que seja a organização dos metacelulares, eles são compostos por sistemas autopoiéticos de primeira ordem, e formam linhagens por meio da reprodução no plano celular. Trata-se de duas condições suficientes para assegurarmos que tudo o que acontece neles – na qualidade de unidades autônomas – ocorre com a conservação da autopoiese das células componentes, bem como com a manutenção de sua própria organização.

> ## Simbiose e metacelularidade
>
> O que dissemos neste capítulo pode ser resumido assinalando que, se duas unidades autopoiéticas estabelecem relações recorrentes, como se vê no diagrama abaixo, essas recorrências podem derivar, em princípio, em duas direções:
>
> as organelas de uma célula (isto é, as mitocôndrias, os cloroplastos e seu núcleo, por exemplo) parecem ter sido ancestralmente procariontes de vida livre.
>
> Mas é a alternativa (b) do diagrama que mais nos interessa neste capítulo: a recorrência de acoplamentos nos quais as células participantes conservam seus limites individuais, ao mesmo tempo em que estabelecem, por meio desse acoplamento, uma nova coerência especial, que distinguimos como unidade metacelular e que vemos como sua forma.
>
> Uma direção (a) leva à imbricação das fronteiras de ambas as unidades, e essa situação conduz ao que correntemente se conhece como simbiose. A simbiose parece ter sido muito importante na transição dos sistemas autopoiéticos (sem compartimentos internos ou procariontes) para células internamente compartimentalizadas ou eucariontes (ver Fig. 14). Com efeito, todas

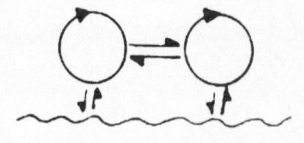

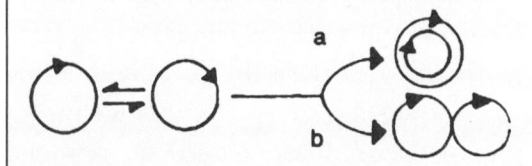

Em consequência, tudo o que diremos a seguir se aplica tanto aos sistemas autopoiéticos de primeira ordem quanto aos de segunda ordem. Não faremos distinção entre eles, a menos que isso seja estritamente necessário.

📖 L. Margulis, *Symbiosis in Cell Evolution*. Freeman, San Francisco, 1980.

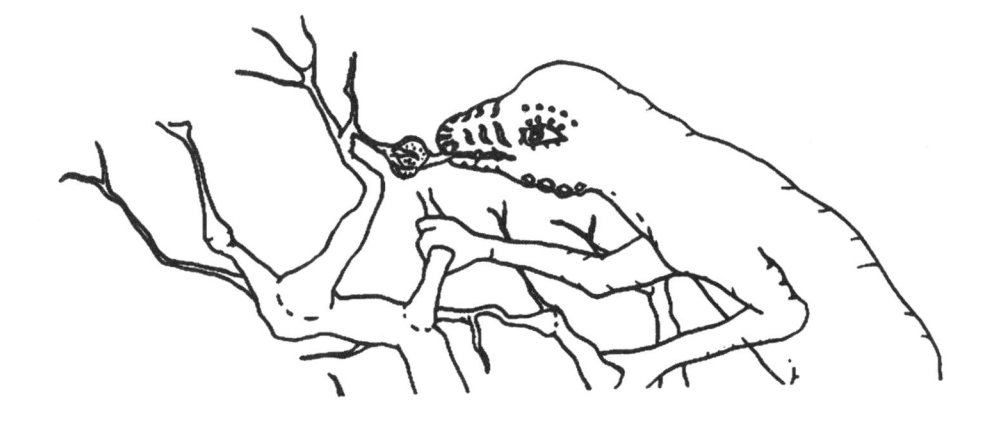

10
- conhecer o conhecer
- ética

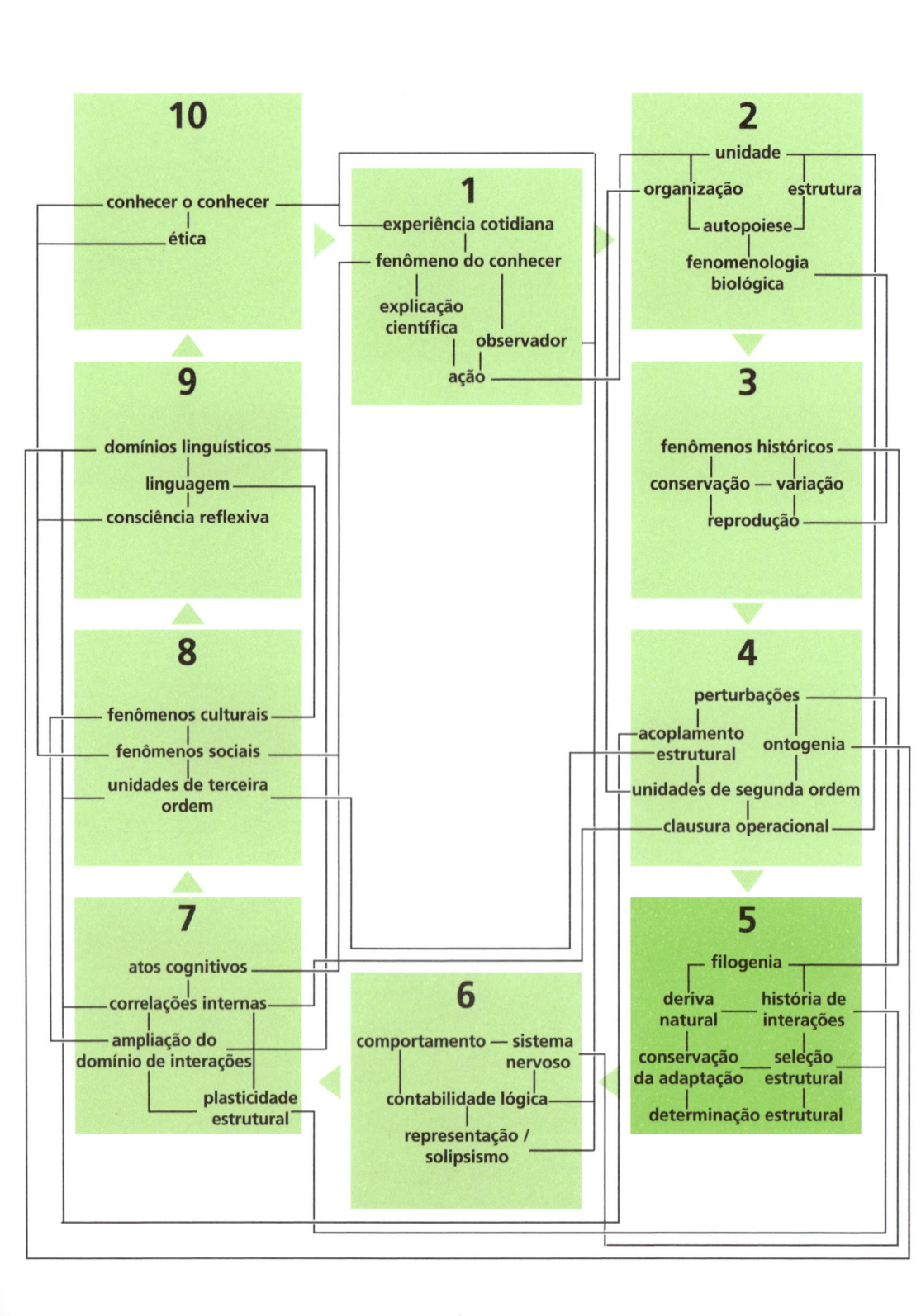

1
- experiência cotidiana
- fenômeno do conhecer
  - explicação científica
  - observador
  - ação

2
- unidade
- organização
- estrutura
- autopoiese
- fenomenologia biológica

3
- fenômenos históricos
- conservação — variação
- reprodução

9
- domínios linguísticos
- linguagem
- consciência reflexiva

8
- fenômenos culturais
- fenômenos sociais
- unidades de terceira ordem

4
- perturbações
- acoplamento estrutural
- ontogenia
- unidades de segunda ordem
- clausura operacional

7
- atos cognitivos
- correlações internas
- ampliação do domínio de interações
- plasticidade estrutural

6
- comportamento — sistema nervoso
- contabilidade lógica
- representação / solipsismo

5
- filogenia
- deriva natural
- história de interações
- conservação da adaptação
- seleção estrutural
- determinação estrutural

V A DERIVA NATURAL DOS SERES VIVOS

Fig. 24. Charles Darwin.

Nos três capítulos anteriores, formamos uma ideia de três aspectos fundamentais dos seres vivos. Em primeiro lugar, entendemos como eles se constituem como unidades, como sua unidade fica definida pela organização autopoiética que lhe é peculiar. Em segundo lugar, explicamos de que maneira essa identidade autopoiética pode adquirir complexidade reprodutiva, e assim gerar uma rede histórica de linhagens produzidas pela reprodução sequencial de unidades. Por último, vimos de que maneira os organismos celulares – como nós próprios – nascem do acoplamento entre células descendentes de uma única. Vimos ainda que todos os organismos, como unidades metacelulares intercaladas em ciclos geracionais que sempre passam pelo estado unicelular, não são mais do que variações fundamentais do mesmo tema.

Tudo isso resulta em que há ontogenias de seres vivos que são capazes de se reproduzir e filogenias de diferentes linhagens reprodutivas que se entretecem em uma gigantesca rede histórica que, por sua vez, representa uma assombrosa variação. Podemos constatar isso no mundo orgânico que nos rodeia, composto de plantas, animais, fungos e bactérias, bem como nas diferenças que observamos entre nós, como seres humanos, e outros seres vivos. Essa grande rede de transformações históricas dos seres vivos é a trama de sua existência como seres históricos. Neste capítulo, retomaremos vários dos temas dos anteriores, para compreender essa evolução orgânica de maneira global e geral, já que sem uma compreensão adequada dos mecanismos históricos de transformação estrutural não pode haver entendimento do fenômeno do conhecer.

Na realidade, a chave da compreensão da origem da evolução repousa sobre algo que já notamos nos capítulos anteriores: a associação inerente que há entre diferenças e semelhanças em cada etapa reprodutiva, a conservação da organização e a mudança estrutural. Porque há semelhanças, existe a possibilidade de uma série histórica ou linhagem ininterrupta. Porque há diferenças estruturais, existe a possibilidade de variações históricas nessas linhagens. No entanto, para sermos mais precisos, por que se produzem e se estabelecem certas linhagens e não outras? Por que, quando olhamos em torno, nos parece que o peixe é tão naturalmente aquático e o cavalo é tão adequado à planície? Para responder a essas perguntas, precisamos primeiro examinar mais de perto e mais explicitamente como ocorrem as interações entre os seres vivos e o ambiente que os rodeia.

Determinismo e acoplamento estrutural

A história das mudanças estruturais de um dado ser vivo é sua ontogenia. Nessa história todo ser vivo começa com uma estrutura inicial, que condiciona o curso de suas interações e delimita as modificações estruturais que estas desencadeiam nele. Ao mesmo tempo, o ser vivo nasce num determinado lugar, num meio que constitui o entorno no qual ele se realiza e em que ele interage, meio esse que também vemos como dotado de uma dinâmica estrutural própria, *operacionalmente distinta* daquela do ser vivo. Isso é crucial.

Como observadores, distinguimos a unidade que é o ser vivo de seu pano de fundo, e o caracterizamos com uma determinada organização. Com isso, optamos por distinguir duas estruturas, que serão consideradas operacionalmente independentes entre si – o ser vivo e o meio – e entre as quais ocorre uma congruência estrutural necessária (caso contrário, a unidade desaparece). Nessa congruência estrutural, uma perturbação do meio não contém em si uma especificação de seus efeitos sobre o ser vivo. Este, por meio de sua estrutura, é que determina quais as mudanças que ocorrerão em resposta. Essa interação não é instrutiva, porque não determina quais serão seus efeitos. Por isso, usamos a expressão *desencadear* um efeito, e com ela queremos dizer que as mudanças que resultam da interação entre o ser vivo e o meio são desencadeadas pelo agente perturbador e *determinadas pela estrutura do sistema perturbado*. O mesmo vale para o meio ambiente: o ser vivo é uma fonte de perturbações, e não de instruções.

Pode ser que o leitor, a esta altura, esteja pensando que tudo isso parece muito complicado e que, além do mais, é próprio apenas dos seres vivos. Exatamente como no caso da reprodução, trata-se de um fenômeno absolutamente corrente, cotidiano. Assim, não percebê-lo em toda a sua obviedade é uma fonte de complicações. Dessa maneira, vamos nos deter mais um pouco no exame daquilo que ocorre toda vez que distinguimos uma unidade e o meio no qual ela interage.

Na verdade, a chave para a compreensão de tudo isso é simples: como cientistas, só podemos tratar com unidades *estruturalmente determinadas*. Isto é: só podemos lidar com sistemas nos quais todas as modificações estão determinadas por sua estrutura – seja ela qual for –, e nos quais essas modificações estruturais ocorram como resultado de sua própria dinâmica, ou sejam desencadeadas por suas interações.

Com efeito, em nossa vida cotidiana atuamos como se tudo o que encontramos fossem unidades estruturalmente determinadas. O automóvel, o gravador, a máquina de costura ou o computador são sistemas com os quais lidamos como se tivessem uma determinação estrutural. Se assim não fosse, como explicar que, quando surge um defeito tentamos modificar-lhes a estrutura e não outra coisa? Se, quando pisamos no acelerador do carro, descobrimos que ele não avança, nenhum de nós imagina que algo está errado com o pé que pisa. Supomos que o problema está no acoplamento entre o acelerador e o sistema de injeção de combustível, ou seja, na estrutura do veículo. Assim, os defeitos das máquinas construídas pelo homem são mais reveladores de seu efetivo funcionamento do que as descrições que deles fazemos quando não acontecem. Na ausência de falhas de funcionamento, abreviamos nossa descrição dizendo que demos "instruções" ao computador para que ele nos dê o saldo de nossa conta corrente.

Essa atitude cotidiana (que apenas se torna mais sistemática e explícita na ciência, com a aplicação rigorosa do critério de validação das afirmações científicas) não é adequada somente aos sistemas artificiais, mas também aos seres vivos e sociais. Se assim não fosse, jamais iríamos ao médico quando nos sentíssemos mal, nem mudaríamos a administração de uma empresa que não estivesse funcionando a contento. Nada disso contradiz a possibilidade de que optemos por não explicar muitos fenômenos de nossa experiência humana. Entretanto, se decidimos propor uma explicação científica, teremos de considerar as unidades que estudamos como estruturalmente determinadas.

Tudo isso se torna explícito pela distinção de quatro domínios (ou âmbitos, ou classes) especificados pela estrutura de uma unidade específica:

a) *Domínio das mudanças de estado*: isto é, as mudanças estruturais que uma unidade pode sofrer sem que mude a sua organização, ou seja, mantendo a sua identidade de classe;
b) *Domínio das mudanças destrutivas*: todas as modificações estruturais que resultam na perda da organização da unidade e, portanto, em seu desaparecimento como unidade de uma certa classe;
c) *Domínio das perturbações*: ou seja, todas as interações que desencadeiam mudanças de estado;
d) *Domínio de interações destrutivas*: todas as perturbações que resultam numa modificação destrutiva.

Assim, supomos, com alguma razão, que as balas de chumbo disparadas a curta distância em geral desencadeiam em quem as recebe mudanças destrutivas especificadas pela estrutura

Fig. 25. A corneta, como toda unidade, tem seus quatro domínios: a) de mudanças de estado; b) de mudanças destrutivas; c) de perturbações; d) de interações destrutivas.

dos seres humanos. Mas, como é bem sabido, as mesmas balas são meras perturbações para a estrutura dos vampiros, que precisam de estacas de madeira no coração para sofrer uma alteração destrutiva. Ou, ainda, é óbvio que um choque grave contra um poste é uma interação destrutiva para uma motocicleta, mas é uma simples perturbação para um tanque etc. (Fig. 25).

Num sistema dinâmico estruturalmente determinado, já que a estrutura está em contínua mudança, seus domínios estruturais também sofrerão variação, mas a cada momento sempre estarão especificados por sua estrutura presente. Essa incessante modificação de seus domínios estruturais será um traço próprio da ontogenia de cada unidade dinâmica, seja ela um toca-fitas ou um leopardo.

Enquanto uma unidade não entrar numa interação destrutiva com o seu meio, nós, observadores, necessariamente veremos que entre a estrutura do meio e a da unidade há uma compatibilidade ou comensurabilidade. Enquanto existir essa comensurabilidade, meio e unidade atuarão como fontes de perturbações mútuas e desencadearão mutuamente mudanças de estado. A esse processo continuado, demos o nome de *acoplamento estrutural*. Por exemplo, na história do acoplamento estrutural entre as linhagens de automóveis e as cidades, há modificações dramáticas em ambos os lados, mas em cada um elas ocorrem como expressão de sua própria dinâmica estrutural, provocadas pelas interações seletivas com o outro.

Ontogenia e seleção

Tudo o que foi dito anteriormente é válido para qualquer sistema e portanto para os seres vivos. Estes não são únicos, nem em sua determinação nem em seu acoplamento estrutural. O que lhes é próprio é que neles a determinação e o acoplamento estrutural se dão na contínua conservação da autopoiese que os define, seja ela de primeira

Curva perigosa: a seleção natural

A palavra "seleção" é traiçoeira neste contexto, e é preciso ter certeza de que não escorregaremos, sem dar-nos conta de uma série de conotações que pertencem a outros domínios e não ao fenômeno do qual nos ocupamos. Com efeito, com frequência pensamos no processo de seleção como um ato de escolher voluntariamente entre muitas alternativas. É fácil cair na tentação de pensar que algo similar ocorre aqui: por suas perturbações, o meio estaria "escolhendo" quais das múltiplas modificações possíveis ocorrerão.

Isso é exatamente o contrário do que de fato acontece, e seria contraditório com o fato de que estamos lidando com sistemas estruturalmente determinados. Uma interação não pode especificar uma mudança estrutural, porque esta é determinada pelo estado prévio da unidade em questão, e não pela estrutura do agente perturbador, como discutimos na seção anterior. Aqui falamos de seleção, no sentido de que o observador pode notar que, entre as muitas mudanças que vê como possíveis, cada perturbação desencadeou ("escolheu") uma e não outra desse conjunto.

Na verdade, essa descrição não é inteiramente adequada, já que em cada ontogenia só ocorre uma série de interações e só se desencadeia uma série de modificações estruturais. Assim, o conjunto das alterações que o observador vê como possíveis é apenas o que ele imagina, embora sejam possíveis para histórias diferentes. Nessas circunstâncias, a palavra "seleção" sintetiza a compreensão que o observador tem do que acontece em cada ontogenia, embora esse entendimento surja de sua observação comparativa de muitas outras ontogenias.

Há outras expressões que poderiam ser usadas para descrever esse fenômeno. Contudo, a razão pela qual nos referimos a ele em termos de uma seleção de caminhos de mudança estrutural, é que a palavra já é inseparável da história da biologia desde que Darwin a utilizou. Em sua obra *A Origem das Espécies*, esse autor assinalava pela primeira vez a relação entre variação geracional e acoplamento estrutural. Mostrou também que era "como se" houvesse uma seleção natural, comparável – por seu efeito separador – com a seleção artificial que um fazendeiro faz das variedades de seu interesse. O próprio Darwin foi muito claro ao destacar que nunca pretendeu utilizar essa palavra em outro sentido a não ser o de uma metáfora adequada. Entretanto, pouco depois, com a divulgação da teoria da evolução, a ideia de "seleção natural" passou a ser interpretada como uma fonte de interações instrutivas do meio. A esta altura da história da biologia seria impossível mudar sua nomenclatura, e por isso é melhor utilizá-la e entendê-la adequadamente. A biologia também tem sua ontogenia!

ou de segunda ordem, e tudo fica subordinado a essa conservação. Assim, a autopoiese das células que compõem um metacelular também se subordina à sua autopoiese como sistema autopoiético de segunda ordem. Portanto, toda mudança estrutural acontece num ser vivo necessariamente demarcada pela conservação de sua autopoiese. As interações que desencadeiem nele mudanças estruturais compatíveis com essa conservação serão perturbadoras. Do contrário, serão interações destrutivas. A contínua mudança estrutural dos seres vivos com conservação de sua autopoiese acontece a cada instante, incessantemente e de muitas maneiras simultâneas. É o palpitar da vida.

Agora notemos uma coisa interessante: quando nós, como observadores, falamos do que acontece com um organismo numa interação específica, estamos numa situação peculiar. Por um lado, temos acesso à estrutura do meio, por outro à estrutura do organismo. Assim, podemos considerar as muitas maneiras pelas quais ambas poderiam ter mudado ao se encontrar, caso houvessem ocorrido outras circunstâncias de interação que podemos imaginar em conjunto com as que de fato ocorrem. Dessa maneira, podemos imaginar como seria o mundo se Cleópatra tivesse sido feia. Ou, numa linha mais séria, como seria esse menino que nos pede esmola, se tivesse sido alimentado adequadamente quando bebê. Sob essa perspectiva, as mudanças estruturais que de fato ocorrem numa unidade aparecem como "selecionadas" pelo meio, mediante o contínuo jogo das interações. Assim, o meio pode ser visto como um contínuo "seletor" das mudanças estruturais que o organismo experimenta em sua ontogenia.

Num sentido estrito, acontece exatamente o mesmo com o meio. Em sua própria história, ele ou os seres vivos que com ele interagem operam como seletores de suas mudanças estruturais. Por exemplo, o fato de que, entre todos os gases possíveis, foi o oxigênio que as células dissiparam durante os primeiros milhões de anos após a origem dos seres vivos teria determinado modificações estruturais na atmosfera terrestre. De modo que hoje esse gás existe em porcentagem importante como resultado dessa história. Por sua vez, a presença de oxigênio na atmosfera teria selecionado variações estruturais em muitas linhagens de seres vivos que, ao longo de sua filogenia, levaram à estabilização de formas que funcionam como seres que respiram oxigênio. O acoplamento estrutural é sempre mútuo; organismo e meio sofrem transformações.

Nessas circunstâncias – e diante desse fenômeno de acoplamento estrutural entre os organismos e o meio como sistemas operacionalmente independentes –, a manutenção dos organismos como sistemas dinâmicos em seu meio aparece como centrada em uma compatibilidade organismo/meio. É o que chamamos de *adaptação*. Por outro lado, se as interações do ser vivo em seu meio se tornam destrutivas, de modo que ele se desintegra pela interrupção de sua autopoiese, diremos que o ser vivo perdeu a sua adaptação. Portanto, a adaptação de uma unidade a um meio é uma consequência necessária do acoplamento estrutural dessa unidade nesse meio, o que não é de admirar. Em outras palavras: a ontogenia de um indivíduo é uma deriva de modificações estruturais com invariância da organização e, portanto, com *conservação da adaptação*.

Repitamos: a conservação da autopoiese e a manutenção da adaptação são condições necessárias para a existência dos seres vivos; a mudança estrutural ontogenética de um ser vivo num meio será sempre uma deriva estrutural congruente deste com o meio. Essa deriva parecerá ao observador "selecionada" pelo meio, ao longo da história de interações do ser vivo enquanto ele viver.

Filogenia e evolução

A esta altura, já temos à mão todos os elementos necessários para entender em seu conjunto a grande série de transformações dos seres vivos durante a sua história, e para responder às questões com que começamos este capítulo. O leitor atento terá percebido que, para nos aprofundarmos mais nesse fenômeno, o que fizemos foi observar, com um microscópio conceitual, o que acontece na história das interações individuais. Compreendendo como isso acontece *em cada caso*, e sabendo que haverá modificações em cada etapa reprodutiva, poderemos projetar-nos em uma escala de tempo de vários milhões de anos. Assim, será possível ver os resultados de um número muito (mas muito!) grande de repetições do mesmo fenômeno de ontogenia individual, seguida de mudanças reprodutivas. Na Fig. 26, temos uma visão global da história dos seres vivos, desde as suas origens até os nossos dias, em todo o seu esplendor.

Essa figura se parece naturalmente com uma árvore, e por isso é chamada de história filogenética das espécies. Uma filogenia é uma sucessão de formas orgânicas geradas sequencialmente por relações reprodutivas. As mudanças experimentadas ao longo da filogenia constituem a alteração filogenética ou evolutiva.

Na Fig. 27, por exemplo, temos uma reconstrução da deriva de um grupo particular de metacelulares, invertebrados marinhos muito antigos, conhecidos como trilobites. As variações em cada etapa reprodutiva na fase unicelular do animal geram, como se vê em cada momento da história dos trilobites, uma grande diversidade de tipos dentro desse grupo. Cada uma dessas variações tem um acoplamento com o meio que representa uma variante de um tema central. Durante essa longa sequência, houve, na Terra, dramáticas variações geológicas, como as que ocorreram no final do período conhecido como Triássico, há cerca de 200 milhões de anos. O registro fóssil nos revela que, durante esse tempo, a maioria das linhagens de trilobites desapareceu. Ou seja, durante esses momentos do devir estrutural dos trilobites e de seu meio, as variações estruturais produzidas nessas linhagens não foram complementares às variações estruturais contemporâneas do meio. Em consequência, os organismos que constituíam essas linhagens não conservaram sua adaptação, não se reproduziram, e assim foram interrompidas. As linhagens nas quais isso aconteceu mantiveram-se por muitos milhões de anos mais. Por fim, novas, repetidas e drásticas mudanças no meio dos trilobites acabaram fazendo com que eles não conservassem a sua adaptação. Dessa maneira, todas as linhagens se extinguiram.

O estudo dos restos fósseis e da paleontologia permite construir histórias semelhantes à dos

A Deriva Natural dos Seres Vivos

Fig. 26. As grandes linhas da evolução orgânica, desde as origens procariontes até nossos dias, com toda a variedade de unicelulares, plantas, animais e fungos, que surgem das ramificações e entrelaçamentos por simbiose de muitas linhagens originárias.

trilobites para cada um dos tipos de animais e plantas hoje conhecidos. Não há um só caso da história estrutural dos seres vivos que não revele que cada linhagem é uma circunstância específica de variações sobre um tema fundamental, que acontece numa sequência ininterrupta de etapas reprodutivas, com manutenção da autopoiese e da adaptação.

Notemos que esse caso, como todos, revela que há muitas variações de uma estrutura que são capazes de produzir indivíduos viáveis num determinado meio. Todas elas são igualmente adaptadas – como já vimos – e capazes de

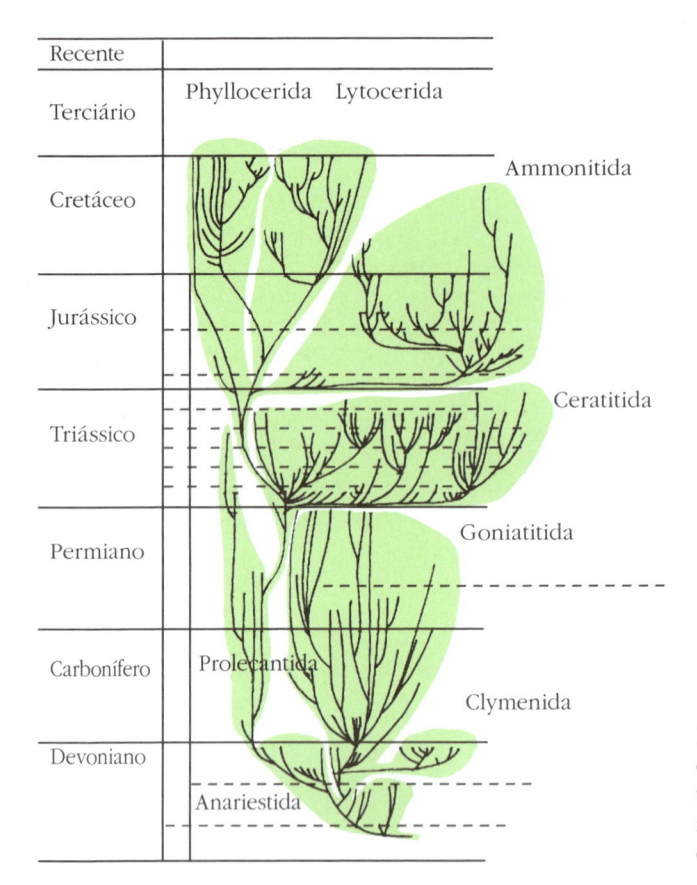

Fig. 27. Expansão e extinção em linhagens de um grupo de trilobites, animais que existiram entre 500 e 300 milhões de anos passados.

continuar a linhagem a que pertencem no meio em que ocorrem, seja este mutante ou não, pelo menos durante alguns milhares de anos. Esse caso, entretanto, também revela que as diferentes linhagens que originam as distintas variações estruturais – ao longo da história de um grupo – diferem na oportunidade que têm de manter ininterrupta a sua contribuição à variedade do grupo num meio em mutação. Isso se observa numa visão retrospectiva, que mostra que há linhagens que desaparecem, revelando que as configurações estruturais que as caracterizam não lhes permitiram conservar sua organização, bem como a adaptação que assegurava a sua continuidade. No processo da evolução orgânica, uma vez cumprido o requisito ontogênico essencial da reprodução, tudo é permitido. Seu não cumprimento está proibido, pois leva à extinção. Veremos adiante como isso condiciona de maneira importante a história cognitiva dos seres vivos.

Deriva natural

Vejamos essa deslumbrante árvore da evolução orgânica a partir de uma analogia. Imaginemos uma colina de cume agudo. Figuremos que a partir desse pico jogamos encosta abaixo gotas d'água, sempre na mesma direção, embora pela mecânica do lançamento haja variações no seu modo de cair. Imaginemos, por fim, que as gotas sucessivamente lançadas deixem uma trilha sobre o terreno, que constitui a marca de sua descida.

Como é evidente, se repetirmos muitas vezes o nosso experimento, teremos resultados ligeiramente diversos. Algumas gotas descerão diretamente para a direção escolhida; outras encontrarão obstáculos, que contornarão de maneiras diversas, por causa de suas pequenas diferenças de peso e impulso, e se desviarão para um lado ou para o outro; talvez haja leves mudanças nas correntes de vento, que levem outras gotas por caminhos muito sinuosos, ou que as façam distanciar-se bem mais da direção inicial. E assim indefinidamente.

Fig. 28. A deriva natural dos seres vivos vista pela metáfora das gotas d'água.

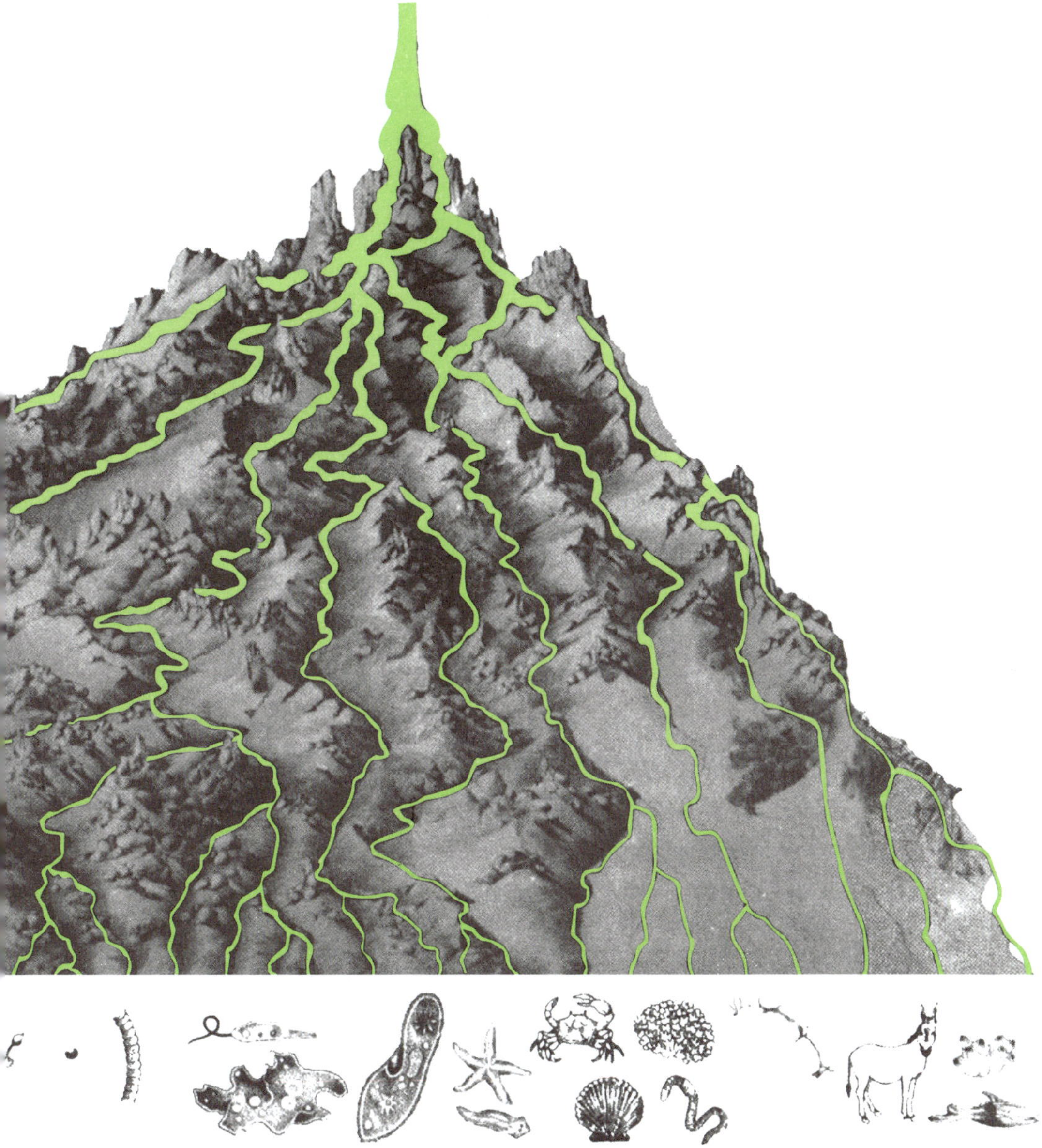

Tomemos agora essa série de experimentos e, seguindo as trilhas de cada gota, superponhamos todos os caminhos conseguidos. Com isso, poderemos de fato imaginar que as tivéssemos lançado todas juntas. O que obteremos será algo como o ilustrado na Fig. 28.

Essa figura pode, adequadamente, ser chamada de representação das múltiplas derivas naturais das gotas d'água sobre a colina, o resultado de seus diferentes modos individuais de interação com as irregularidades do terreno, os ventos e tudo o mais. As analogias com os seres vivos são óbvias. O cume e a direção inicial escolhida equivalem ao organismo ancestral comum, que dá origem a descendentes com ligeiras variações estruturais. A repetição múltipla equivale às muitas linhagens que surgem desses descendentes. A colina é, com certeza, todo o meio circundante dos seres vivos, que muda segundo o devir, que em parte é independente do devir dos seres vivos e em parte depende deles, e que aqui associamos com a diminuição da altitude. Ao mesmo tempo, a contínua descida das gotas d'água, com incessante conservação da diminuição da energia potencial, associa-se à conservação da adaptação. Nessa analogia pulamos as etapas reprodutivas, porque o que nela representamos é o devir das linhagens, não o seu modo de formação. No entanto, ainda assim essa analogia nos mostra que a deriva natural ocorrerá seguindo os cursos possíveis a cada instante, muitas vezes sem grandes variações na aparência dos organismos (fenótipo) e frequentemente com múltiplas ramificações, a depender das relações organismo-meio que

Fig. 29. Deriva natural dos seres vivos como distâncias de complexidade em relação à sua origem comum.

sejam mantidas. Organismos e meio variam de modo independente; os organismos variam em cada etapa reprodutiva e o meio segundo uma dinâmica diferente. Do encontro dessas duas variações surgirão a estabilização e a diversificação fenotípicas, como resultado do mesmo processo de conservação da adaptação e da autopoiese, a depender dos momentos desse encontro: estabilização, quando o meio muda lentamente; diversificação e extensão quando ele o faz de modo abrupto. A constância e variação das linhagens dependerão, portanto, do jogo entre as condições históricas em que elas ocorrem e as propriedades intrínsecas dos indivíduos que as constituem.

Por isso haverá, na deriva natural dos seres vivos, muitas extinções, muitas formas surpreendentes e muitas formas imagináveis como possíveis, mas que nunca veremos aparecer.

Imaginemos agora outra visão das trajetórias da deriva natural dos seres vivos. Olhemos de cima. Dessa maneira, a forma primordial agora está no centro, e as linhagens dela derivadas se distribuem ao seu redor, como ramificações que surgem do centro e se distanciam cada vez mais dele, à medida que os organismos que as constituem se diferenciam da forma original. É o que mostra a Fig. 29.

Olhando por esse ângulo, vemos que a maioria das linhagens de seres vivos que atualmente encontramos são sobretudo parecidas com as primeiras unidades autopoiéticas: bactérias, fungos, algas. Todas essas linhagens equivalem a trajetórias que se mantêm perto do ponto central. Em seguida, algumas trajetórias se separam para construir a variedade dos seres multicelulares. Algumas delas se separam ainda mais, para constituir vertebrados superiores: aves e mamíferos. Como no caso das gotas d'água, se houver um mínimo suficiente de casos e tempo, muitas das linhagens possíveis, por estranho que pareça, ocorrerão. Além disso, algumas das linhagens se interrompem porque chega um momento, como no caso dos trilobites, em que a diversidade reprodutiva que elas geram não é comensurável com a variação ambiental. Termina então a conservação da adaptação, porque essas linhagens produzem seres incapazes de se reproduzir no meio em que lhes cabe viver.

📖 Conceito original de Raúl Berríos.

Mais ou menos adaptado

Dissemos que enquanto um ser vivo não se desintegra está adaptado a seu meio, e que em relação a isso sua condição de adaptação é invariante, ou seja, ela se mantém. Dissemos também que nesse sentido todos os seres vivos são iguais enquanto estão vivos. No entanto, com frequência ouvimos dizer que há seres mais ou menos adaptados, ou que estão adaptados como resultado de sua história evolutiva.

Como muitas das descrições sobre a evolução biológica que herdamos dos textos escolares, essa também é inadequada, como se conclui de tudo o que dissemos. Na melhor das hipóteses, o observador pode introduzir um padrão de comparação ou referência que lhe permita fazer comparações e falar de eficácia na realização de uma função. Por exemplo, podemos medir o quão eficazes são, em relação ao consumo de oxigênio, diferentes tipos de animais aquáticos e mostrar que, diante do que nos parece o mesmo esforço, alguns consomem menos do que outros. Seria o caso de descrever estes como mais eficazes e melhor adaptados? Certamente que não, porque na medida em que todos estão vivos, todos satisfizeram os requisitos necessários para uma ontogenia ininterrupta. As comparações sobre eficácia pertencem ao domínio de descrições feitas pelo observador, e não têm relação direta com o que acontece com as histórias individuais de conservação da adaptação.

Para resumir: não há sobrevivência do mais apto, o que há é sobrevivência do apto. Trata-se de condições necessárias, que podem ser satisfeitas de muitas maneiras, e não da otimização de critérios alheios à própria sobrevivência.

Fig. 30. Diferentes maneiras de nadar.

No sistema das linhagens biológicas, há muitas trajetórias que podem ser de longa duração e sem grandes variações em torno de uma forma fundamental. Há também muitas que envolveram grandes mudanças geradoras de novas formas e, por último, muitas que se extinguiram sem produzir ramificações que tivessem chegado ao presente. Em todos os casos, todavia, trata-se de derivas filogenéticas nas quais se conserva a organização e a adaptação dos organismos que compõem as linhagens enquanto elas existem. Além disso, não são as variações do meio, vistas pelo observador, que determinam a trajetória evolutiva das diferentes linhagens. É o curso que segue a conservação do acoplamento estrutural dos organismos em seu próprio meio (nicho), que eles definem e cujas variações podem passar inadvertidas a um observador. Quem pode observar as tênues variações na força do vento, no leve atrito, ou nas cargas eletrostáticas que podem desencadear modificações nas trajetórias das gotas do exemplo ilustrado na Fig. 28? O físico se desespera, atira as mãos para o alto e fala simplesmente de flutuações aleatórias. No entanto, apesar de usar a linguagem do acaso, ele sabe que em cada situação observada há processos subjacentes perfeitamente deterministas. Ou seja, sabe que para poder descrever a situação das gotas d'água, precisa de detalhes descritivos que lhe são praticamente inacessíveis. Mas também sabe que esses detalhes podem ser ignorados se ele se limitar a uma descrição probabilística que, ao supor uma legalidade determinista, prevê a classe de fenômenos que podem ocorrer, mas nenhum caso específico.

Para entender o fenômeno evolutivo o biólogo está numa situação comparável, embora os fenômenos que o interessam sejam regidos por leis muito diferentes das que regulam os fenômenos físicos, como já vimos quando falamos da conservação da identidade e da adaptação. Assim o biólogo pode, confortavelmente, explicar grandes linhas evolutivas na história dos seres vivos, com base em seu acoplamento estrutural com um meio mutante (como no caso das mudanças ambientais a que nos referimos quando falamos dos trilobites). Mas ele também joga as mãos para o alto, quando se trata de explicar as transformações detalhadas de um grupo animal. Para tanto, precisaria reconstruir não apenas todas as variações ambientais, como também o modo como esse grupo específico compensou tais flutuações segundo a sua própria plasticidade estrutural. Em suma, vemo-nos forçados a descrever cada caso como resultante de variações aleatórias, já que a descrição do transcurso de suas variações só é possível *a posteriori*. Da mesma maneira que observaríamos um barco à deriva, movido por variações do vento e da maré, inacessíveis à nossa previsão.

Podemos então dizer que uma das partes mais interessantes da evolução é a maneira como a coerência interna de um grupo de seres vivos compensa uma determinada perturbação. Por exemplo, se há uma mudança importante na temperatura terrestre, só os organismos que sejam capazes de viver dentro das novas faixas térmicas poderão manter ininterrupta a sua filogenia. No entanto, a compensação da temperatura pode dar-se de vários modos: por meio do espessamento da pele, de modificações das taxas metabólicas, grandes migrações geográficas etc. Em cada caso, o que vemos como adaptação a frio inclui também o resto do organismo de forma global, já que o espessamento da pele, por exemplo, implica necessariamente mudanças correlatas, não apenas na pele e nos músculos, como também no modo como os animais de um grupo se reconhecem entre si, e a maneira como é regulado o tônus

Evolução: deriva natural

Para a completa compreensão deste livro, é importante perceber que aquilo que dissemos sobre a evolução orgânica é suficiente para entender as características básicas do fenômeno da transformação histórica dos seres vivos. Além disso, não é necessário examinar detalhadamente os mecanismos subjacentes.

Por exemplo, praticamente não tocamos em tudo o que hoje se conhece sobre como a genética das populações tornou explícitos alguns aspectos do que Darwin chamou de "modificação por meio da descendência". Do mesmo modo, também não falamos da contribuição do estudo dos fósseis para o conhecimento dos detalhes das transformações evolutivas de muitas espécies.

Com efeito, atualmente não há um quadro unificado de como acontece a evolução dos seres vivos em todos os seus aspectos. Há múltiplas escolas de pensamento, que questionam seriamente a compreensão da evolução por seleção natural que dominou a biologia nos últimos cinquenta anos. Contudo, quaisquer que sejam as novas ideias propostas para o detalhamento dos mecanismos evolutivos, elas não podem negar o fenômeno da evolução. Mas nos livrarão da ideia popularizada da evolução como um processo em que existe um mundo ambiental, ao qual os seres vivos se adaptam de modo progressivo, otimizando o seu modo de explorá-lo. Propomos que a evolução acontece como um fenômeno de deriva estrutural, sob contínua seleção filogenética, na qual não há progresso nem otimização do uso do ambiente. O que há é apenas a conservação da adaptação e da autopoiese, num processo em que organismo e ambiente permanecem num contínuo acoplamento estrutural.

muscular durante a marcha. Em outras palavras, já que todo sistema autopoiético é uma unidade de múltiplas interdependências, quando uma de suas dimensões é afetada o organismo inteiro experimenta mudanças correlativas, em muitas dimensões ao mesmo tempo. Mas é claro que tais mudanças, que nos parecem corresponder a alterações ambientais, não são causadas por estas: elas ocorrem na deriva configurada no encontro operacionalmente independente de organismo e meio. Como não vemos todos os fatores que participam desse encontro, a deriva nos parece ser um processo aleatório. Mais adiante veremos que não é assim, ao nos aprofundarmos mais nos modos como o todo coerente que é um organismo experimenta mudanças estruturais.

Em resumo: a evolução é uma **deriva natural**, produto da invariância da autopoiese e da adaptação. Como no caso das gotas d'água, não é necessária uma direcionalidade externa para gerar a diversidade e a complementaridade entre organismo e meio. Tampouco é necessária tal orientação para explicar a direcionalidade das variações de uma linhagem, nem se trata da otimização de alguma qualidade específica dos seres vivos. A evolução se parece mais com um escultor vagabundo, que passeia pelo mundo e recolhe um barbante aqui, um pedaço de lata ali, um fragmento de madeira acolá, e os junta da maneira que sua estrutura e circunstância permitem, sem mais motivos que o de **poder** reuni-los. E assim, em seu vagabundear vão sendo produzidas formas intricadas, compostas de partes harmonicamente interconectadas que não são produto de um projeto, mas da deriva natural. Do mesmo modo, sem obedecer a outra lei que não a da conservação da identidade e da capacidade de reprodução, surgimos todos nós. Essa lei nos conecta a todos naquilo que nos é fundamental: a rosa de cinco pétalas, o camarão de rio ou o executivo de Santiago.

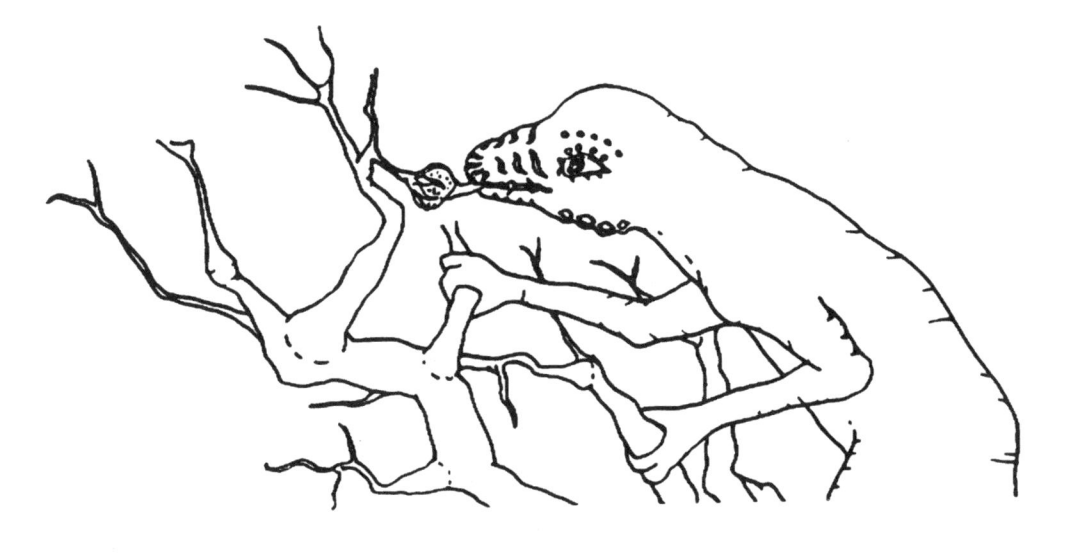

10
- conhecer o conhecer
- ética

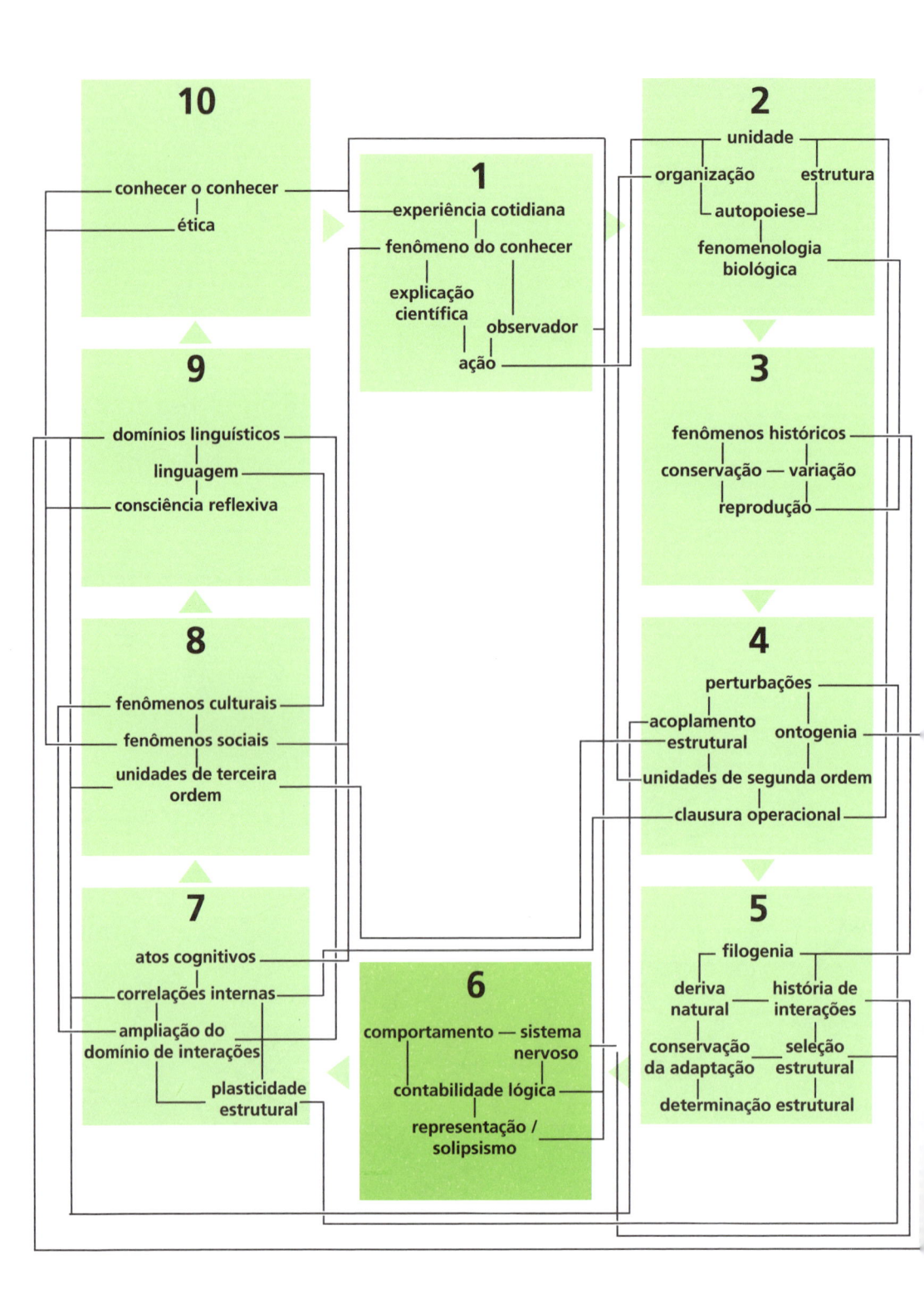

1
- experiência cotidiana
- fenômeno do conhecer
- explicação científica
- observador
- ação

2
- unidade
- organização — estrutura
- autopoiese
- fenomenologia biológica

9
- domínios linguísticos
- linguagem
- consciência reflexiva

3
- fenômenos históricos
- conservação — variação
- reprodução

8
- fenômenos culturais
- fenômenos sociais
- unidades de terceira ordem

4
- perturbações
- acoplamento estrutural
- ontogenia
- unidades de segunda ordem
- clausura operacional

7
- atos cognitivos
- correlações internas
- ampliação do domínio de interações
- plasticidade estrutural

6
- comportamento — sistema nervoso
- contabilidade lógica
- representação / solipsismo

5
- filogenia
- deriva natural
- história de interações
- conservação da adaptação
- seleção estrutural
- determinação estrutural

VI DOMÍNIOS COMPORTAMENTAIS

Fig. 31. Orangotango tomando um rato de um gato.

Quando nos encontramos com um adivinho profissional, que nos promete com sua arte predizer o futuro, em geral experimentamos sentimentos contraditórios. Por um lado nos atrai a ideia de que alguém, olhando para nossas mãos e baseando-se num determinismo para nós inescrutável, possa antecipar nosso futuro. De outra parte, a ideia de sermos determinados, explicáveis e previsíveis nos parece inaceitável. Gostamos do nosso livre-arbítrio e queremos estar além de qualquer determinismo. Mas ao mesmo tempo queremos que o médico possa curar nossos males, tratando-nos como sistemas estruturalmente determinados. O que isso nos revela? Que relação existe entre o nosso ser orgânico e o nosso comportamento? Nosso propósito, neste e nos próximos capítulos, é responder a estas perguntas. Para tanto, começaremos reexaminando mais de perto como é possível compreender um domínio comportamental em todas as suas possíveis dimensões.

Previsibilidade e sistema nervoso

Como já vimos, só podemos produzir uma explicação científica na medida em que tratarmos o fenômeno que nos interessa explicar como resultado do funcionamento de um sistema estruturalmente determinado. Na verdade, a análise do mundo e dos seres vivos que até agora apresentamos foi toda feita em termos deterministas, mostrando como o Universo visto dessa forma se torna compreensível, e como o ser vivo surge dele como algo espontâneo e natural.

Entretanto, é preciso tornar clara a distinção entre determinismo e previsibilidade. Falamos em previsão cada vez que, depois de considerar o estado atual de um sistema qualquer que estamos observando, afirmamos que haverá um estado subsequente, que resultará de sua dinâmica estrutural e que também poderemos observar. Uma previsão, portanto, revela aquilo que nós, como observadores, esperamos que aconteça.

Dessa maneira, a previsibilidade nem sempre é possível. Há diferença entre afirmar o caráter estruturalmente determinado de um sistema e sustentar a sua total previsibilidade. Isso acontece porque, como observadores, podemos não estar em condições de conhecer o necessário sobre o funcionamento de um certo sistema que nos capacite a fazer previsões sobre ele. Assim, ninguém discute que as nuvens e os ventos obedecem a certos princípios relativamente simples de movimento e transformação. Entretanto, a dificuldade de conhecer todas as variáveis relevantes faz da meteorologia uma disciplina com poderes limitados de previsão. Nesse caso, nossa limitação decorre de incapacidade de observação. Em outras circunstâncias, nossa incapacidade é de outra índole. Há fenômenos como a turbulência, para os quais nem sequer temos elementos que nos permitam imaginar um sistema determinista detalhado que lhes deem origem. Aqui, nossa limitação de previsão revela nosso *deficit* conceitual. Por fim, há sistemas que mudam de estado quando são observados, de modo que a própria intenção do observador de prever seu curso estrutural os retira de seu domínio de previsão.

Em outras palavras, o que nos parece necessário e inevitável permite que nos vejamos como observadores capazes de fazer previsões eficazes. Os fenômenos que vemos como aleatórios fazem de nós observadores incapazes de propor para eles um sistema explicativo científico.

Ter em mente essas condições é particularmente importante, quando estudamos o que acontece com a ontogenia dos organismos multicelulares dotados de sistema nervoso, aos quais em geral atribuímos um vasto e rico domínio comportamental. Isso ocorre porque, mesmo antes de esclarecer o que pretendemos ao falar do sistema nervoso, podemos estar certos de que ele – como parte de um organismo – terá de funcionar nesse organismo, contribuindo a cada momento para a sua determinação estrutural. Essa contribuição refere-se tanto à sua própria estrutura quanto ao fato de que os resultados de seu funcionamento (a linguagem, por exemplo) serão parte do meio. E este, a cada instante, funcionará como seletor na deriva estrutural do organismo que nele conserva a sua identidade. Com ou sem sistema nervoso, o ser vivo funciona sempre em seu presente estrutural. O passado, como referência de interações já ocorridas, e o futuro como referência a interações a ocorrer, são dimensões valiosas para que, como observadores, nos comuniquemos mutuamente. Mas não fazem parte do funcionamento do determinismo estrutural do organismo a cada momento.

Dotados ou não de sistema nervoso, todos os organismos, inclusive nós mesmos, funcionam como funcionam e estão onde estão a cada instante, como resultado de seu acoplamento estrutural. Escrevemos estas linhas porque estamos constituídos de uma certa maneira e seguimos uma certa ontogenia específica. Ao ler isto, o leitor entende o que entende porque sua estrutura presente – e portanto, de modo indireto, sua história – assim determinam. Num sentido estrito, nada é acidental. No entanto, nossa experiência é de liberdade criativa e, do nosso ponto de vista, o fazer dos animais superiores parece imprevisível. Como é possível essa imensa riqueza na conduta dos animais dotados de sistema nervoso? Para entender melhor essa pergunta, precisamos examinar mais de perto o funcionamento do sistema nervoso, em toda a riqueza dos domínios de acoplamento estrutural possibilitados por sua presença.

De sapos e meninas-lobo

Todas as variedades de sapos – tão conhecidos e populares em nossos campos – se alimentam de pequenos animais, como minhocas, mariposas e moscas, e seu comportamento alimentar é sempre o mesmo: o animal se volta para a presa, lança sua língua longa e pegajosa, recolhe-a com a presa a ela aderida e a engole rapidamente. Para essa função, a conduta do sapo é sabidamente precisa, e o observador vê que a direção em que ele lança a sua língua aponta sempre para a presa.

Assim sendo, é possível fazer com o sapo um experimento muito revelador. Toma-se um girino, ou larva de sapo, corta-se a borda de seu olho – respeitando o nervo óptico – e faz-se com ele um giro de 180 graus. Deixa-se que o animal assim

R.W. Sperry, *J. Neurophysiol.* 8:15, 1945.

operado complete seu desenvolvimento larvar e sua metamorfose, até que se transforme num adulto. Toma-se agora o sapo experimental e, com o cuidado de cobrir o olho virado, mostra-se a ele uma minhoca. A língua se projeta para diante e acerta perfeitamente o alvo. Repetimos o experimento, dessa vez cobrindo o olho normal. E verificamos que o animal lança a língua com um desvio de exatamente 180 graus. Ou seja, se a presa está abaixo do animal ou à sua frente, como seus olhos apontam um pouco para o lado ele gira e projeta a língua para cima e para trás. Cada vez que repetimos a prova, ele comete o mesmo tipo de erro: desvia-se em 180 graus e é inútil insistir. O animal com o olho virado jamais muda esse novo modo de lançar a língua com um desvio em relação à posição da presa, que é igual à rotação imposta pelo experimentador (Fig. 32). O animal atira sua língua como se a zona da

Fig. 32. Erro de pontaria ou expressão de uma correlação interna inalterada?

retina onde se forma a imagem da presa estivesse em sua posição normal.

Esse experimento revela, de forma dramática, que para o animal o acima e o abaixo e o adiante e o atrás não existem em relação ao mundo exterior, do mesmo modo que existem para o observador. O que há é uma correlação **interna** entre o lugar onde a retina recebe uma determinada perturbação e as contrações musculares que movem a língua, a boca, o pescoço e, por fim, o corpo inteiro do sapo.

Em um animal com o olho virado, ao colocar a presa abaixo e à frente fazemos cair uma perturbação visual acima e atrás na zona da retina que habitualmente está localizada à frente e abaixo. Para o sistema nervoso do sapo, isso desencadeia uma correlação sensório-motora entre a posição da retina e o movimento da língua, e não uma computação sobre um mapa do mundo, como pareceria razoável a um observador.

Esse experimento – como muitos outros que foram feitos desde os anos 50 – pode ser visto como prova direta de que o funcionamento do sistema nervoso é a expressão de sua conectividade ou estrutura de conexões, e que o comportamento surge de acordo com o modo como se estabelecem nele suas relações **internas** de atividade. Voltaremos ao assunto de modo mais explícito. No momento, queremos chamar a atenção do leitor para a dimensão de plasticidade estrutural que a presença do sistema nervoso introduz no organismo. Isto é: sobre como a história das interações de cada organismo resulta num caminho específico de mudanças estruturais

– que constitui uma história particular de transformações de uma estrutura inicial, na qual o sistema nervoso participa, ampliando o domínio de estados possíveis.

Se separarmos de sua mãe, por poucas horas, um cordeirinho recém-nascido, e em seguida o devolvermos, veremos que o pequeno animal se desenvolve de um modo aparentemente normal. Ele cresce, caminha, segue a mãe e não revela nada de diferente, até que observamos suas interações com outros filhotes de carneiro. Esses animais gostam de brincar correndo e dando marradas uns nos outros. Já o cordeirinho que separamos da mãe por algumas horas não procede assim. Não aprende a brincar; permanece afastado e solitário. O que aconteceu? Não podemos dar uma resposta detalhada, mas sabemos – por tudo o que vimos até agora neste livro – que a dinâmica dos estados do sistema nervoso depende de sua estrutura. Portanto, também sabemos que o fato desse animal se comportar de maneira diferente revela que seu sistema nervoso é diferente do dos outros, como resultado da privação materna transitória. Com efeito, durante as primeiras horas após o nascimento dos cordeirinhos, as mães os lambem continuamente, passando a língua por todo o seu corpo. Ao separar um deles de sua mãe, impedimos essa interação e tudo o que ela implica em termos de estimulação tátil, visual e, provavelmente, contatos químicos de vários tipos. Essas interações se revelam no experimento como decisivas para uma transformação estrutural do sistema nervoso, que tem consequências aparentemente muito além do simples lamber, como é o caso do brincar.

Todo ser vivo começa sua existência com uma estrutura unicelular específica, que constitui seu ponto de partida. Por isso, a ontogenia de todo ser vivo consiste em sua contínua transformação estrutural. Por um lado, trata-se de um processo que ocorre sem interromper sua identidade nem seu acoplamento estrutural com o meio, desde o seu início até a sua desintegração final. De outra parte, segue um curso particular, selecionado em sua história de interações pela sequência de mudanças estruturais que estas desencadearam nele. Dessa maneira, o que foi dito para o cordeirinho não é uma exceção. Como no exemplo do sapo, parece-nos muito evidente, porque temos acesso a uma série de interações que podemos descrever como "seletoras" de um certo caminho de mudança estrutural que, no caso em pauta, revelou-se patológico quando comparado com o curso normal.

O que foi dito também ocorre com os seres humanos, como mostra o caso dramático das duas meninas indianas de uma aldeia bengali do norte da Índia. Em 1922, elas foram resgatadas (ou arrancadas) de uma família de lobos que as haviam criado em completo isolamento de todo contato humano (Fig. 33). Uma das meninas tinha oito anos e a outra cinco. A menor morreu pouco depois de encontrada e a maior sobreviveu cerca de dez anos, juntamente com outros órfãos com os quais foi criada. Ao serem achadas, as meninas não sabiam caminhar sobre os pés e se moviam rapidamente de quatro. Não falavam e tinham rostos inexpressivos. Só queriam comer carne crua e tinham hábitos noturnos.

📖 C. MacLean, *The Wolf Children*, Penguin Books, New York, 1977.

Fig. 33. a) Modo lupino de correr da menina bengali, algum tempo depois de ser encontrada. Comparar com o lobo da fotografia b. c) Comendo como aprendeu. d) Nunca a sentiram como completamente humana.

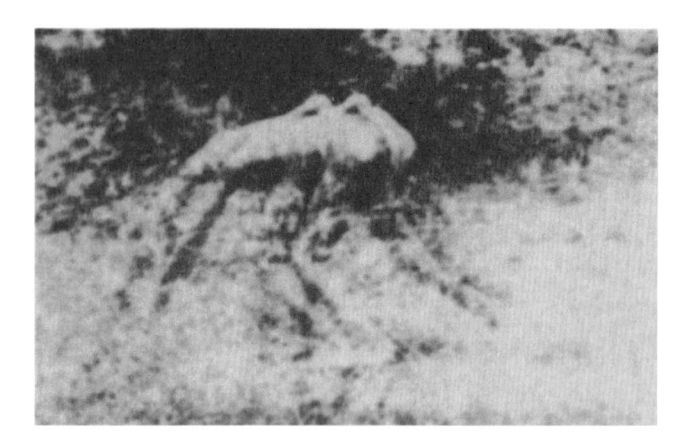

d

Recusavam o contato humano e preferiam a companhia de cães ou lobos. Ao serem resgatadas, estavam perfeitamente sadias e não apresentavam nenhum sintoma de debilidade mental ou idiotia por desnutrição. Sua separação da família lupina produziu nelas uma profunda depressão, que as levou à beira da morte, e uma realmente faleceu.

A menina que sobreviveu dez anos acabou mudando seus hábitos alimentares e ciclos de vida e aprendeu a andar sobre os dois pés, embora sempre recorresse à corrida de quatro em situações urgentes. Nunca chegou propriamente a falar, embora usasse algumas palavras. A família do missionário anglicano que a resgatou e cuidou dela, bem como outras pessoas que a conheceram com alguma intimidade, jamais a sentiram como verdadeiramente humana.

Esse caso – que não é o único – mostra que embora em sua constituição genética a anatomia e a fisiologia fossem humanas, as duas meninas nunca chegaram a acoplar-se ao contexto humano. Os comportamentos que o missionário e sua família queriam mudar nelas, por serem aberrantes no âmbito humano, eram inteiramente naturais para as meninas lupinas. Na verdade, Mowgli, o menino da selva imaginado por Kipling, jamais poderia ter existido em carne e osso, porque sabia falar e comportou-se como um homem quando conheceu o ambiente humano. Nós, seres de carne e osso, não somos alheios ao mundo em que existimos e que está disponível em nosso existir cotidiano.

Sobre o fio da navalha

Atualmente, a visão mais difundida considera o sistema nervoso um instrumento por meio do qual o organismo obtém informações do ambiente, que a seguir utiliza para construir uma **representação** de mundo que lhe permite computar um comportamento adequado à sua sobrevivência nele (Fig. 34). Esse ponto de vista exige que o meio especifique no sistema nervoso as características que lhe são próprias, e que este as utilize na produção do comportamento – tal como usamos um mapa para traçar uma rota.

No entanto, sabemos que o sistema nervoso, como parte que é de um organismo, funciona

DOMÍNIOS COMPORTAMENTAIS

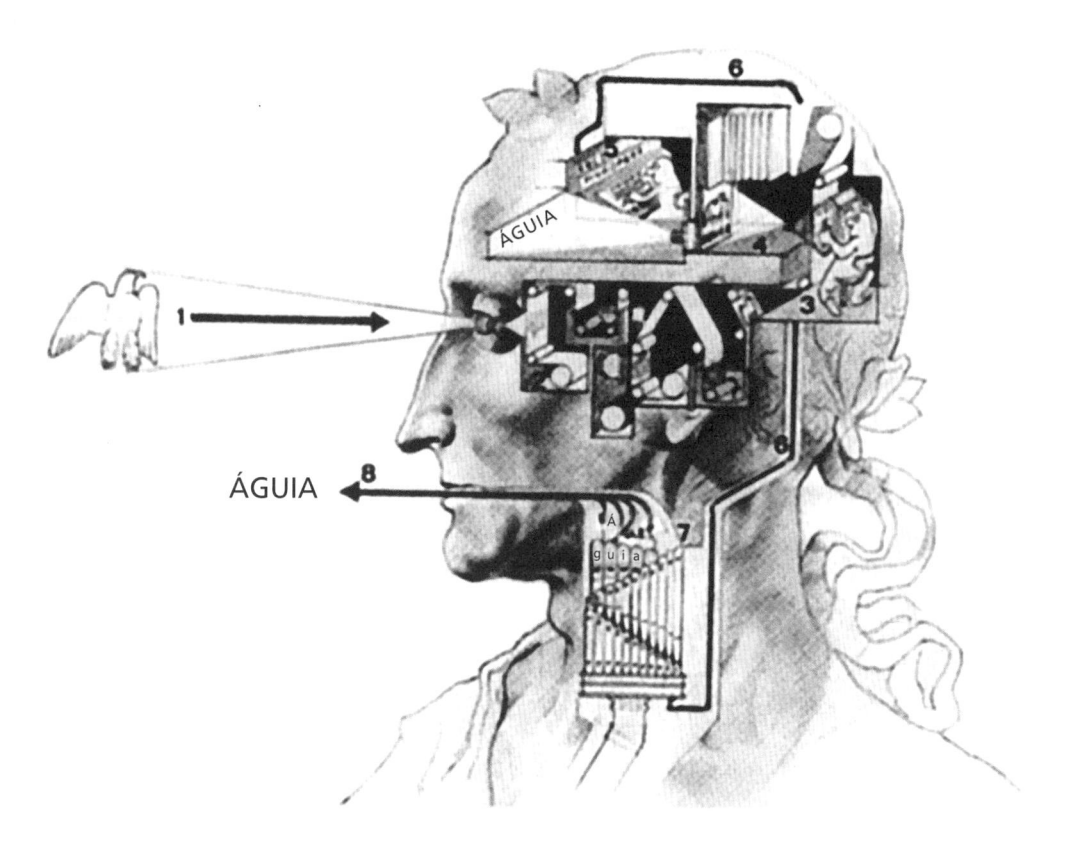

Fig. 34. César, segundo a metáfora representacionista.

com determinação estrutural. Portanto, a estrutura do meio não pode especificar suas mudanças, mas sim apenas desencadeá-las. Na condição de observadores, temos acesso tanto ao sistema nervoso quanto à estrutura do meio em que ele está. Por isso, podemos descrever a conduta do organismo como se ela surgisse do funcionamento de seu sistema nervoso via representações do meio, ou como expressão de alguma intencionalidade na busca de uma meta. Mas essas descrições não refletem o funcionamento do sistema nervoso em si: têm apenas um caráter de utilidade comunicativa para nós, observadores, e não um valor explicativo científico.

Se refletirmos um pouco sobre os exemplos que demos acima, perceberemos o seguinte: na verdade, nossa primeira tendência, ao descrever o que acontece em cada caso, centra-se de uma forma ou de outra na utilização de alguma metáfora sobre a obtenção de "informações" do meio. A seguir, essas informações seriam representadas "internamente". Contudo, nossa argumentação anterior deixou claro que o funcionamento desse tipo de metáfora contraria tudo o que sabemos sobre os seres vivos. Encontramo-nos, pois, diante de dificuldades e resistências, porque nos parece que a única alternativa à visão do sistema nervoso como funcionando com representações é a negação da realidade circundante. Com efeito, se o sistema nervoso não funciona – e nem pode funcionar – com representações do mundo que nos cerca, como então surgiu a extraordinária eficácia operacional do homem e dos animais, e sua imensa capacidade de aprendizagem e manipulação do mundo? Se negarmos a objetividade de um mundo cognoscível, não cairemos no caos da total arbitrariedade, pois assim tudo se torna possível?

É como andar sobre o fio de uma navalha. De um lado há uma armadilha: a impossibilidade de compreender o fenômeno cognitivo se assumimos um mundo de objetos que nos informam, já que não há um mecanismo que de fato permite tal "informação". De outra parte, nova armadilha: o caos e a arbitrariedade da ausência do mundo objetivo, donde se conclui que tudo parece

Fig. 35. A Odisseia epistemológica: navegando entre o redemoinho Caribdes do solipsismo e o monstro Cila do representacionismo.

ser possível. Temos de aprender a andar sobre uma linha mediana, sobre o próprio fio da navalha (Fig. 35).

De fato, por um lado temos a armadilha de supor que o sistema nervoso funciona com **representações** do mundo. É uma cilada, porque nos cega para a possibilidade de explicar como funciona o sistema nervoso, momento a momento, como um sistema determinado e com clausura operacional, como veremos no capítulo seguinte.

Por outro lado, temos a outra armadilha, que nega o meio circundante e supõe que o sistema nervoso funciona totalmente no vazio, o que leva a concluir que tudo vale e tudo é possível. É o extremo da solidão cognitiva absoluta, ou **solipsismo** (da tradição filosófica clássica, que afirmava que só existe a interioridade de cada um). Trata-se de uma cilada, porque não permite explicar a adequação ou a comensurabilidade entre o funcionamento do organismo e o de seu mundo.

Esses dois extremos – ou armadilhas – existiram desde as primeiras tentativas de compreender o fenômeno do conhecimento em suas raízes mais clássicas. Atualmente, predomina o extremo representacionista; noutras épocas, prevaleceu a visão oposta.

Queremos propor agora um modo de cortar esse aparente nó górdio, e encontrar uma maneira natural de evitar esses dois abismos que cercam o fio da navalha. Na realidade, o leitor atento já deverá ter-se adiantado ao que vamos dizer, pois é o que está contido nas páginas anteriores. A solução encontrada foi a de manter uma clara **contabilidade lógica**. Ela equivale a não perder de vista aquilo que vem sendo exposto desde o começo: tudo o que é dito é dito por alguém. Como todas as soluções para aparentes contradições, tudo consiste em sair do plano da oposição e modificar a natureza da pergunta, passando para um contexto mais abrangente.

Na realidade, a situação é simples. Como observadores, podemos ver uma unidade em domínios **diferentes**, a depender das distinções que fizermos. Assim, por um lado podemos considerar um sistema no domínio de funcionamento de seus componentes, no âmbito de seus estados internos e modificações estruturais. Partindo desse modo de operar, para a dinâmica interna do sistema o ambiente não existe, é irrelevante.

Por outro lado, **também** podemos considerar uma unidade segundo suas interações com o meio, e descrever a história de suas inter-relações com ele. Nessa perspectiva – na qual o observador pode estabelecer relações entre certas características do meio e o comportamento da unidade – a dinâmica interna desta é irrelevante.

Nenhum desses dois domínios possíveis de descrição é problemático em si. Ambos são necessários para o pleno entendimento de uma unidade. É o observador quem os correlaciona a partir de sua perspectiva externa. É ele quem reconhece que a estrutura do sistema determina suas interações, ao especificar que configurações do meio podem desencadear no sistema mudanças estruturais. É ele quem reconhece que o meio não especifica ou instrui as mudanças estruturais do sistema. O problema começa quando passamos, sem perceber, de um domínio para o outro, e começamos a exigir que as correspondências que podemos estabelecer entre eles – pois podemos ver os dois ao mesmo tempo – façam de fato parte do funcionamento da unidade: nesse caso, o organismo e o sistema nervoso. Se mantivermos límpida a nossa contabilidade lógica, essa complicação se dissipará. Tomaremos consciência dessas duas perspectivas e as relacionaremos num domínio mais abrangente por nós estabelecido. Dessa maneira, não precisaremos recorrer às representações nem negar que o sistema nervoso funciona num meio que lhe é comensurável, como resultado de sua história de acoplamento estrutural.

Talvez tudo isso se torne mais claro por meio de uma analogia. Imaginemos uma pessoa que viveu toda a sua vida num submarino e que, nunca tendo saído dele, recebeu um treinamento perfeito de como operá-lo. Agora estamos na praia e vemos que o submarino se aproxima e emerge graciosamente. Pelo rádio, dizemos ao piloto: "Parabéns, você evitou os recifes e veio à tona com muita elegância; as manobras do submarino foram perfeitas". Dentro da embarcação, porém, nosso amigo se surpreende: "Que história é essa de recifes e de emergir? Tudo o que fiz foi mover alavancas, girar botões e estabelecer certas relações entre os indicadores de umas e de outros, na sequência prescrita à qual estou acostumado. Não fiz manobra alguma e não sei de que submarino você está falando. Deve ser brincadeira".

Para o homem dentro do submarino só existem as leituras dos indicadores, suas transições e as maneiras de obter certas relações específicas entre elas. Somente nós, que estamos de fora, vemos como mudam as relações entre o submarino e seu ambiente. Percebemos que sua conduta existe e que ela pode parecer mais ou menos adequada, de acordo com as consequências que produzir. Se temos de manter a contabilidade

Comportamento

Chama-se **comportamento** às mudanças de postura ou posição de um ser vivo que um observador descreve como movimentos ou ações em relação a um determinado ambiente.

lógica, não devemos confundir o funcionamento do submarino em si, sua dinâmica de estados, com seus deslocamentos e mudanças de posição no meio. A dinâmica dos estados do submarino – com seu piloto que não conhece o mundo exterior – nunca acontece num funcionamento com representações de mundo vistos pelo observador externo. Não implica "praias", nem "recifes", nem "superfície", mas apenas correlações entre indicadores, dentro de certos limites. Entidades como praias, recifes ou superfícies são válidas unicamente para um observador externo, não para o submarino nem para o piloto, que funciona como um componente dele.

Nessa analogia, o que é válido para o submarino o é também para todos os sistemas vivos: para o sapinho de olho virado, para a menina-lobo e para cada um de nós, seres humanos.

Comportamento e sistema nervoso

O que chamamos de comportamento, ao observar as mudanças de estado de um organismo em seu meio, corresponde à descrição que fazemos dos movimentos do organismo num ambiente que assinalamos. A conduta não é alguma coisa que o ser vivo **faz** em si, pois nele só ocorrem mudanças estruturais internas, e não algo assinalado por nós. Na medida em que as mudanças de estado de um organismo (com ou sem sistema nervoso) dependem de sua estrutura – e esta de sua história de acoplamento estrutural –, essas mudanças de estado do organismo em seu meio serão necessariamente congruentes ou comensuráveis com ele, quaisquer que sejam as condutas e os ambientes que descrevamos. Por isso, o comportamento, ou configuração específica de movimentos, parecerá ou não adequado a depender do ambiente em que o descrevermos. O êxito ou fracasso de uma conduta são sempre definidos pelo âmbito de expectativas especificadas pelo observador. Se o leitor adotar os mesmos movimentos e posturas que agora adota ao ler este livro no meio do deserto de Atacama, sua conduta será não apenas excêntrica, mas também patológica.

Assim, o comportamento dos seres vivos não é uma invenção do sistema nervoso e não está exclusivamente ligado a ele, já que o observador verá comportamentos ao observar qualquer ser vivo em seu meio. O que a presença do sistema nervoso faz é **expandir** o domínio de condutas possíveis, ao dotar o organismo de uma estrutura espantosamente versátil e plástica. Esse é o tema do próximo capítulo.

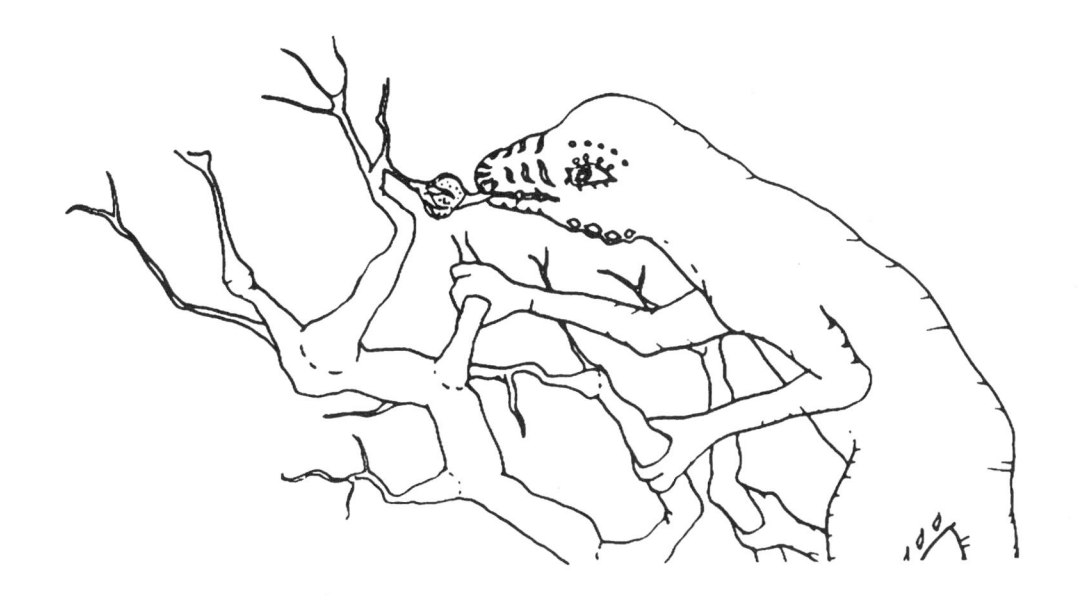

10
- conhecer o conhecer
- ética

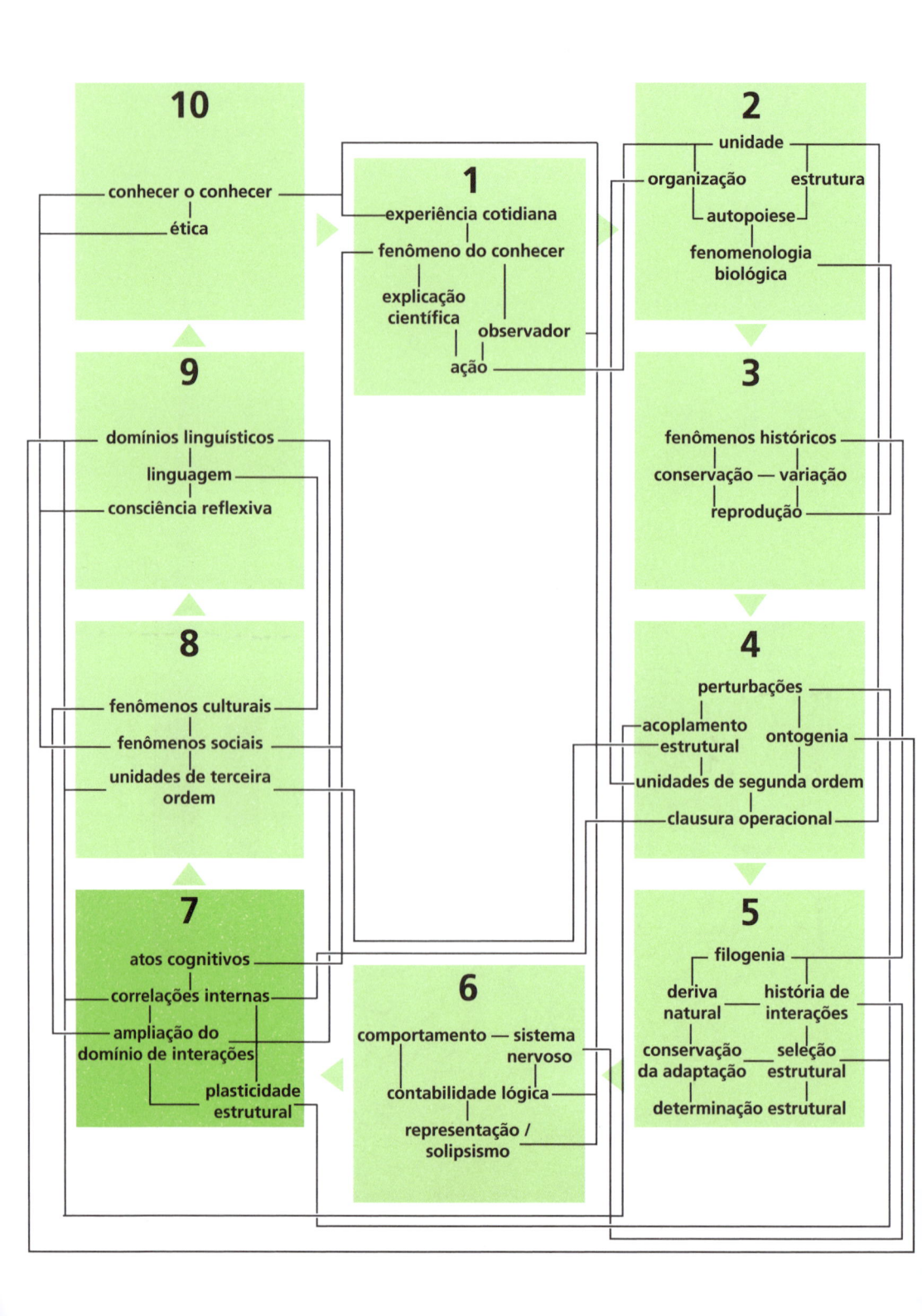

1
- experiência cotidiana
- fenômeno do conhecer
- explicação científica
- observador
- ação

2
- unidade
- organização
- estrutura
- autopoiese
- fenomenologia biológica

3
- fenômenos históricos
- conservação — variação
- reprodução

9
- domínios linguísticos
- linguagem
- consciência reflexiva

8
- fenômenos culturais
- fenômenos sociais
- unidades de terceira ordem

4
- perturbações
- acoplamento estrutural
- ontogenia
- unidades de segunda ordem
- clausura operacional

7
- atos cognitivos
- correlações internas
- ampliação do domínio de interações
- plasticidade estrutural

6
- comportamento — sistema nervoso
- contabilidade lógica
- representação / solipsismo

5
- filogenia
- deriva natural
- história de interações
- conservação da adaptação
- seleção estrutural
- determinação estrutural

VII SISTEMA NERVOSO E CONHECIMENTO

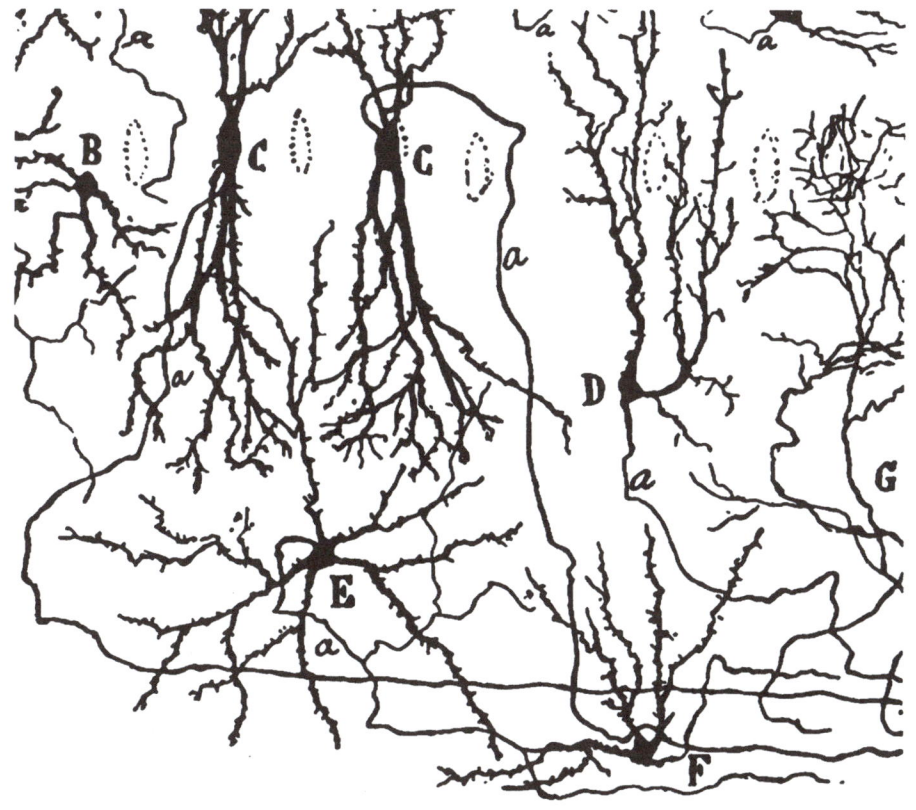

Fig. 36. Neurônios. Desenho de Santiago Ramón y Cajal.

Neste capítulo, queremos examinar **de que maneira** o sistema nervoso expande os domínios de interação de um organismo. Já vimos que o comportamento não é uma invenção do sistema nervoso. Ele é próprio de qualquer unidade vista num meio onde especifica um domínio de perturbações, e mantém sua organização como resultado das mudanças de estado que tais perturbações nela desencadeiam.

É importante ter isso em mente, porque em geral vemos o comportamento como algo característico de animais com sistema nervoso. Contudo, as associações habituais com a palavra comportamento vêm de ações como andar, comer, procurar etc. Se examinarmos mais de perto o que todas essas atividades – em geral ligadas à noção de conduta – têm em comum, veremos que todas elas se referem a **movimento**. Entretanto, o movimento, seja sobre a terra ou na água, não é uma característica universal dos seres vivos. Entre as muitas formas resultantes da deriva natural, há muitas das quais ele está excluído.

História natural do movimento

Consideremos, por exemplo, a planta ilustrada na figura 37. Quando cresce fora d'água, a sagitária tem a forma que se vê na ilustração. No entanto, quando o nível da água sobe e a submerge, a planta muda de estrutura em alguns dias e assume sua forma aquática, vista na parte de baixo da ilustração. A situação é totalmente reversível e ocorre com transformações estruturais bastante complexas, que implicam uma forma diversa de diferenciação das várias partes da planta.

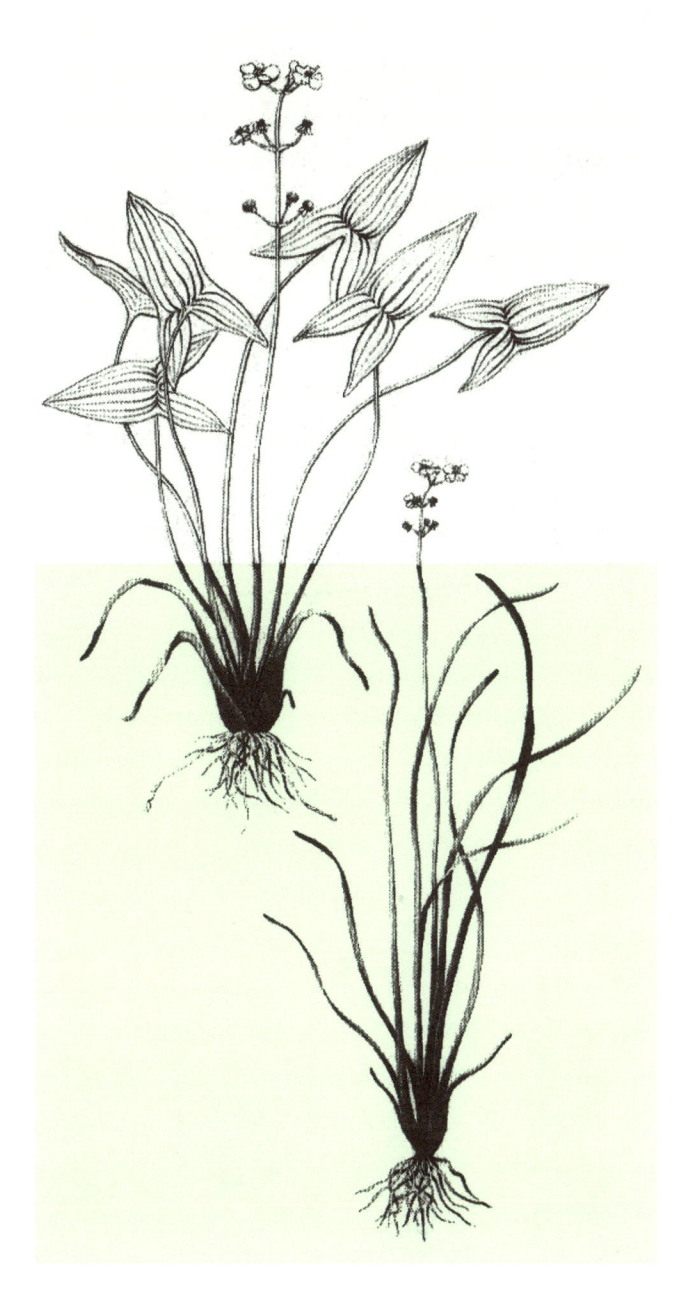

Fig. 37. *Sagittaria sagittifolia* em suas formas aquática e terrestre.

Esse é um exemplo que poderíamos descrever como comportamento, na medida em que há modificações estruturais que são observáveis na forma da planta, como compensação de certas perturbações recorrentes do meio. Todavia, essa situação é normalmente descrita como alterações no desenvolvimento do vegetal e não como comportamento. Por quê?

Comparemos o caso da sagitária com a conduta alimentar de uma ameba prestes a ingerir um pequeno protozoário por meio da extensão de seus pseudópodos (Fig. 38). Tais pseudópodos são expansões ou digitações de protoplasma, associáveis a mudanças na constituição físico-química local do córtex e da membrana celular. O resultado é que o protoplasma flui em certos pontos e empurra o animal numa direção ou noutra, configurando o seu movimento ameboide. Em contraste com o que acontece com a sagitária, ninguém tem dúvidas em descrever essa situação como um comportamento.

Do nosso ponto de vista, é claro que entre ambos os casos há uma continuidade. Ambos são

Fig. 38. Ingestão.

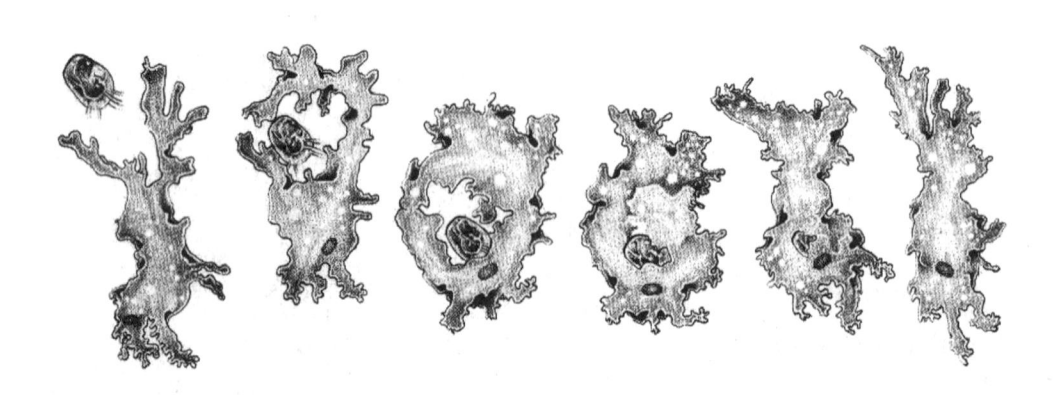

instâncias de comportamento. O que nos interessa ressaltar é que em geral é mais fácil chamar a um de comportamento e ao outro não, somente porque somos capazes de detectar movimento na ameba mas não na sagitária. Ou seja: há uma continuidade entre a motilidade da ameba e a grande diversidade de condutas dos animais superiores, que sempre vemos como formas de movimento. Em contraste, as modificações de diferenciação da sagitária parecem distanciar-se do que nos é mais familiar como movimento, dada a sua lentidão, e as vemos apenas como mudanças de forma.

Na realidade, do ponto de vista do aparecimento e transformação do sistema nervoso, a possibilidade de movimento é essencial, e é isso que faz com que a história do movimento seja tão fascinante. Exatamente como e por que motivo é o que veremos pouco a pouco, ao longo deste capítulo. Antes, porém, examinemos de modo mais abrangente os casos gerais. Consideremos como ocorrem as possibilidades de movimento em todo o âmbito natural.

Na Fig. 39, foram postos num gráfico o tamanho das distintas unidades naturais em função de sua capacidade de movimento, medido em termos de velocidades máximas. Dessa forma, torna-se evidente que, nos extremos do grande e do pequeno, as galáxias e as partículas elementares são capazes de movimentos muito rápidos, da ordem de milhares de quilômetros por segundo. No entanto, quando consideramos as moléculas grandes, como as que constituem os seres vivos, o movimento será cada vez mais lento,

J.T. Bonner, *The Evolution of Culture in Animal Societies*, Princeton University Press, 1980.

à medida que aumenta o tamanho e as moléculas se movem num meio viscoso. Assim, há moléculas, como muitas das proteínas de nosso organismo, que são tão grandes que seu deslocamento espontâneo é desprezível quando comparado à motilidade das moléculas menores.

É nessas circunstâncias que ocorre, como vimos no capítulo II, o aparecimento dos sistemas autopoiéticos, tornado possível pela existência dessa variedade de moléculas orgânicas de grande tamanho. Uma vez formadas as células de tamanho muito maior, a curva mostra essa guinada brusca, na qual a história das transformações celulares permite o surgimento de estruturas como flagelos ou pseudópodos. Estes possibilitam movimentos consideráveis, porque põem em jogo forças muito maiores que as da viscosidade. Além disso, quando os organismos pluricelulares surgem, alguns deles desenvolvem, por meio da diferenciação celular, capacidades de locomoção muito mais espetaculares. Assim, um antílope pode correr a uma velocidade de várias dezenas de quilômetros por hora, apesar de ser de um tamanho muitas vezes maior que a pequena molécula que se desloca (em média) à mesma velocidade. Portanto, os metazoários e os organismos unicelulares móveis criam um âmbito de movimento que, para o seu tamanho, é único na natureza.

Não percamos de vista, contudo, que o aparecimento dessa classe de movimento não é universal nem necessário para todas as formas de seres vivos. As plantas são um caso fundamental resultante de uma deriva natural na qual o movimento

Sistema Nervoso e Conhecimento 163

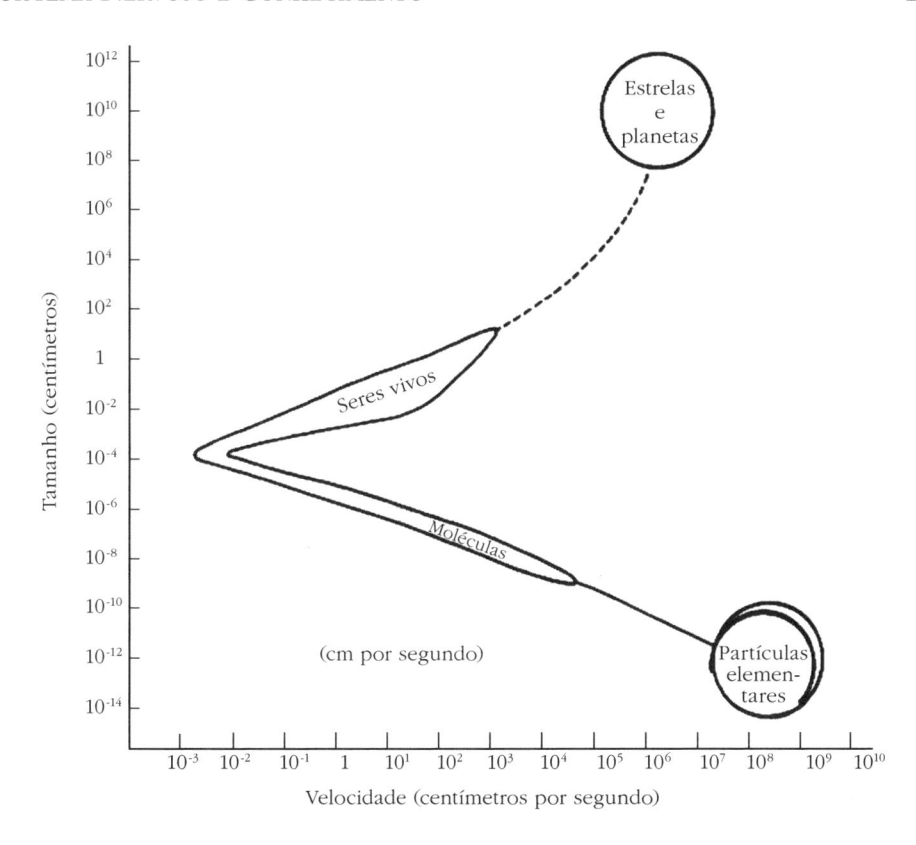

[Gráfico: Tamanho (centímetros) vs Velocidade (centímetros por segundo), mostrando regiões de "Estrelas e planetas", "Seres vivos", "Moléculas" e "Partículas elementares"]

Fig. 39. Relações de tamanho e velocidade na natureza.

está, essencialmente, ausente como modo de ser. É presumível que isso esteja relacionado com o fato de que as plantas se mantêm pela fotossíntese, desde que para tanto disponham de um aporte local constante de nutrientes e água no solo, e de gases e luz na atmosfera. Isso permite a conservação da adaptação sem deslocamentos grandes e rápidos. Mas também é certo que a condição séssil é perfeitamente possível sem fotossíntese, como podemos ver nos múltiplos exemplos de linhagens de animais como os picorocos. Estes moluscos, embora descendentes de ancestrais com motilidade, adotaram esse modo de vida ao encontrar condições locais de nutrição que lhes permitem a conservação da adaptação – como ocorre nas plantas –, sem deslocamentos durante a maior parte de sua ontogenia.

Para um observador, é evidente que no movimento há múltiplas possibilidades, muitas das quais aparecem realizadas nos seres vivos como resultados de sua deriva natural. Assim, os organismos móveis não só baseiam sua reprodução no movimento, como também sua alimentação e modos de interação com o meio. É em referência a esses seres vivos, nos quais a deriva natural levou ao estabelecimento da motilidade, que o sistema nervoso adquire importância. Veremos agora, com mais detalhes, esse aspecto.

Coordenação sensório-motora unicelular

Voltemos um pouco à ameba que está a ponto de engolir um protozoário. O que acontece nessa sequência pode ser resumido assim: a presença do protozoário gera uma concentração de substâncias no meio que são capazes de interagir com a membrana da ameba, desencadeando mudanças de consistência protoplasmática que resultam na formação de um pseudópodo. Este, por sua vez, produz alterações na posição do animal, que se desloca, modificando assim a quantidade de moléculas do meio que interagem com sua membrana. Esse ciclo se repete, e a sequência de deslocamento da ameba, portanto, produz-se por meio da manutenção de uma **correlação interna** entre o grau de modificação de sua membrana e as mudanças protoplasmáticas que percebemos como pseudópodos. Ou seja, estabelece-se uma

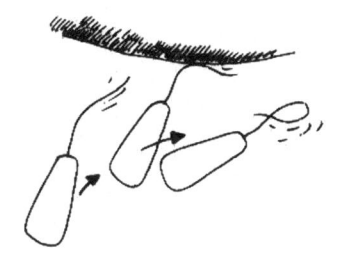

Fig. 40. Correlação sensório-motora na natação de um protozoário.

correlação recorrente ou invariante entre uma área perturbada – ou sensorial – do organismo e uma área capaz de produzir movimento – ou motora –, que mantém invariante um conjunto de relações internas na ameba.

Outro exemplo pode tornar essa ideia mais clara. A Fig. 40 mostra um protozoário que tem uma estrutura muito especializada chamada flagelo, que ao bater é capaz de deslocá-lo em seu meio aquoso. Nesse caso específico, o flagelo bate de tal forma que arrasta a célula por trás dele. Ao nadar assim às vezes o protozoário se encontra com um obstáculo, com o qual colide. O que acontece nessa situação? Há um comportamento interessante de mudança de orientação: o flagelo se dobra ao topar com o obstáculo. Essa dobradura desencadeia modificações em sua base inserida na célula, o que por sua vez deflagra mudanças no citoplasma que o fazem girar um pouco, de modo que ao reiniciar seus batimentos o flagelo leva a célula para uma direção diferente. Como resultado, vemos que o protozoário toca o obstáculo e depois se torce e foge dele. Outra vez, como no caso da ameba, o que ocorre é que está sendo mantida uma certa correlação interna entre uma estrutura (sensorial) capaz de admitir certas perturbações e uma estrutura (motora) capaz de gerar um deslocamento. O interessante desse exemplo é que as superfícies sensorial e motora são **a mesma** e, portanto, seu acoplamento é imediato.

Vejamos ainda outro exemplo desse acoplamento entre superfícies sensoriais e motoras. Há bactérias (unicelulares) que têm, como alguns protozoários, flagelos de aparência semelhante. No entanto, como se vê na Fig. 41, esses flagelos funcionam de forma muito diferente. Em vez de bater, como no caso anterior, simplesmente giram fixos sobre sua base, de maneira a constituir uma verdadeira hélice propulsora para a bactéria. Além disso, os giros tornam possíveis ambas as direções. Contudo, há uma delas em que a coordenação das rotações resulta num nítido deslocamento da bactéria, enquanto que na direção oposta essa coordenação faz com que a bactéria simplesmente balance aos solavancos, sem sair do lugar. É possível seguir os movimentos de uma dessas bactérias sob o microscópio, e observar suas mudanças em condições diferentes e controladas. Se a pomos, por exemplo, num meio em que num canto tenhamos colocado um grão de açúcar, observa-se que ela logo deixa de ficar aos solavancos, muda a direção de giro dos flagelos e se dirige para a zona de maior concentração de açúcar, seguindo o seu gradiente de concentração. Como isso ocorre? Acontece que na membrana da bactéria há moléculas especializadas, capazes de interagir especificamente com os açúcares. Assim, quando há uma diferença de concentração em seu pequeno entorno, produzem-se alterações no interior, que determinam a mudança na direção de giro do flagelo. Portanto, a cada momento se estabelece de novo uma relação estável entre a superfície sensorial da bactéria e sua superfície motora. Isso lhe possibilita o comportamento nitidamente discriminatório de dirigir-se para as zonas de maior concentração de certas substâncias.

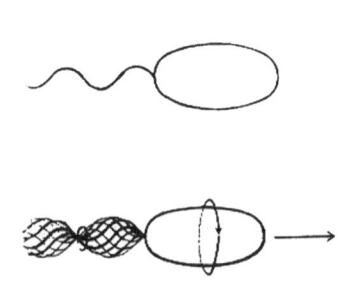

Fig. 41. Propulsão flagelar da bactéria.

H. Berg, *Sci. Amer.* 233: 36, 1975.

Fig. 42. Um pequeno celenterado: a hidra.

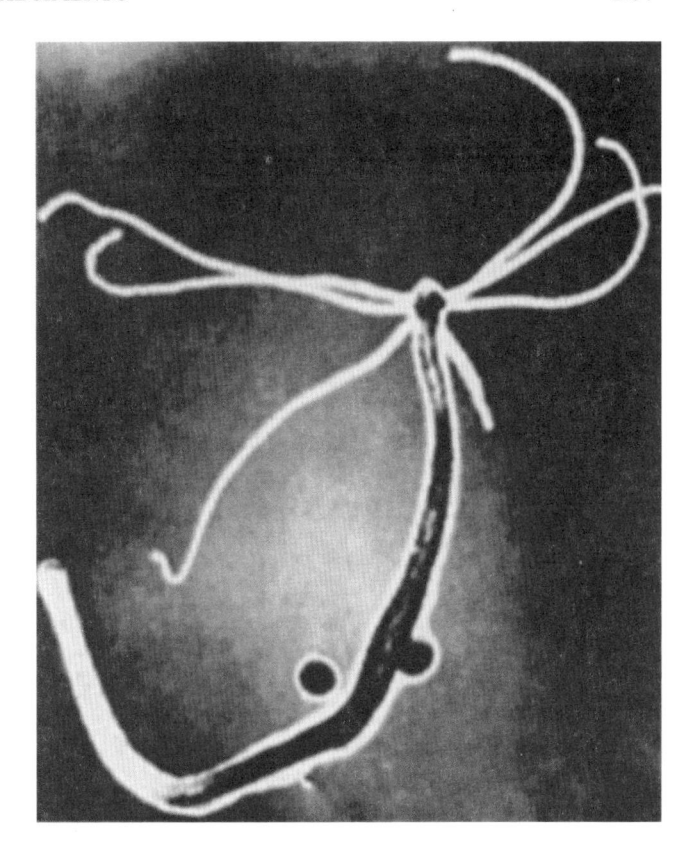

Esse fenômeno é conhecido como quimiotaxia, e é um caso de conduta de nível unicelular, do qual se conhecem muitos detalhes moleculares.

Ao contrário dessas bactérias, a sagitária de que falamos – bem como outras plantas – não têm uma superfície motora que as dote de movimento. De fato, encontramos entre as bactérias casos que são, por assim dizer, um meio-termo entre a capacidade de movimento e a renúncia a ele. O *Caulobacter*, por exemplo, quando está num meio de alta umidade, fixa-se ao solo por meio de um pedestal, numa forma do tipo vegetal. Entretanto, quando acontece um período de dessecamento, a bactéria se reproduz, e as novas células crescem com um flagelo capaz de transportá-las a um ambiente mais úmido.

Correlação sensório-motora multicelular

Vimos, nos exemplos anteriores, que o movimento dos unicelulares – ou conduta de deslocamento – baseia-se numa correlação muito específica entre as superfícies sensoriais e as superfícies responsáveis pelo movimento, ou motoras. Vimos também que essa correlação se faz por meio de processos no interior da célula, ou seja, mediante transformações metabólicas próprias da unidade celular. O que acontece no caso dos organismos metacelulares?

Examinemos novamente essa situação, por meio de um exemplo. A Fig. 42 mostra a fotografia de uma hidra, como as que podem ser encontradas na lagoa do Parque O'Higgins de Santiago. Esses metazoários pertencem ao grupo dos celenterados, uma linhagem de animais muito antigos e primitivos, formados por uma dupla camada de células em forma de vaso. Em sua borda, alguns tentáculos permitem que o animal se mova na água e capture outros animais, que ingere e digere por meio da secreção de sucos digestivos. Se observarmos a constituição celular desse animal, veremos uma dupla camada. Uma se volta para o interior e outra para o exterior. Nessas duas superfícies encontramos uma certa diversidade de células. Assim, há células com lancetas, que ao serem tocadas lançam seus projéteis ao exterior, enquanto outras têm vacúolos capazes de secretar líquidos digestivos para o

Fig. 43. Esquema da diversidade celular nos tecidos da hidra, com destaque para os neurônios.

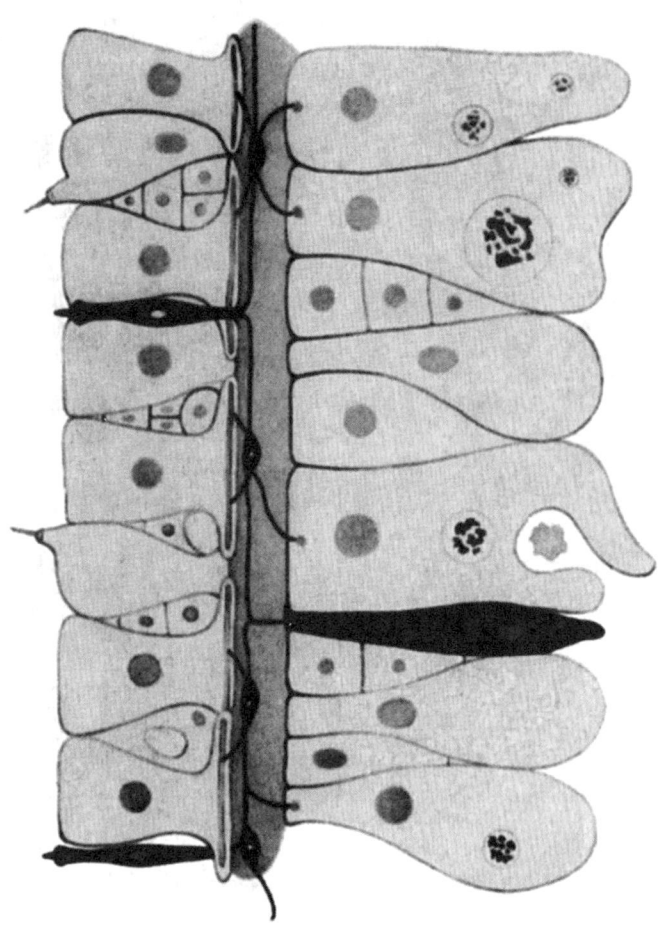

interior. Também encontramos nas hidras algumas células de caráter motor, dotadas de fibrilas contráteis, dispostas tanto longitudinal quanto radialmente na parede do animal (Fig. 43). Ao se contrair em diferentes combinações, essas células musculares produzem toda a diversidade de movimentos do animal.

É evidente que para que ocorra uma ação coordenada entre, digamos, as células musculares dos tentáculos e as células secretoras do interior, é preciso que haja algum tipo de acoplamento entre elas. Não basta que estejam simplesmente dispostas nessa dupla camada.

Para entender como se dá esse acoplamento, basta observar com mais detalhes o que há entre as duas camadas celulares. Ali encontramos células de um tipo muito peculiar, com prolongamentos que se estendem por distâncias consideráveis dentro do animal. A peculiaridade dessas células é que por meio de seus prolongamentos elas põem em contato elementos celulares topograficamente distantes. Trata-se de células nervosas, ou **neurônios**, em sua forma mais simples e primitiva. A hidra tem uma das formas mais simplificadas de sistema nervoso que se conhece, constituído por uma rede que inclui essa classe particular de células, assim como receptores e efetores. Geralmente, o sistema nervoso desse animal aparece como um verdadeiro emaranhado de interconexões, que se estendem para todas as partes de seu corpo através do espaço entre as células. Dessa maneira, ele possibilita a interação de elementos sensoriais e motores distantes.

Desse modo temos, em todos os detalhes, a mesma situação existente no caso do comportamento unicelular. Uma superfície sensorial (neste caso, células sensoriais), uma superfície motora (aqui, células musculares e secretoras) e vias de interconexão entre ambas as superfícies (a rede neuronal). O comportamento da hidra (alimentação, fuga, reprodução etc.) resulta das diferentes maneiras como essas duas superfícies – a sensorial e a motora – se relacionam dinamicamente entre si por meio da rede interneuronal para integrar, em seu conjunto, o sistema nervoso.

Estrutura neuronal

Os neurônios se distinguem por terem ramificações citoplasmáticas de formas específicas que se estendem por enormes distâncias, da ordem de dezenas de milímetros no caso das maiores. Essa característica neuronal universal, presente em todos os organismos dotados de sistema nervoso, determina o modo específico pelo qual este participa das unidades de segunda ordem, que integra ao pôr em contato elementos celulares situados em muitas partes diferentes do corpo. Não devemos desprezar a delicada série de transformações de crescimento necessárias para que uma célula que – medindo inicialmente uns poucos milionésimos de metro – chega a ter ramificações de forma específica que podem atingir dezenas de milímetros, numa expansão de várias ordens de magnitude (Fig. 44).

É por meio de sua presença física que os neurônios acoplam, de muitos modos distintos, grupos celulares que de outra maneira só poderiam acoplar-se pela circulação geral dos humores internos do organismo. A presença física de um neurônio permite o transporte de substâncias entre duas regiões por meio de um caminho muito específico, que não afeta as células circundantes e sua entrega local.

A particularidade das conexões e interações que as formas neuronais tornam possíveis constitui a chave mestra do funcionamento do sistema nervoso.

As influências recíprocas que ocorrem entre os neurônios são de muitos tipos. A mais conhecida de todas é uma descarga elétrica, que se propaga em alta velocidade pelo prolongamento neuronal chamado axônio, como se fosse um rastilho de pólvora. É por isso que frequentemente se diz que o sistema nervoso funciona à base de trocas elétricas. Mas isso não é totalmente correto, já que os neurônios não interagem apenas por meio desse tipo de trocas. Também o fazem – e de modo igualmente constante – por meio de substâncias transportadas no interior dos axônios.

Estas são liberadas (ou recolhidas) nos terminais e desencadeiam mudanças de diferenciação e crescimento nos neurônios, nos efetores e nos sensores com os quais eles se conectam.

Com que tipos de célula os neurônios se conectam? Na realidade, eles se ligam a quase todos os tipos celulares de um dado organismo, porém o mais comum é que cheguem, com suas expansões, a outros neurônios. Essas expansões nervosas – conhecidas como dendritos e terminais axônicos – são por sua vez muito especializadas. Entre essas zonas e os corpos celulares

Fig. 44. O neurônio e sua extensão.

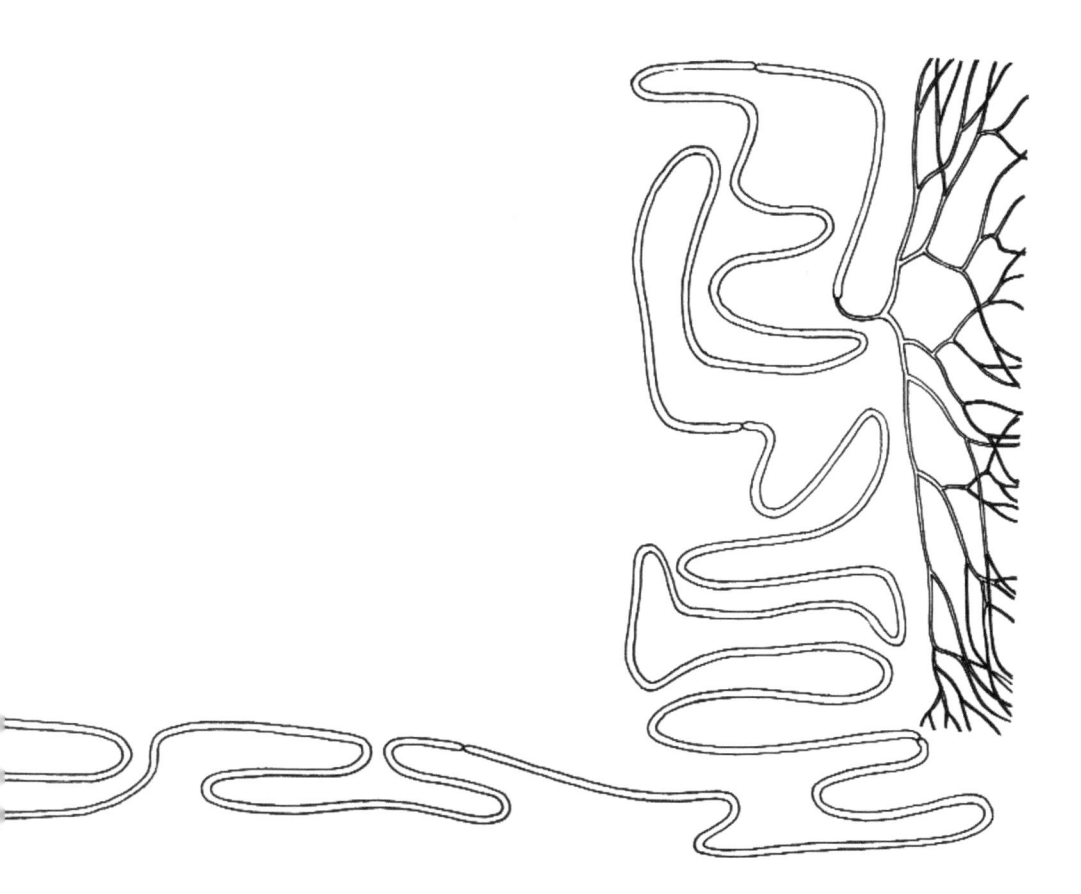

se estabelecem os contatos chamados **sinapses**. Estas constituem o ponto em que efetivamente se produzem as influências mútuas no acoplamento entre um neurônio e outro. As sinapses, portanto, são as estruturas efetivas que permitem ao sistema nervoso a realização de interações específicas entre grupos celulares distantes.

Embora no sistema nervoso a esmagadora maioria dos contatos sinápticos ocorra entre neurônios, estes fazem sinapses com muitos outros tipos de células do organismo. Tal é o caso das células que denominamos coletivamente de superfície sensorial, que na hidra, por exemplo, inclui todas as células capazes de responder a perturbações específicas, seja do meio (como as células com lancetas), seja do próprio organismo (como as células quimiorreceptoras). Do mesmo modo, há neurônios que se conectam com células da superfície motora, especialmente as musculares, numa configuração muito precisa. Para resumir, o sistema neuronal está inserido no organismo por meio de múltiplas conexões com muitos tipos de célula. Forma-se assim uma rede tal que entre as superfícies sensorial e motora há sempre uma teia de interconexões neuronais, o que constitui o conjunto que chamamos de sistema nervoso.

A rede interneuronal

Essa arquitetura fundamental do sistema nervoso é universal e vale não apenas para a hidra mas também para os vertebrados superiores, inclusive o homem. A única diferença está não na organização fundamental da rede geradora

Sinapse

A **sinapse** é o ponto de contato estreito entre os neurônios ou entre os neurônios e outras células, como no caso da sinapse neuromuscular. Nesses pontos, as membranas de ambas as células aderem intimamente. Além disso, nesses locais as membranas se especializam na secreção de moléculas especiais, os neurotransmissores. Por isso, um impulso nervoso que percorre um neurônio e finalmente chega a uma terminação sináptica, produz a secreção do neurotransmissor. Este cruza o espaço existente entre as membranas e desencadeia uma alteração elétrica na célula seguinte. Somente por meio de especializações como essas é possível entre os neurônios – assim como entre eles e outras células – uma influência mútua e localizada, e não difusa e generalizada, como ocorreria se as interações se dessem por meio de modificações da concentração de algumas moléculas na corrente sanguínea.

Sobre cada neurônio, em sua árvore dendrítica, há muitos milhares de terminações sinápticas de centenas de neurônios diferentes. Cada uma dessas terminações dará uma pequena contribuição à totalidade da mudança do neurônio ao qual se conecta. Além disso, cada neurônio é capaz de influenciar quimicamente a estrutura de todos os neurônios que se conectam com ele – ou o inverso (Fig. 46) –, por meio da difusão de metabólitos. Estes saem, penetram pelas superfícies sinápticas e sobem pelos axônios ou dendritos até os respectivos corpos celulares. Desse duplo tráfego elétrico e metabólico depende, a cada momento, o estado de atividade e o estado estrutural de cada neurônio no sistema nervoso.

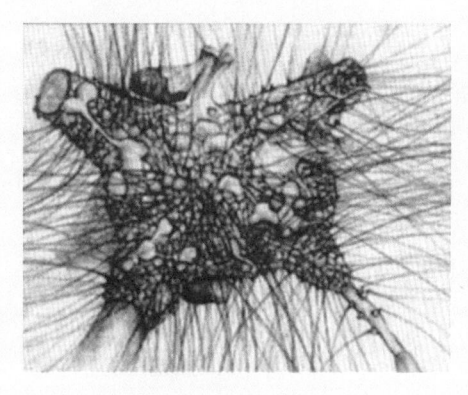

Fig. 45. Reconstrução tridimensional de todos os contatos sinápticos recebidos pelo corpo celular de um neurônio motor da medula espinhal.

de correlações sensório-motoras, mas na forma como essa rede se implementa, por meio de neurônios e conexões que variam de uma espécie animal para outra. Com efeito, o cadastro dos tipos neuronais que encontramos nos sistemas nervosos dos animais revela uma enorme diversidade. Algumas dessas variedades aparecem na Fig. 46. Além disso, se pensarmos que no cérebro humano há certamente mais de 10^{10}, e talvez mais de 10^{11} de neurônios (dezenas de bilhões), e que cada um deles recebe múltiplos contatos de outros neurônios – e por sua vez se conecta com muitas células –, a combinatória de interações possíveis é mais do que astronômica.

Mas insistimos: a organização básica de um sistema nervoso tão imensamente complexo como o do homem segue, no essencial, a mesma lógica que a da humilde hidra. Na série de transformações das linhagens que vão desde a hidra até os mamíferos, deparamos com desenhos que são

Fig. 46. Diversidade neuronal (da esquerda para a direita): célula bipolar da retina, corpo celular de um neurônio motor da medula espinhal, célula mitral do bulbo olfatório, célula piramidal do córtex cerebral de um mamífero.

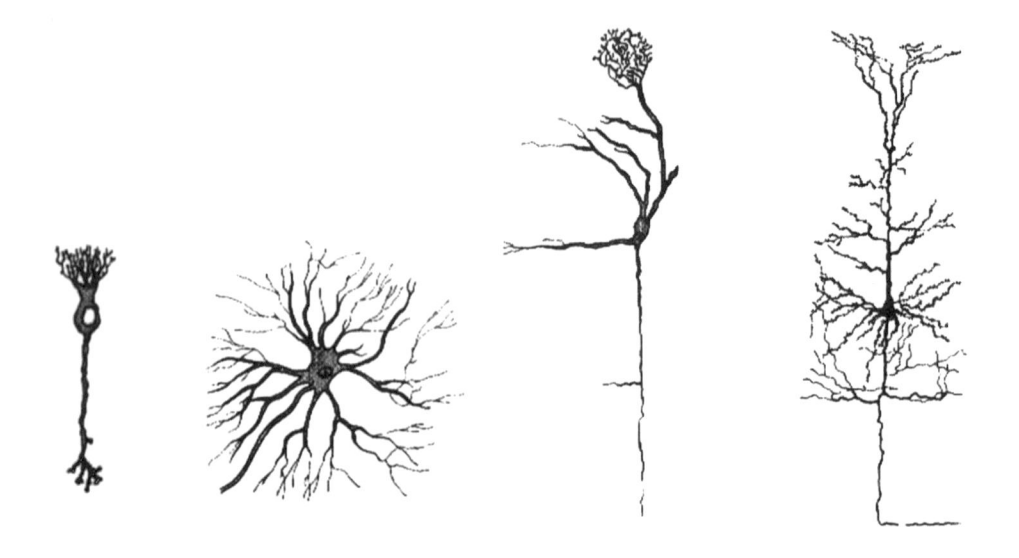

variações em torno do mesmo tema. Nos vermes, por exemplo, o tecido nervoso – entendido como uma rede de neurônios – foi separado como um compartimento em forma de cordão dentro do animal, com nervos por onde passam conexões que vão ou vêm das superfícies sensoriais e motoras (Fig. 47). Cada variação no estado motor do animal será produto de uma certa configuração de atividade em certos grupos de neurônios que se conectam aos músculos (neurônios motores). Mas essa atividade motora gera mudanças múltiplas, tanto nas células sensoriais localizadas nos músculos, quanto na superfície de contato com o meio e nos próprios neurônios motores. Esse processo se realiza por meio de mudanças na própria rede de neurônios interpostos – ou **interneurônios** – que os interconecta. Dessa maneira, há uma contínua correlação sensório-motora, determinada e mediada pela configuração da atividade dessa rede interneuronal. Como pode haver uma quantidade praticamente ilimitada de estados possíveis dentro dessa rede, os comportamentos possíveis dos organismos também podem ser praticamente ilimitados.

Esse é o mecanismo-chave por meio do qual o sistema nervoso expande o domínio de interações de um organismo: **acopla as superfícies sensoriais e motoras, mediante uma rede de neurônios cuja configuração pode ser muito variada**. Tal mecanismo é eminentemente simples. Mas, uma vez estabelecido, permitiu, na filogenia dos metazoários, uma variedade e uma diversificação imensa de domínios comportamentais. Com efeito, os sistemas nervosos de diversas espécies se diferenciam, essencialmente, apenas nas configurações específicas de suas redes interneuronais.

No homem, cerca de 10^{11} (cem bilhões) de interneurônios interconectam em torno de 10^6 (um milhão) de neurônios motores, que ativam uns poucos milhares de músculos, com aproximadamente 10^7 (dezenas de milhões) de células sensoriais distribuídas como superfícies receptoras em vários locais do corpo. Entre os neurônios motores e os sensoriais interpõe-se o cérebro, gigantesco conglomerado de interneurônios que os interconecta (a uma razão de 10/100.000/1) numa dinâmica sempre em mudança.

Por exemplo, a Fig. 48 esquematiza um neurônio sensorial da pele, capaz de responder (eletricamente) a um aumento de pressão nesse ponto. O que causa essa atividade? Bem, esse neurônio se conecta com o interior da medula espinhal, onde faz contatos com muitos interneurônios. Entre estes, alguns estabelecem contato direto com um neurônio motor, que por sua atividade é capaz de desencadear a contração de um músculo, o que resulta num movimento.

Fig. 47. Desenho do sistema nervoso de uma minhoca (*Tubulanus annulatus*), mostrando o agrupamento de neurônios em uma corda ventral, com uma porção cefálica avolumada.

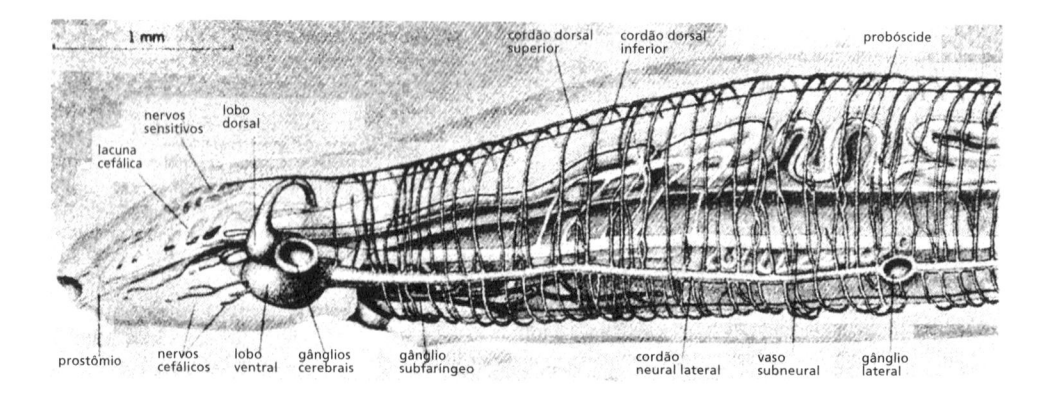

Esse movimento dá origem a uma mudança da atividade sensorial, ao diminuir a pressão sobre o neurônio sensitivo. Com isso se estabelece uma certa relação recíproca entre as superfícies sensoriais e as motoras. Descrito de fora, o que aconteceu foi que a mão se afastou da influência de um estímulo doloroso. Descrito da perspectiva do sistema nervoso, ocorreu a manutenção de uma certa correlação sensório-motora em seu interior, por meio de uma rede neuronal. Contudo, como nesse mesmo neurônio motor podem influir muitos outros neurônios – que têm origem, por exemplo, no córtex cerebral –, o comportamento de deixar a mão sob um excesso de pressão também é possível. Mas isso levaria ao estabelecimento de um novo equilíbrio interno,

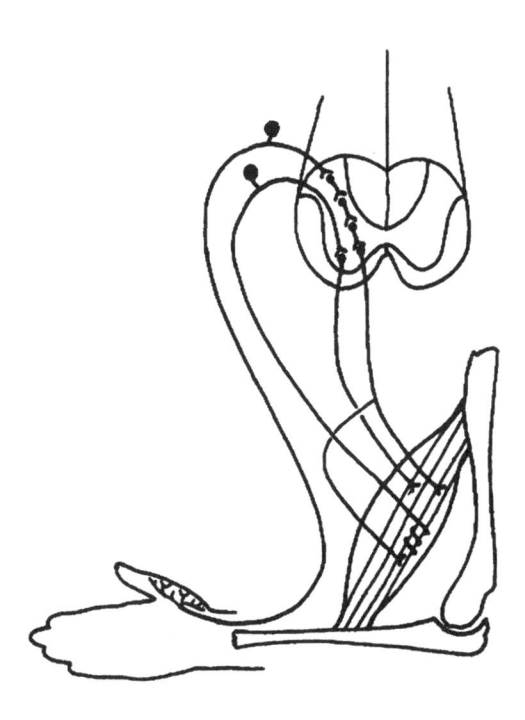

Fig. 48. Correlação sensório--motora no movimento do braço.

implicando outros grupos neuronais diversos dos envolvidos no caso da retirada da mão.

Imaginemos agora, a partir de situações específicas e isoladas como o exemplo anterior da pressão dolorosa, um organismo em funcionamento normal. A cada momento, veremos que o sistema nervoso estará funcionando segundo múltiplos ciclos internos de interações neuronais (como o dos neurônios motores e as fibras sensoriais do músculo) numa mutação incessante. Essa imensa atividade é superposta e modulada pelas modificações na superfície sensorial devidas a perturbações que são independentes do organismo (como no caso da pressão sobre a pele). Como observadores, estamos habituados a dirigir nossa atenção para o que nos parece mais acessível – as perturbações externas. Assim, tendemos a pensar que elas são determinantes. No entanto, tais perturbações externas, como acabamos de dizer, só podem modular o constante ir e vir dos equilíbrios internos. Essa ideia é importante, e pode ser ilustrada com o que ocorre no sistema visual. Em geral, pensamos na percepção visual como uma determinada operação sobre a imagem retiniana, cuja representação será em seguida transformada no interior do sistema nervoso. Essa é a abordagem representacionista do fenômeno. Entretanto, ela desaparece logo que nos damos conta de que, para cada neurônio da retina projetado sobre o nosso córtex visual, conectam-se a essa mesma zona mais de cem neurônios que provêm de outras partes do córtex. E mais: antes de chegar ao córtex – quando a projeção da retina entra no cérebro, no chamado núcleo geniculado lateral do tálamo (NGL) –, verifica-se que essa estrutura não age simplesmente como uma estação de passagem da retina ao córtex. Para ela convergem muitos outros centros, com múltiplos efeitos, que se superpõem à ação retiniana. É o que nos mostra o diagrama do box, no qual uma das estruturas que afetam o NGL é, precisamente, o próprio córtex visual. Ou seja, ambas as estruturas estão numa relação de efeito mútuo e não de simples sequencialidade.

Basta contemplar essa estrutura do sistema nervoso – embora não seja possível entrar nos muitos detalhes das relações de atividade que, em cada momento, ali se especificam – para nos convencermos de que o efeito de projetar uma imagem sobre a retina não é como ligar de uma linha telefônica para um receptor. É mais como uma voz (perturbação), que se soma às muitas vozes de uma agitada sessão de transações na bolsa de valores (relações de atividade interna entre todas as projeções convergentes), na qual cada participante ouve o que lhe interessa.

Clausura operacional do sistema nervoso

Começamos dizendo que o comportamento é a descrição – feita por um observador – das mudanças de estado de um sistema em relação a um meio, ao compensar as perturbações que dele recebe. Dissemos também que o sistema nervoso não inventa o comportamento, mas sim o expande de forma dramática. Agora deve estar mais claro o que queremos dizer com "expandir". Significa que o sistema nervoso surge na história filogenética dos seres vivos como um tecido de células peculiares, que se insere no organismo de tal maneira que acopla pontos nas superfícies sensoriais com pontos nas superfícies motoras. Assim, ao mediar esse acoplamento com uma rede de neurônios, amplia-se o campo das possíveis correlações sensório-motoras do organismo e se expande o domínio do comportamento.

Torna-se claro, pois, que a superfície sensorial não apenas inclui as células que vemos externamente como receptores capazes de ser perturbados pelo ambiente, como também todas as células capazes de exercer influência sobre o estado da rede neuronal. Por exemplo, em algumas artérias há células quimiorreceptoras capazes de ser especificamente modificadas por mudanças de concentração no meio sanguíneo de um vertebrado. Essas células por sua vez modificam certos

---

Conexões da via visual

Nesse quadro, o diagrama ilustra as múltiplas conexões presentes no núcleo geniculado de um mamífero. Esse núcleo é a região mais proeminente de conexões entre a retina e o sistema nervoso central. Cada um dos nomes indicados no diagrama corresponde a um agregado distinguível de neurônios em diferentes regiões do sistema nervoso central, incluindo o córtex cerebral. Como é evidente, a retina não afeta o cérebro do mesmo modo que uma linha telefônica encontra uma estação de relevo no NGL, pois para este convergem simultaneamente múltiplos caminhos de interconexões. Em consequência, a retina pode modular – mas não especificar – o estado dos neurônios no núcleo geniculado, que será constituído pela totalidade das conexões que recebe de muitos lugares diferentes do cérebro. Um diagrama semelhante (com outros nomes) poderia ser desenhado para qualquer outro núcleo do sistema nervoso central.

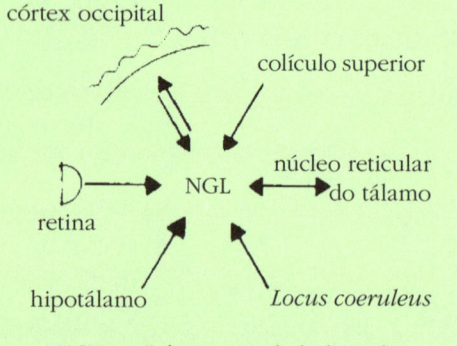

córtex occipital
colículo superior
núcleo reticular do tálamo
NGL
retina
hipotálamo
Locus coeruleus

NGL = núcleo geniculado lateral

neurônios, que contribuem com sua mudança de atividade para as alterações de estados globais de toda a rede. Essas modificações podem ou não resultar numa mudança em algum ponto das superfícies motoras. Por exemplo, uma baixa da concentração de glicose no sangue pode, mediante certas correlações internas, levar à secreção de mais insulina pelas células do pâncreas. Como resultado, a correlação sanguínea da glicose se mantém dentro de certos limites.

Assim, o sistema nervoso contribui ou participa no funcionamento de um metazoário ao se constituir – por meio de múltiplos circuitos entremeados – num mecanismo que conserva as constâncias internas, que são essenciais para a manutenção da organização do organismo em sua totalidade.

Sob esse ângulo, é evidente que o sistema nervoso pode ser definido, no que se refere à sua organização, como dotado de uma **clausura operacional**. Isto é, está constituído de tal maneira que quaisquer que sejam suas mudanças elas geram outras modificações dentro dele mesmo. Assim, seu modo de operar consiste em manter certas relações entre seus componentes invariantes diante das perturbações que geram, tanto na dinâmica interna quanto nas interações do organismo de que faz parte. Em outras palavras, o sistema nervoso funciona como uma rede fechada de mudanças de relações de atividade entre seus componentes.

Dessa maneira, quando experimentamos uma pressão excessiva num ponto do corpo, podemos dizer, na condição de observadores: "Ah!

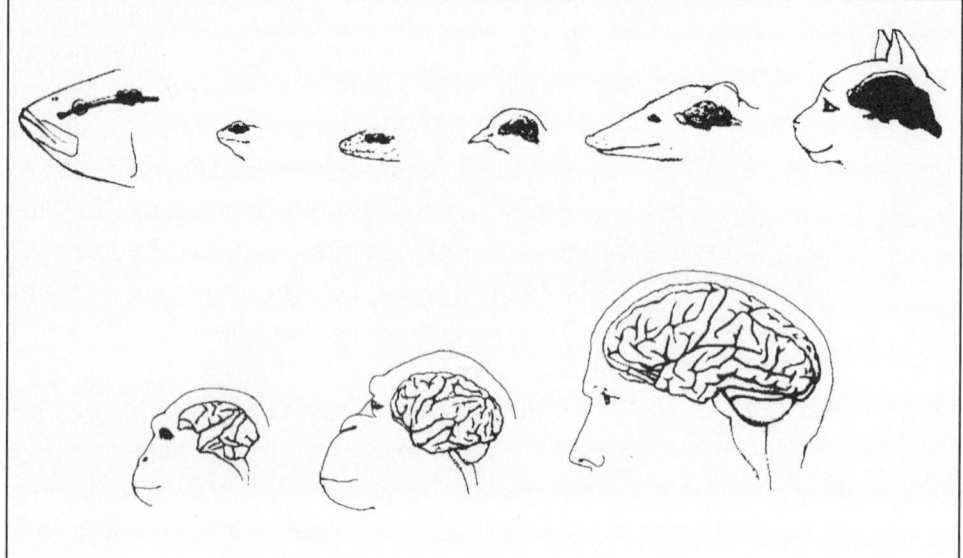

Fig 49

História natural do sistema nervoso

Nos celenterados como a hidra, o sistema nervoso está distribuído de modo uniforme por todo o organismo. O mesmo não acontece com outros animais, como por exemplo os mamíferos. Há duas tendências fundamentais na transformação do sistema nervoso, na história dos seres vivos: 1) a de reunir os neurônios num compartimento (cordão nervoso); 2) a de concentrar um volume neuronal maior na extremidade cefálica (cefalização). Assim, nos animais segmentados – como os vermes da terra – há um sistema nervoso tipicamente concentrado em grupos celulares. Estes assumem a forma de gânglios distribuídos de modo segmentar ao longo de todo o animal, mas são interconectados por uma leve concentração cefálica. Em outros animais a concentração cefálica pode ser enorme, como se vê claramente na lagosta e, mais ainda, no homem.

O resultado disso é que o funcionamento do sistema nervoso se diversifica tremendamente, com o aumento da variedade dos modos de interações neuronais que traz consigo o crescimento da porção cefálica. É o que se vê em todas as linhagens de vertebrados, cefalópodes e insetos (Fig. 44). Em outras palavras, esse aumento de massa encefálica amplia enormemente as possibilidades de plasticidade estrutural do organismo, o que é fundamental para a capacidade de aprendizagem, tema sobre o qual voltaremos a falar adiante.

A contração deste músculo fará com que eu levante o braço!". Contudo, sob o ponto de vista do funcionamento do sistema nervoso propriamente dito – como no caso do nosso amigo do submarino –, o que ocorre é apenas a manutenção da constância de certas relações entre elementos sensoriais e motores, que foram transitoriamente perturbados pela pressão externa. A relação interna que se mantém, nesse caso, é relativamente simples: é o equilíbrio entre a atividade sensorial e o tônus muscular. Não é fácil explicar de modo sucinto o que determina o equilíbrio do tônus muscular em relação ao restante da atividade do sistema nervoso. Contudo, em princípio todo comportamento é uma visão externa da dança de relações internas do organismo. Encontrar, em cada caso, os mecanismos exatos de tais coerências neurais é a tarefa que se abre ao investigador.

O que dissemos mostra que o funcionamento do sistema nervoso é plenamente consistente com sua participação numa unidade autônoma, na qual todo estado de atividade leva a outro estado de atividade nela mesma, dado que seu modo de operar é circular, ou em clausura operacional. Portanto, por sua própria arquitetura, o sistema nervoso não viola, e sim enriquece, esse caráter autônomo do ser vivo. Começam a tornar-se claros os modos pelos quais todo processo de conhecer está necessariamente baseado no organismo como uma unidade no fechamento operacional de seu sistema nervoso. Daí se segue que todo conhecer é fazer, como correlações sensório-efetoras nos domínios de acoplamento estrutural em que existe o sistema nervoso.

Fig 49. Tamanho relativo da porção cefálica do sistema nervoso em vários animais.

Plasticidade

Mencionamos várias vezes que o sistema nervoso está em contínua mudança estrutural, ou seja, tem plasticidade. Na verdade, essa é uma dimensão fundamental de sua participação na constituição do organismo. Com efeito, a presença dessa plasticidade se traduz pelo fato de que o sistema nervoso, ao participar – por meio dos órgãos sensoriais e efetores – nos domínios de interação do organismo que selecionam sua mudança estrutural, participa também da deriva estrutural deste, com conservação de sua adaptação.

Entretanto, a mudança estrutural do sistema nervoso normalmente não ocorre sob a forma de alterações radicais de suas grandes linhas de conexão. Em geral, estas são invariantes e são habitualmente as mesmas em todos os indivíduos de uma espécie. Entre o zigoto fecundado e o adulto – no processo de desenvolvimento e diferenciação celular –, à medida que se multiplicam os neurônios vão se ramificando e se conectando, segundo uma arquitetura que é própria da espécie. O modo exato como isso ocorre, mediante processos de exclusiva determinação local, é um dos maiores e mais interessantes enigmas da biologia moderna.

Onde acontecem as mudanças estruturais, senão nas grandes linhas de conexão? A resposta é que elas não ocorrem nas conexões que ligam grupos de neurônios, mas sim nas características locais dessas conexões. Ou seja, as modificações se dão no plano das ramificações finais e nas sinapses. Nesses lugares, as alterações moleculares resultam em mudanças na eficácia das interações sinápticas, que podem modificar drasticamente o modo de operar de grandes redes neuronais.

Imaginemos um exemplo. Tomamos a pata de um rato e, localizando um dos músculos que acionam os dedos, isolamos o nervo que desce da medula espinhal e o inerva. A seguir, cortamos o nervo e deixamos que o animal se recupere. Depois de um certo tempo o reabrimos e examinamos o músculo. Veremos então que ele está atrofiado, reduzido. No entanto, não fizemos nenhuma alteração em sua alimentação e irrigação sanguínea. Só cortamos o tráfego elétrico e químico que normalmente existe entre o músculo e o nervo ao qual ele se conecta. Se deixarmos que o nervo cresça novamente e volte a inervar o músculo, este se recuperará e a atrofia desaparecerá. Outros experimentos revelam que algo parecido acontece entre muitos (senão todos) os elementos neuronais que compõem o sistema nervoso. O nível de atividade e o tráfego químico entre duas células – nesse caso, uma muscular e um neurônio – modulam a eficácia e o modo de interação que ocorre entre elas durante sua contínua mutação. Ao cortar o nervo, mostramos de maneira dramática esse dinamismo.

A plasticidade do sistema nervoso se explica porque os neurônios não estão conectados como se fossem fios com suas respectivas tomadas. Os pontos de interação entre as células constituem delicados equilíbrios dinâmicos, modulados por um sem número de elementos que desencadeiam mudanças estruturais locais. Estas são o resultado da atividade dessas mesmas células, e também de outras, cujos produtos viajam pela corrente

> ### O cérebro e o computador
>
> É interessante notar que a clausura operacional do sistema nervoso nos diz que seu funcionamento não cai em nenhum dos extremos: nem o representacionista nem o solipsista.
>
> O sistema nervoso não é solipsista porque, como parte do organismo, participa das interações deste com o seu meio, que nele desencadeia continuamente mudanças estruturais que modulam sua dinâmica de estados. De fato, é fundamentalmente por isso que nós, como observadores, temos a impressão de que as condutas animais são, em geral, adequadas às suas circunstâncias. Eles não se comportam como se estivessem seguindo sua própria determinação, independentemente do meio. Isso ocorre assim, embora para o funcionamento do sistema nervoso não exista o fora nem o dentro, mas sim a manutenção de correlações próprias que estão em contínua mudança. É o que acontece com os instrumentos indicadores do submarino do nosso exemplo.
>
> O sistema nervoso também não é representacionista, porque em cada interação é seu estado estrutural que especifica quais as perturbações que são possíveis, e que mudanças elas podem desencadear em sua dinâmica de estados. Seria um erro, portanto, definir o sistema nervoso como tendo entradas ou saídas, no sentido tradicional. Isso significaria que tais entradas e saídas tomariam parte na definição do sistema, como acontece com o computador e outras máquinas produzidas pela engenharia. Fazer isso é inteiramente razoável quando projetamos uma máquina na qual o principal é saber como queremos interagir com ela. Mas o sistema nervoso (ou organismo) não foi projetado por ninguém: é o resultado da deriva filogenética de unidades centradas em sua própria dinâmica de estados. Assim, o adequado é reconhecê-lo como uma unidade definida por suas relações internas, nas quais as interações só atuam modulando sua dinâmica estrutural, isto é, como uma unidade dotada de clausura operacional. Dito de outro modo: o sistema nervoso não "capta informações" do meio, como frequentemente se diz. Ao contrário, ele constrói um mundo, ao especificar quais configurações do meio são perturbações e que mudanças estas desencadeiam no organismo. A metáfora tão em voga do cérebro como um computador não só é ambígua como está francamente equivocada.

sanguínea e banham os neurônios. Tudo isso é parte da dinâmica de interações do organismo em seu meio.

Não se conhece sistema nervoso que não apresente algum grau de plasticidade. Mas entre os insetos, por exemplo, parece que a plasticidade é bem mais limitada, em parte por seu número menor de neurônios e seu tamanho reduzido. Por isso, o fenômeno de mudança estrutural se manifesta com vigor entre os vertebrados e, em especial, entre os mamíferos. Dessa forma, toda interação, todo acoplamento, interfere no funcionamento do sistema nervoso, por causa das mudanças estruturais que nele desencadeia. Toda experiência é modificadora, em especial em relação a nós, embora às vezes as mudanças não sejam completamente visíveis.

Percebemos isso em relação ao comportamento. Não temos, atualmente, um quadro nítido de quais são as mudanças estruturais do sistema nervoso dos vertebrados implicadas nessa plasticidade. Tampouco há uma descrição clara de como essa constante especificação do modo de interação neuronal resulta em alterações bem definidas, que podemos observar na conduta. Mais uma vez, essa circunstância constitui uma das áreas mais importantes da pesquisa neurobiológica atual.

No entanto, quaisquer que sejam os mecanismos exatos que intervêm nessa constante transformação microscópica da rede neuronal durante as interações do organismo, tais mudanças nunca podem ser localizadas nem vistas como algo próprio de cada experiência. Ou seja, não podem jamais ser de tal natureza que possamos encontrar "a" recordação de seu nome em algum lugar da cabeça de um cachorro. Isso é impossível, em primeiro lugar, porque as mudanças estruturais desencadeadas no sistema nervoso são necessariamente distribuídas como resultado de modificações de atividade relativa numa rede neuronal. Em segundo lugar, porque a conduta de responder a um nome é uma descrição feita por um observador de certas ações resultantes de determinadas configurações sensório-motoras. E estas, por força de seu funcionamento interno, implicam, num sentido estrito, todo o sistema nervoso.

A riqueza plástica do sistema nervoso não se deve a que ele guarda representações ou "engramas" das coisas do mundo, mas à sua contínua transformação, que permanece congruente com as transformações do meio, como resultado de cada interação que o afeta. Do ponto de vista do observador, isso é percebido como uma aprendizagem adequada. Acontece, porém, que os neurônios, o organismo de que eles fazem parte e o meio em que este interage funcionam reciprocamente como seletores de suas mudanças estruturais correspondentes e se acoplam estruturalmente entre si. O funcionamento do organismo, incluindo o sistema nervoso, seleciona as mudanças estruturais que permitem que ele continue a funcionar. Do contrário se desintegrará.

Para um observador, o organismo parece mover-se adequadamente num meio mutante, e por isso ele fala em aprendizagem. Em seu modo de entender, as mudanças estruturais que ocorrem no sistema nervoso parecem corresponder às circunstâncias das interações do organismo. Para o funcionamento do sistema nervoso, porém, só existe uma deriva estrutural contínua, que segue o curso que, a cada instante, conserva o acoplamento estrutural (adaptação) do organismo a seu meio de interações.

Comportamentos inatos e comportamentos aprendidos

Dissemos e repetimos – para que não fosse esquecido – que todo comportamento é um fenômeno relacional que nós, como observadores, percebemos entre organismo e meio. Contudo, o âmbito de condutas possíveis de um organismo é determinado por sua estrutura, já que é ela que especifica seus domínios de interação. Por isso, cada vez que, nos organismos de uma mesma espécie, se desenvolvem certas estruturas **independentes** das peculiaridades de suas histórias de interação, diz-se que tais estruturas estão geneticamente determinadas, e que os comportamentos que elas possibilitam (caso ocorram) são **instintivos**. Quando, pouco depois de nascer, o bebê pressiona o peito de sua mãe e suga o mamilo, ele o faz independentemente de ter nascido de parto natural ou cesariana, ou de se veio ao mundo num luxuoso hospital de Santiago ou no interior.

Ao contrário, se as estruturas que tornam possíveis determinadas condutas nos membros de uma espécie se desenvolvem somente se há uma história particular de interações, diz-se que as estruturas são ontogenéticas e que as condutas são **aprendidas**. Nossa menina-lobo do capítulo anterior não teve as interações sociais que toda criança tem, e seu comportamento de correr sobre os dois pés, por exemplo, não se desenvolveu. Até em coisas aparentemente tão elementares como correr, dependemos de um contexto humano, que nos rodeia como o ar que respiramos.

Notemos bem que as condutas inatas e as aprendidas são, na qualidade de comportamento, indistinguíveis em sua natureza e realização.

A distinção está na história das estruturas que as tornam possíveis. Portanto, a possibilidade de classificá-las como uma ou outra dependerá de termos ou não acesso à história estrutural pertinente. No funcionamento presente do sistema nervoso não há tal distinção.

É importante perceber que atualmente tendemos a considerar a aprendizagem e a memória como fenômenos de mudança de comportamento que acontecem quando se "capta" ou quando se recebe algo vindo do meio. Isso implica supor que o sistema nervoso funciona com representações. Vimos que essa suposição obscurece e complica muito o entendimento dos processos cognitivos. Tudo o que dissemos aponta para a compreensão da aprendizagem como expressão do acoplamento estrutural, que manterá sempre uma compatibilidade entre o funcionamento do organismo e o meio em que ele ocorre. Quando, como observadores, examinamos uma sequência de perturbações compensadas pelo sistema nervoso de uma ou muitas maneiras possíveis, parece-nos que ele internaliza algo do meio. Mas já sabemos que fazer uma descrição como essa seria perder nossa contabilidade lógica. Seria tratar algo que é útil à nossa comunicação entre observadores como um elemento operacional do sistema nervoso. Descrever a aprendizagem como uma internalização do meio confunde as coisas, porque sugere que na dinâmica estrutural do sistema nervoso ocorrem fenômenos que só existem no domínio de descrições de alguns organismos que – como os nossos – são capazes de linguagem.

Conhecimento e sistema nervoso

No capítulo anterior, falamos de domínios comportamentais. Neste, examinamos os fundamentos da organização do sistema nervoso. Com isso, movemo-nos mais e mais para perto dos fenômenos que, no cotidiano, designamos como atos de conhecimento. Agora estamos em condições de refinar nosso entendimento sobre o que significa dizer que um ato é cognitivo.

Se pensarmos por um momento sobre o critério que utilizamos para dizer que alguém **tem** conhecimento, veremos que o que buscamos é uma ação efetiva no domínio no qual se espera uma resposta. Isto é, esperamos um comportamento efetivo em algum contexto que assinalamos ao fazer a pergunta. Assim, duas observações do mesmo sujeito, sob as mesmas condições – mas feitas com perguntas diferentes –, podem atribuir diferentes valores cognitivos ao que é visto como o comportamento desse sujeito.

Uma história da vida real ilustra claramente esse ponto. Certa ocasião, num exame, foi proposto a um jovem estudante universitário o seguinte: "Calcule a altura da torre da Universidade usando este altímetro". O estudante tomou o instrumento e um barbante comprido, subiu à torre, amarrou o altímetro ao cordel e o deixou cair cuidadosamente até a base do edifício. Em seguida, mediu o comprimento do barbante: trinta metros e quarenta centímetros. No entanto, o professor considerou errada a resposta. O estudante fez um pedido ao diretor de sua escola e conseguiu uma nova oportunidade. De novo o professor lhe disse: "Calcule a altura da torre da Universidade com este altímetro". O jovem aluno tomou o aparelho e foi aos jardins vizinhos à torre, munido de um goniômetro. Colocando-se a uma distância precisa dela, usou a longitude do altímetro para triangulá-la. Seu cálculo foi de trinta metros e quinze centímetros. O professor mais uma vez disse que ele estava errado. Novo pedido do estudante, nova oportunidade para proceder ao exame e, outra vez, o mesmo problema... O estudante utilizou seis procedimentos diferentes para calcular a altura da torre com o altímetro, sem usá-lo como altímetro. É evidente que, dentro de um certo contexto de observação, o aluno revelou muito mais conhecimento do que lhe era pedido. Mas no contexto da pergunta do professor seu conhecimento era inadequado.

Notemos bem, então, que a avaliação de se há ou não conhecimento ocorre sempre num contexto relacional, no qual as mudanças estruturais que as perturbações desencadeiam num organismo aparecem para o observador como um efeito sobre o ambiente. É em relação ao efeito esperado por ele que o observador avalia as mudanças estruturais que são desencadeadas no organismo. Sob esse ponto de vista, toda interação de um organismo, toda conduta observada, **pode** ser avaliada por um observador como um ato cognitivo. Da mesma maneira, o fato de viver – de conservar ininterruptamente o acoplamento estrutural como ser vivo – corresponde a conhecer no âmbito do existir. De modo aforístico: viver é conhecer (viver é ação efetiva no existir como ser vivo).

Em princípio, isso é suficiente para explicar a participação do sistema nervoso em todas as dimensões cognitivas. No entanto, se quisermos compreender a participação do sistema nervoso

> **Conhecimento**
>
> Falamos em conhecimento toda vez que observamos um comportamento efetivo (ou adequado) num contexto assinalado. Ou seja, num domínio que definimos com uma pergunta (explícita ou implícita) que formulamos como observadores.

em todas as formas particulares da cognição humana, teremos, naturalmente, de descrever todos os processos específicos e concretos que ocorrem na geração de cada um dos comportamentos humanos, em seus diferentes domínios de acoplamento estrutural. Para tanto, seria necessário examinar de perto o funcionamento do sistema nervoso humano, o que não é a intenção deste livro.

Resumindo, o sistema nervoso participa dos fenômenos cognitivos de duas maneiras complementares. Elas têm a ver com seu modo específico de funcionar como uma rede neuronal com clausura operacional que faz parte de um organismo metacelular.

A primeira – e mais óbvia – ocorre pela ampliação do domínio de estados possíveis do organismo, que surge da imensa diversidade de configurações sensório-motoras que o sistema nervoso pode permitir. Essa é a chave de sua participação no funcionamento do organismo.

A segunda se dá pela abertura do organismo para novas dimensões de acoplamento estrutural, ao possibilitar que ele associe uma grande diversidade de estados internos com a grande diversidade de interações em que pode participar.

A presença ou ausência de um sistema nervoso determina a descontinuidade que há entre os organismos cuja cognição é relativamente limitada, e os que são capazes de uma diversidade em princípio sem limites, como o ser humano. Para assinalar sua importância central, ao símbolo que representa uma unidade autopoiética (celular ou metacelular):

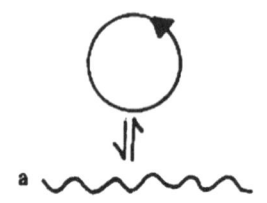

devemos agora acrescentar a presença de um sistema nervoso, que também funciona com clausura operacional, mas como parte integrante do organismo. De modo abreviado, podemos ilustrá-lo assim:

Quando, num organismo, existe um sistema nervoso tão rico e vasto como o do homem, seus domínios de interação permitem a geração de **novos fenômenos**, ao possibilitar novas dimensões de acoplamento estrutural. Foi isso, em última análise, que tornou possíveis a linguagem e a autoconsciência humanas. Esse é o terreno que percorreremos nos próximos capítulos.

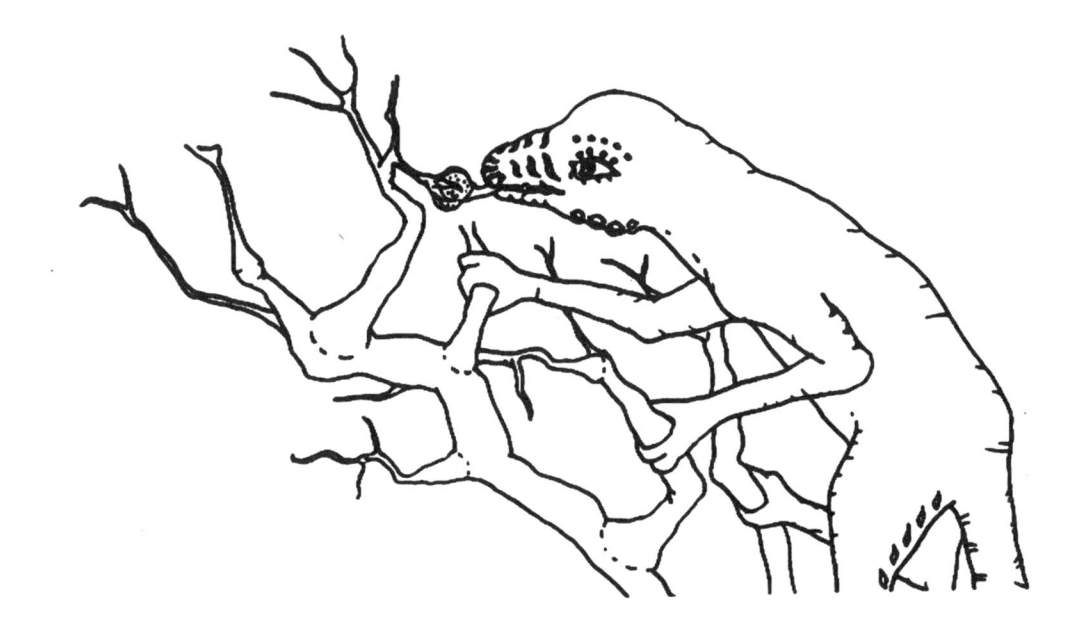

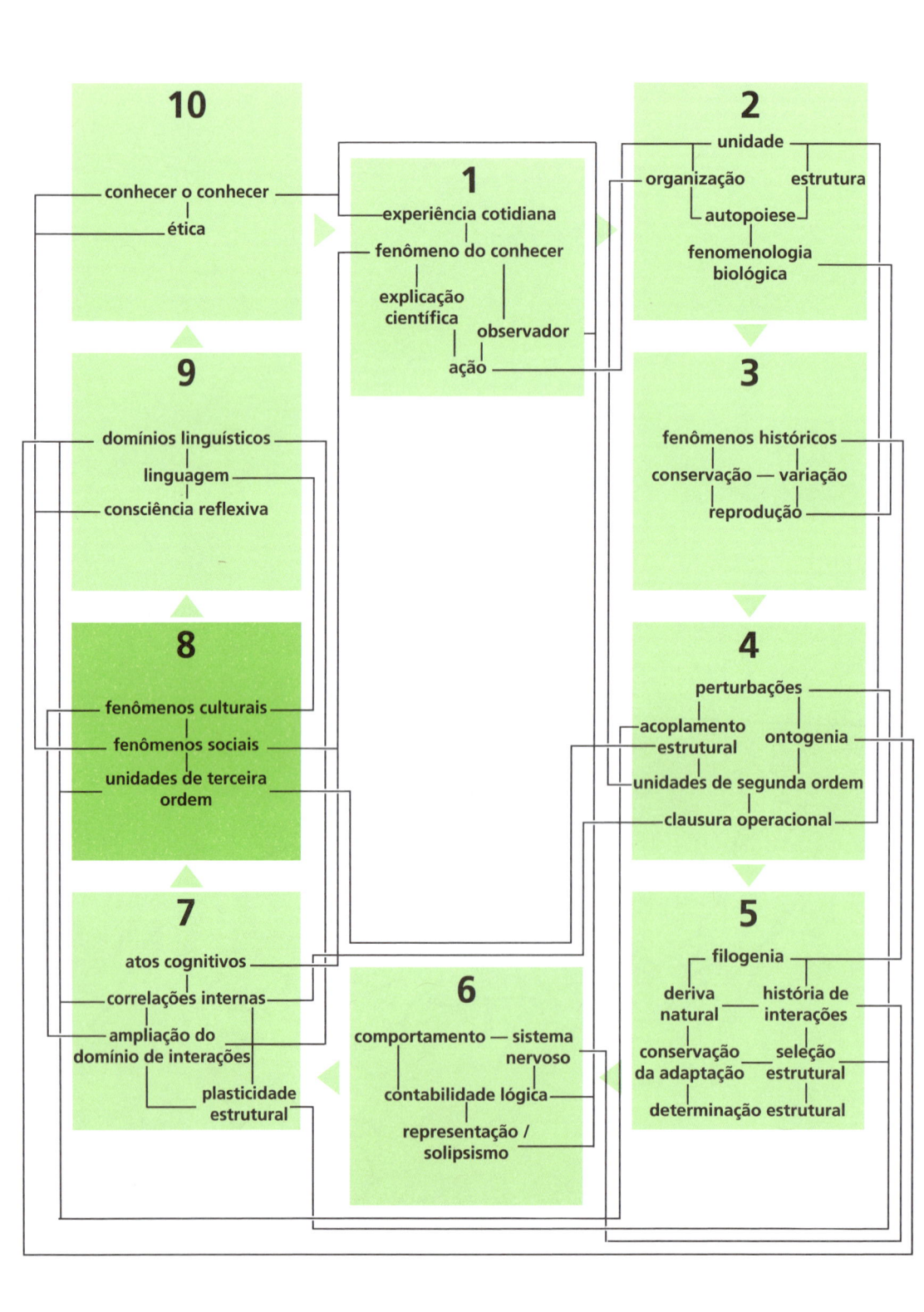

1
- experiência cotidiana
- fenômeno do conhecer
- explicação científica
- observador
- ação

2
- unidade
- organização
- estrutura
- autopoiese
- fenomenologia biológica

3
- fenômenos históricos
- conservação — variação
- reprodução

4
- perturbações
- acoplamento estrutural
- ontogenia
- unidades de segunda ordem
- clausura operacional

5
- filogenia
- deriva natural
- história de interações
- conservação da adaptação
- seleção estrutural
- determinação estrutural

6
- comportamento — sistema nervoso
- contabilidade lógica
- representação / solipsismo

7
- atos cognitivos
- correlações internas
- ampliação do domínio de interações
- plasticidade estrutural

8
- fenômenos culturais
- fenômenos sociais
- unidades de terceira ordem

9
- domínios linguísticos
- linguagem
- consciência reflexiva

10
- conhecer o conhecer
- ética

VIII
OS FENÔMENOS SOCIAIS

Fig. 50. Desenho de Juste de Juste

Consideremos uma situação completamente paralela à do capítulo IV, a propósito da origem dos metacelulares. Ou seja, em vez de examinar apenas um organismo com seu sistema nervoso,

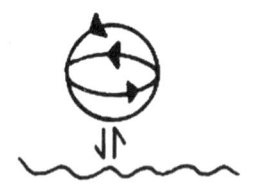

vejamos o que acontece quando esse organismo entra em acoplamento estrutural com outros organismos.

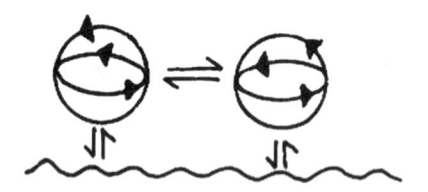

Como no caso das interações celulares nos metacelulares, é evidente que, do ponto de vista da dinâmica interna de um organismo, o outro representa uma fonte de perturbações que são indistinguíveis das que provêm do meio "inerte". No entanto, é **possível** que essas interações entre organismos adquiram, ao longo de sua ontogenia, um caráter **recorrente** e, portanto, que se estabeleça um acoplamento estrutural que permita a manutenção da individualidade de ambos, no prolongado devir de suas interações. Quando esses acoplamentos acontecem entre organismos com sistema nervoso, o resultado é uma fenomenologia peculiar, da qual nos ocuparemos neste capítulo e nos seguintes. Trata-se da fenomenologia dos acoplamentos de **terceira ordem**.

Acoplamentos de terceira ordem

A esta altura de nossa exposição, não parece estranho que tais acoplamentos possam ocorrer, porque basicamente neles operam os mesmos mecanismos que já discutimos, em relação à constituição de unidades autopoiéticas de segunda ordem. De fato, uma vez originados os organismos com sistema nervoso – se eles participam em interações recorrentes –, tais acoplamentos acontecem com diferentes complexidades e estabilidades, mas são o resultado natural da congruência de suas respectivas derivas ontogênicas.

Como é possível entender e analisar esses acoplamentos de terceira ordem?

Bem, em primeiro lugar é necessário perceber que tais acoplamentos são absolutamente necessários, em alguma medida, para a continuidade de uma linhagem nos organismos com reprodução sexuada, já que ao menos os gametas devem se encontrar e fundir-se. Além disso, em muitos dos animais que necessitam de intercurso sexual para a procriação, os filhotes precisam de algum cuidado por parte dos pais. Desse modo, é comum a ocorrência de algum grau de acoplamento comportamental na geração e criação dos filhotes.

Esse fenômeno é praticamente universal. Por isso, ocorre que os distintos grupos de animais o apresentam com uma grande variedade de formas específicas. Como humanos, criados numa cultura patriarcal, tendemos a pensar que o natural é que a fêmea cuide dos filhotes e o macho se encarregue da proteção e do sustento. É de supor que essa imagem esteja parcialmente baseada no fato de que somos mamíferos, com períodos mais ou menos longos de lactação, nos quais a criança permanece necessariamente ligada à mãe. Não há nenhuma espécie de mamífero em que a amamentação seja responsabilidade do macho.

Contudo, essa divisão tão nítida de papéis está longe de ser universal. Entre os pássaros, há uma grande variedade. Em muitas aves, tanto o macho quanto a fêmea podem produzir no papo uma espécie de produto leitoso que é regurgitado para os filhotes. Além disso, nos

Fig. 51. Jaçanã.

avestruzes sul-americanos, por exemplo, o macho se acasala com um harém de fêmeas (poliginia), cada uma das quais põe um ovo dentro de um buraco. Uma vez este cheio, o macho se incumbe de cuidar deles.

Essa inclinação doméstica do macho se encontra, em forma mista, em outra ave sul-americana, a jaçanã. Nesse caso, a fêmea define um território mais ou menos vasto, onde prepara vários ninhos e ao qual permite a entrada do mesmo número de machos (poliandria). Depois da fertilização, deposita um ovo em cada um dos ninhos e constrói mais um para si mesma, no qual deposita outro ovo. Dessa maneira, tanto fêmeas quanto machos têm o prazer de criar os passarinhos (Fig. 51).

Entre os pinguins ocorre outra variação ainda mais notável. Para eles, conseguir alimento para os filhotes é aparentemente mais difícil e requer a participação de ambos os pais. Como são cuidados, porém, os pequenos pinguins? É interessante: alguns dos adultos do grupo permanecem por perto e cuidam do conjunto, formando uma verdadeira creche.

No caso do peixe esgana-gata, chega-se a um extremo. O macho constrói um ninho, seduz a fêmea para que ela ponha nele os ovos e a seguir a expulsa (Fig. 52). Uma vez sozinho, vai agitando a cauda e fazendo com que a água que banha os ovos circule até que estes se rompam. Em seguida, passa a cuidar dos peixinhos até que eles se tornem independentes. Ou seja, nesse caso é o macho que se encarrega das crias, e sua relação com a fêmea dura apenas o tempo necessário à corte e à desova.

Há outros exemplos, nos quais o extremo está do lado da fêmea, que tem a maior parte da responsabilidade pelos filhotes. Poderíamos continuar citando muitos outros casos de maneiras de satisfazer o acoplamento obrigatório para a procriação e a criação. É evidente que não há papéis fixos. Tampouco os há nas sociedades humanas, em que existem numerosos casos tanto de poliandria quanto de poliginia, e nos quais a divisão das tarefas de criação dos filhos varia de um extremo a outro. Com efeito, já que esses acoplamentos ocorrem com a presença de um

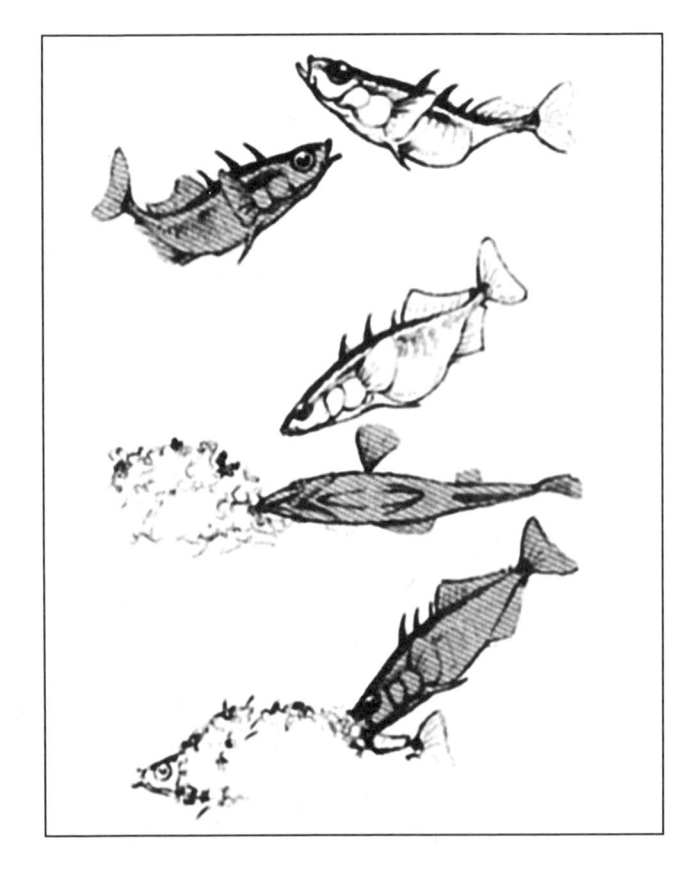

Fig. 52. Momentos do comportamento de corte do peixe esgana-gata.

sistema nervoso, a variedade possível é imensa. Em consequência, a história natural resulta numa lista também muito variada. É necessário ter isso em mente, para compreender a dinâmica social humana como um fenômeno biológico.

Insetos sociais

Embora praticamente universais, os acoplamentos comportamentais sexuais e de criação de filhotes não são os únicos possíveis. Há muitas outras formas de acoplamento comportamental que os incluem e vão muito além deles, ao especificar, entre os indivíduos de um grupo, coordenações comportamentais que podem durar a vida inteira.

O caso mais clássico e notável de um acoplamento tão estreito que engloba toda a ontogenia dos organismos participantes é o dos insetos sociais. Esses animais compreendem muitas espécies entre as várias ordens de insetos. Em muitos deles se originaram, de modo paralelo, mecanismos muito semelhantes de acoplamento. As formigas, os cupins, as vespas e as abelhas são exemplos bem conhecidos de insetos sociais.

Na Fig. 53, por exemplo, veem-se vários indivíduos que se encontram entre as formigas mirmicíneas, um dos grupos bem estudados. Vemos que há uma grande variedade de formas entre os indivíduos participantes, e sua morfologia é diversa de acordo com as atividades que normalmente realizam. Assim, a maior parte dos indivíduos da Fig. 53 são fêmeas estéreis, que desempenham tarefas como coletar alimentos, defesa, cuidado dos ovos e manutenção do formigueiro. Os machos ficam recolhidos ao interior, onde se encontra a fêmea que geralmente é a única fértil, a rainha (Fig. 53, *g*). É notável ver que há fêmeas com mandíbulas enormes, capazes de exercer grande pressão. São muito maiores que as fêmeas operárias (Fig. 53, *e* e *f*). A maior parte das formigas de uma colônia como essa não tem nenhuma participação na reprodução, que está restrita à rainha e aos machos. Entretanto, todos os indivíduos de um formigueiro estão estreitamente acoplados em sua dinâmica estrutural fisiológica.

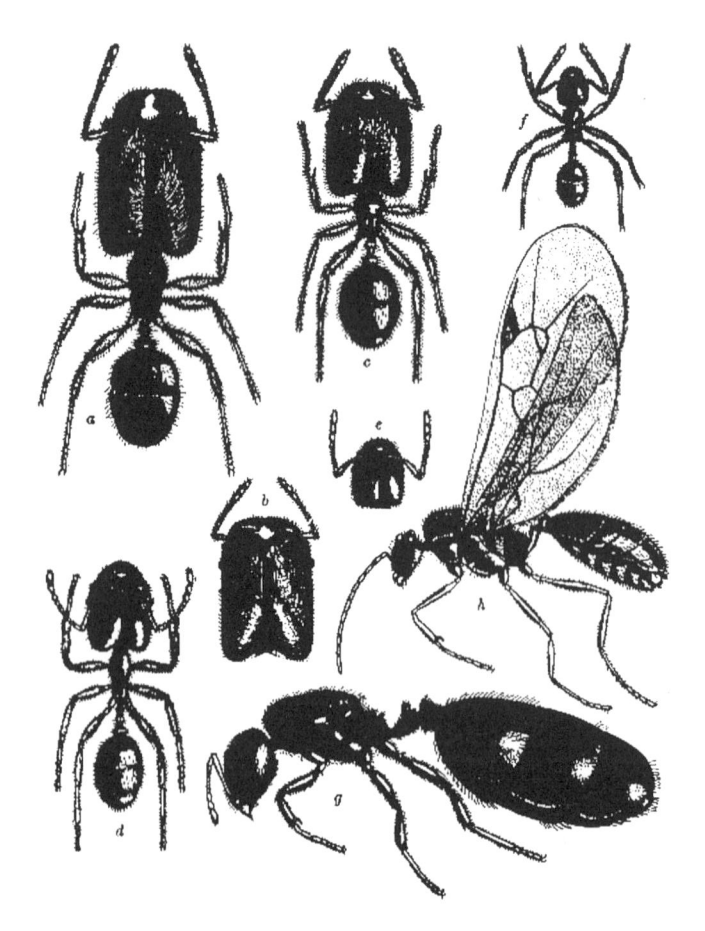

Fig. 53. Diferentes morfologias nas castas das formigas mirmicíneas (*Pheidole kingi instabilis*). Indivíduos da casta operária: de (a) a (f). A rainha aparece em (g) e o macho em (h).

O **mecanismo** de acoplamento entre a maioria dos insetos sociais se faz por meio do intercâmbio de substâncias. É, portanto, um acoplamento químico. Estabelece-se um fluxo contínuo de secreções entre os membros de uma colônia: eles trocam conteúdos gástricos cada vez que se encontram, como se pode constatar observando qualquer fila de formigas na cozinha. Desse contínuo intercâmbio químico – chamado **trofolaxe** (Fig. 54) –, resulta a distribuição, por toda a população, de uma certa quantidade de substâncias, entre elas os hormônios responsáveis pela diferenciação e especificação de papéis. Assim, a rainha só é rainha na medida em que é alimentada de um certo modo, e não por hereditariedade. Basta retirá-la de seu lugar, para que, de imediato, o desequilíbrio hormonal produzido por sua ausência resulte na alimentação diferencial de algumas larvas, que se desenvolverão como rainhas. Vale dizer: toda a ontogenia de um dado indivíduo, como membro da unidade social, está atrelada à sua contínua história de interações trofoláticas seletivas. Estas, de modo dinâmico, encaminham, mantêm ou modificam sua maneira particular de desenvolvimento.

Os processos e mecanismos detalhados da determinação das castas, dos modos de cooperação entre diferentes espécies, de organização territorial, e muitos outros aspectos da vida dos insetos sociais têm motivado muitos estudos. São uma fonte sempre renovada de circunstâncias, que revelam as formas mais inesperadas de acoplamento estrutural entre esses organismos. No entanto, em todas elas é evidente um grau de

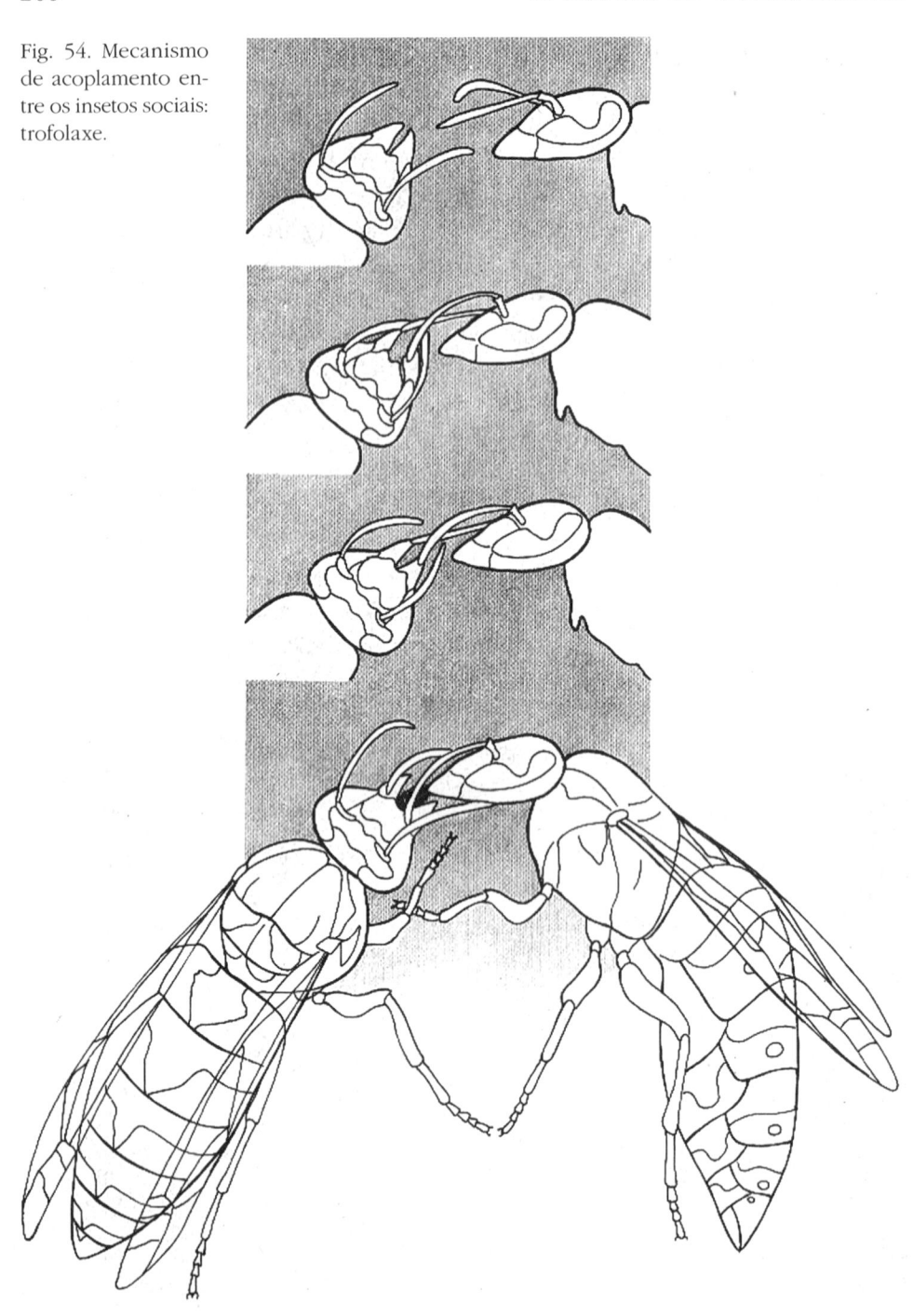

Fig. 54. Mecanismo de acoplamento entre os insetos sociais: trofolaxe.

rigidez e inflexibilidade. Talvez isso não deva surpreender-nos tanto, pois os insetos (como muitos outros invertebrados) estão essencialmente organizados com base numa armadura externa de quitina. No interior dessa armadura se inserem os músculos que a movem. Essa arquitetura implica uma limitação do tamanho máximo que esses animais podem alcançar, e portanto o tamanho de seu sistema nervoso. Nessas circunstâncias, os insetos não se distinguem individualmente por sua variedade comportamental e capacidade de aprendizagem. Por outro lado, os vertebrados têm um esqueleto interno – no qual se inserem os músculos – e são capazes, em princípio, de crescimento prolongado. Assim, não têm uma limitação tão estreita de tamanho. Isso possibilita organismos maiores (mais células), com sistemas nervosos maiores, o que por sua vez permite uma maior diversidade de estados e, portanto, de comportamentos.

Vertebrados sociais

Imaginemos um rebanho de ungulados, como os antílopes, que vivem em terrenos montanhosos. Quem alguma vez tentou aproximar-se deles notou que tão logo se chega a uns cem metros de distância todo o rebanho foge. Em geral, correm até chegar a uma elevação maior, de onde voltam a observar o estranho. No entanto, para passar de um cume a outro precisam percorrer um vale, o que lhes impede a visão do visitante. Aqui se torna evidente um acoplamento social: o rebanho se move numa formação que tem à frente o macho dominante, seguido das fêmeas e dos filhotes.

Na retaguarda vão os outros machos, um dos quais fica para trás, no cume mais próximo, e mantém o estranho sob suas vistas enquanto os demais descem. Assim que chegam a uma nova elevação, ele volta a juntar-se ao rebanho (Fig. 55).

Essa forma peculiar de comportamento, na qual distintos animais cumprem papéis diferentes, permite que os membros desses rebanhos se relacionem em atividades que não lhes seriam possíveis como indivíduos isolados. O exemplo que acabamos de ver se refere à fuga astuciosa, mas é fácil encontrar exemplos do inverso. É o caso dos lobos, que também vivem em grupos, coordenando seus comportamentos por meio de muitas interações olfativas, faciais e corporais, como mostrar os dentes, abaixar as orelhas, mover e abaixar a cauda, como vemos nos cães domésticos. Tal grupo, como unidade social, é capaz de perseguir, acossar e matar um gigantesco alce (Fig. 56), façanha que não estaria à altura de nenhum lobo isolado.

Fig. 55. A fuga como fenômeno social entre os cervos.

Fig. 56. A caça como fenômeno social entre os lobos.

📖 I. De Vore e K.R. Hall, em *Primate Behavior*, Holt, Reinhardt, Winston, New York, 1965, p. 20-53.

Entre esses vertebrados, vemos modos de interação fundamentalmente visuais e auditivos, que lhes permitem gerar um novo domínio de fenômenos que os indivíduos isolados não poderiam produzir. Neste último caso, parecem-se com os insetos sociais, mas diferem deles pela maior flexibilidade dada por seu sistema nervoso e seu acoplamento visual-auditivo.

No caso dos primatas, há situações essencialmente comparáveis. Por exemplo, entre os babuínos que habitam as savanas africanas – e que têm sido minuciosamente estudados em seu comportamento de grupo natural (muito diferente da conduta em cativeiro!) –, ocorre uma contínua e múltipla interação gestual, postural (visual) e tátil entre todos os indivíduos do grupo. Nesse caso, o acoplamento intragrupal tende a estabelecer uma hierarquia de dominação entre os machos. Essa hierarquia (e a coesão do grupo) é nítida quando observamos os animais migrarem de um lugar para outro, ou enfrentar um predador como um leão. Assim, quando o grupo migra, os machos dominantes, as fêmeas e os filhotes vão no centro; outros machos, adultos e jovens, e as fêmeas, colocam-se estrategicamente à frente e atrás (Fig. 57). Durante longas horas do dia, os babuínos costumam brincar e catar pulgas uns nos outros, mantendo uma contínua interação. Nesses grupos, além disso, é possível observar o que se pode chamar de temperamentos individuais, que fazem de alguns babuínos indivíduos irritadiços, outros sedutores, outros exploradores etc. Toda essa diversidade comportamental

Fig. 57. Um grupo de babuínos se desloca.

Os Fenômenos Sociais

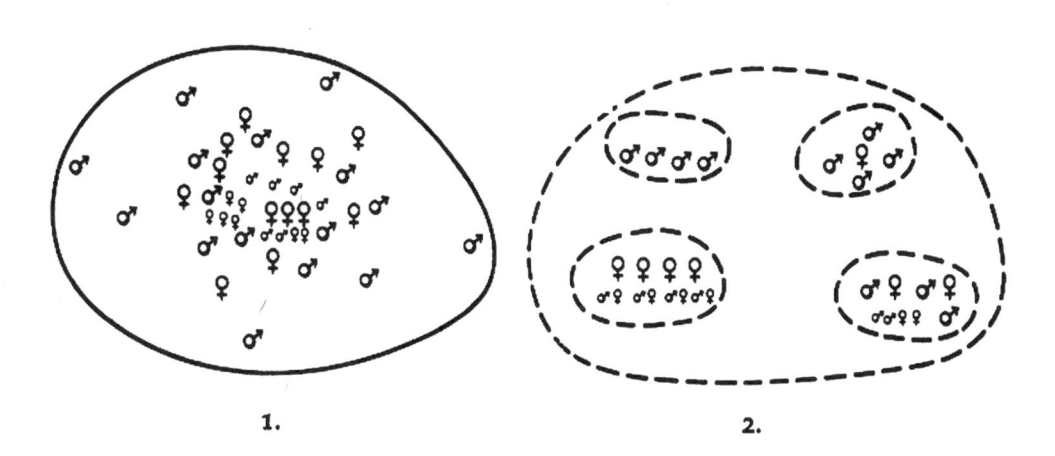

1.

2.

Fig. 58. Esquema comparativo da distribuição de indivíduos babuínos e chimpanzés.

1. Estrutura correspondente aos babuínos habitantes da savana.
   ──── Fronteira de um grupo fechado.
2. Estrutura correspondente aos chimpanzés da selva.
   - - - - - Fronteira de um grupo aberto.

possível dá a cada grupo de babuínos um perfil próprio. Cada indivíduo está continuamente ajustando sua posição na rede de interações formadas pelo grupo, segundo sua dinâmica particular, que resulta de sua história de acoplamento estrutural grupal. Entretanto, mesmo com todas as diferenças, há um estilo de organização grupal dos babuínos que se generaliza de bando a bando e que, desse modo, reflete a linhagem filogenética compartilhada por todos eles.

Diferentes grupos de primatas mostram modos e estilos de interação muito variados. As hamadríades do norte da África são habitualmente muito agressivas, e suas hierarquias de dominação são muito rígidas. Por sua vez, os chimpanzés têm uma organização grupal muito mais fluida e variável e criam grupos familiares extensos, que permitem muita mobilidade individual (Fig. 58). Assim, cada grupo de primatas tem suas peculiaridades.

Fenômenos sociais e comunicação

Entendemos como fenômenos sociais os ligados às unidades de terceira ordem. Apesar da variedade de estilos de acoplamento que temos nos esforçado para apresentar, é evidente que ao falar de fenômenos sociais referimo-nos ao que acontece num tipo particular de unidades. A forma como se realizam as unidades dessa classe varia muito, desde os insetos até os ungulados ou os primatas. O que é comum a todas elas é que, quando se estabelecem acoplamentos de terceira ordem, as unidades resultantes, embora sejam transitórias, geram uma fenomenologia interna específica. **Essa fenomenologia se baseia no fato de que os organismos participantes satisfazem suas ontogenias individuais principalmente por meio de seus acoplamentos mútuos, na rede de interações recíprocas que formam ao constituir as unidades de terceira ordem.** Os mecanismos mediante os quais essa rede e as unidades que a constituem se estabelecem variam em cada caso, mas mantêm sua coesão.

Toda vez que há um fenômeno social há um acoplamento estrutural entre indivíduos. Portanto, como observadores podemos descrever uma conduta de coordenação recíproca entre eles. Entendemos como **comunicação** o desencadeamento mútuo de comportamentos coordenados que se dá entre os membros de uma unidade social. Dessa maneira, entendemos como comunicação uma classe particular de condutas que acontece com ou sem a presença do sistema nervoso, no funcionamento dos organismos nos sistemas sociais. Como acontece com todo comportamento, se pudermos distinguir o caráter instintivo ou aprendido das condutas sociais, poderemos também distinguir entre formas filogenéticas e ontogenéticas de comunicação. Assim, o peculiar da comunicação não é que ela resulte de um mecanismo distinto dos demais comportamentos, mas sim que ocorra no domínio do acoplamento social. Isso vale também para nós, como descritores de nossa própria conduta social, cuja complexidade não significa que nosso sistema nervoso funcione de modo diferente.

O cultural

Um belo caso de comunicação ontogênica é cotidianamente acessível no canto de certos pássaros, entre outros o papagaio e seus parentes próximos. Em geral esses animais vivem na selva densa, em meio à qual não estão em contato visual. Nessas condições, é o seu canto que permite o estabelecimento de um casal, por meio da produção de um cantar comum. Por exemplo, a Fig. 59 mostra o espectrograma de duas aves africanas. (Espectrografia é uma forma de captar o som e pô-lo no papel em duas dimensões, como uma notação musical contínua). Olhando um

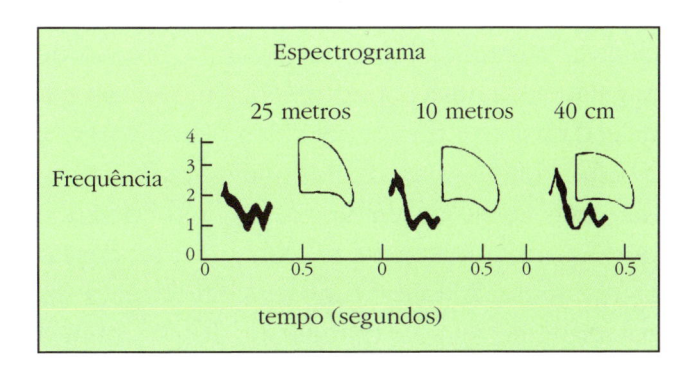

Fig. 59. Dueto vocal entre duas aves africanas.

espectrograma, parece que cada ave canta a melodia completa. Mas isso não acontece: é possível mostrar que ela é na realidade um dueto, em que cada membro do casal constrói uma frase que é continuada pelo outro. Tal melodia é peculiar a cada casal e se torna específica durante a história de seu acasalamento. Nesse caso (diferentemente do que acontece em muitos outros pássaros), essa comunicação, essa coordenação comportamental do canto, é claramente ontogênica.

Com esse exemplo, queremos ressaltar que a melodia específica de cada casal será única em relação à sua história de acasalamento. Se tomarmos outro casal de aves, observaremos que ele especificou uma melodia diferente. Além disso, quando desenvolverem comportamentos de acasalação, os filhotes de cada casal o farão produzindo melodias diferentes das geradas por seus pais. A melodia particular de cada casal limita-se à duração da vida dos indivíduos que a compartilham.

Essa situação é bem diferente de outra conduta, também claramente ontogênica, que podemos ilustrar com um caso registrado na Inglaterra. Há não muitos anos, em Londres e vizinhanças, foram introduzidas novas garrafas de leite cobertas por uma fina lâmina de alumínio, em vez de papelão. Essa nova cobertura era suficientemente delgada para ser furada pelo bico de um pássaro. Assim, poucos dias depois da mudança algumas aves, como os chapins-azuis, aprenderam a perfurar as embalagens e a se alimentar com o creme sobrenadante. O interessante é que esse comportamento se expandiu do foco central a

> ## Fenômenos sociais
>
> Entendemos como **fenômenos sociais** os ligados à participação dos organismos na constituição de unidades de terceira ordem.
>
> ## Comunicação
>
> Como observadores, chamamos de **comunicativos** os comportamentos que ocorrem num acoplamento social, e de **comunicação** à coordenação comportamental que observamos como resultado dela.

todas as ilhas britânicas, de modo que em pouco tempo todos os chapins haviam aprendido o truque de como conseguir um bom desjejum.

Os vertebrados têm uma tendência essencial e única: **a imitação**. Não é fácil dizer exatamente o que é a imitação em termos de fisiologia nervosa, mas ela é óbvia no que se refere ao comportamento. Por meio dessa constituição, o que começou como uma conduta focal de alguns chapins-azuis se espalhou rapidamente. Portanto, a imitação permite que um certo modo de interação vá além da ontogenia de um indivíduo e se mantenha mais ou menos invariante através de gerações sucessivas. Se os filhotes dos chapins-azuis da Grã-Bretanha não fossem capazes de imitar, o hábito de comer a nata das garrafas de leite teria de ser inventado de novo a cada geração.

Outro caso famoso de permanência transgeracional social de um comportamento aprendido

> ## A metáfora do tubo para a comunicação
>
> Nossa exposição nos levou a concluir que do ponto de vista biológico não existe "informação transmitida" na comunicação. Existe comunicação cada vez que há coordenação comportamental num domínio de acoplamento estrutural.
>
> Essa conclusão só é chocante se não questionarmos a metáfora mais comum para a comunicação, que se popularizou com os assim chamados meios de comunicação. Trata-se da metáfora do tubo, segundo a qual a comunicação é algo que se produz num ponto, é levado por um conduto (ou tubo) e é entregue no outro extremo, o receptor. Portanto, há um **algo** que é comunicado e faz parte daquilo que se desloca pelo conduto. Estamos habituados a falar da "informação" contida numa imagem, num objeto ou, de modo mais evidente, na palavra impressa.
>
> Segundo nossa análise, essa metáfora é fundamentalmente falsa, porque supõe a existência de uma unidade não estruturalmente determinada na qual as interações são instrutivas – como se aquilo que acontece a um sistema, durante uma interação, fosse determinado pelo agente perturbador e não pela dinâmica estrutural desse sistema. Mas é evidente, no próprio cotidiano, que a comunicação não acontece assim: cada pessoa diz o que diz ou ouve o que ouve segundo sua própria determinação estrutural. Da perspectiva de um observador, sempre há ambiguidades numa interação comunicativa. O fenômeno da comunicação não depende daquilo que se entrega, mas do que acontece com o receptor. E isso é um assunto muito diferente de "transmitir informação".

registrou-se nos estudos de primatas feitos num arquipélago do Japão, onde se conserva uma reserva de macacos que foram detalhadamente estudados (Fig. 60). Como parte do estudo, os pesquisadores colocaram batatas e trigo na praia. Dessa maneira, os macacos, que normalmente habitam a selva adjacente ao mar, iam para as praias onde se tornavam mais visíveis. Com o passar do tempo eles se familiarizaram cada vez mais com o mar e assim foram mudando de comportamento. Uma das observações feitas ao longo dessas modificações foi que uma fêmea

S. Kawamura, *J. Primatol.* 2:43, 1959.

Altruísmo e egoísmo

O estudo dos acoplamentos ontogênicos entre os organismos e a valorização de sua grande universalidade e variedade apontam-nos um fenômeno próprio do social. Pode-se dizer que quando o antílope fica para trás e se arrisca mais do que os outros é o grupo que se beneficia diretamente, e não necessariamente ele. Também pode ser dito que quando uma formiga operária não se reproduz e, em vez disso, ocupa-se de conseguir alimento para todas as crias do formigueiro, trata-se de novo do grupo como beneficiado e não dela diretamente.

Tudo acontece como se houvesse um equilíbrio entre a manutenção e a subsistência individual, e a manutenção e a subsistência do grupo como unidade mais ampla, que engloba o indivíduo. De fato, na deriva natural se consegue um equilíbrio entre o individual e o coletivo, na medida em que os organismos – ao acoplar-se estruturalmente em unidades de ordem superior (que têm seu próprio domínio de existência) – incluem a manutenção dessas estruturas na dinâmica de sua própria manutenção.

Os etólogos chamaram de "altruístas" as ações que podem ser descritas como tendo efeitos benéficos sobre o coletivo, escolhendo assim um termo que evoca uma forma de comportamento humano carregada de conotações éticas. Isso aconteceu talvez porque eles adquiriram, vinda do século 19, a ideia de que a natureza era "vermelha nos dentes e nas garras", como disse um contemporâneo de Darwin. Muitas vezes ouvimos que as propostas de Darwin têm a ver com a lei da selva: cada um cuida de seus próprios interesses, de modo egoísta e às custas dos demais, numa implacável competição.

Essa visão do animal como um ser egoísta é duplamente falsa. Em primeiro lugar, porque a história natural nos diz que não é assim, seja por onde for que a olhemos. As instâncias de comportamento que podem ser descritas como altruístas são quase universais. Em segundo lugar, essa ideia é falsa porque os mecanismos que podem ser postulados para entender a deriva animal não requerem, em absoluto, essa visão individualista, na qual o benefício de um indivíduo implica o prejuízo de outro. Do contrário, seria uma inconsistência.

Com efeito, ao longo deste livro vimos que a existência do ser vivo na deriva natural – tanto ontogenética quanto filogenética – não acontece na competição e sim na conservação da adaptação. É um encontro individual com o meio que resulta na sobrevivência do apto. Nós, como observadores, podemos mudar de nível de referência em nossa observação e considerar também a unidade grupal de que participam os indivíduos. Para esta, em sua dinâmica como unidade, a conservação da adaptação é também necessariamente válida em seu domínio de existência. Para o grupo como unidade, os componentes individuais são irrelevantes e todos eles são, em princípio, substituíveis por outros que possam cumprir as mesmas relações. Por outro lado, para os componentes como seres vivos, a individualidade é sua condição de existência. É importante não confundir esses dois níveis fenomênicos para a plena compreensão dos fenômenos sociais. O comportamento do antílope, ao ficar atrás, tem a ver com a conservação do grupo e expressa características próprias desses animais em seu acoplamento grupal, na medida em que o grupo existe como unidade. Ao mesmo tempo, porém, essa conduta altruísta em relação à unidade grupal se realiza no antílope individual, como resultado de seu acoplamento estrutural num meio que inclui o grupo. Expressa, assim, a conservação de sua adaptação como indivíduo. Portanto, não há contradição no comportamento do antílope, na medida em que ele se realiza, em sua individualidade, como membro do grupo: é "altruisticamente" egoísta e "egoisticamente" altruísta, porque sua realização individual inclui sua pertença em relação ao grupo que integra.

Todas essas considerações são também válidas para o domínio humano, embora modificadas segundo as características da linguagem como modo de acoplamento social dos seres humanos, como veremos adiante.

Organismos e sociedades

Os organismos e as sociedades pertencem à mesma classe de metassistemas formados pela agregação de unidades autônomas, que podem ser celulares ou metacelulares. O observador pode distinguir os diferentes metassistemas membros dessa classe pelos diversos graus de autonomia que percebe como possíveis em seus componentes. Assim, se ele os ordena em série, segundo o grau em que seus componentes dependem – na sua realização como unidades autônomas – de sua participação no metassistema que integram, os organismos e os sistemas sociais humanos se colocarão nos extremos opostos da série. Os organismos seriam metassistemas com componentes de autonomia mínima, ou seja, com componentes de muito pouca ou nenhuma dimensão de existência independente. Já as sociedades humanas seriam metassistemas com componentes de autonomia máxima, isto é, com componentes de muitas dimensões de existência independente. As sociedades formadas por outros metacelulares, como as de insetos, ficariam situadas em diferentes pontos intermediários. No entanto, as diferenças entre esses diversos metassistemas são operacionais. Dadas algumas transformações nas respectivas dinâmicas internas e de relação, eles podem deslocar-se em uma ou em outra direção da série. Vejamos agora as diferenças entre os organismos e os sistemas sociais humanos.

Na qualidade de sistemas metacelulares, os organismos têm clausura operacional, que acontece no acoplamento estrutural das células que os compõem. Na organização de um organismo, o central está em sua maneira de ser unidade num meio em que deve funcionar com propriedades estáveis que lhe permitam conservar sua adaptação nele, quaisquer que sejam as propriedades de seus componentes. A consequência evolutiva fundamental dessa circunstância é que a conservação da adaptação dos organismos de uma determinada linhagem seleciona, de modo recorrente, a estabilização das propriedades das células que o compõem. A estabilidade genética e ontogenética dos processos celulares que constituem os organismos de cada espécie – e também a existência de processos orgânicos que podem eliminar as células que saem da norma – mostram que é assim que as coisas acontecem.

Nos sistemas sociais humanos o quadro é diferente. Como comunidades humanas eles também têm clausura operacional, que ocorre no acoplamento estrutural de seus componentes. No entanto, os sistemas sociais humanos também existem como unidades para seus componentes no domínio da linguagem. A identidade dos sistemas sociais humanos depende, portanto, da conservação da adaptação dos seres humanos não apenas como organismos – num sentido geral –, mas também como componentes dos domínios linguísticos que eles constituem. Pois bem: por estar associada a seus comportamentos linguísticos, a história evolutiva do homem é uma história na qual se selecionou a plasticidade comportamental ontogênica que torna possível os domínios linguísticos – e na qual a conservação da adaptação do ser humano como organismo requer que ele funcione nesses domínios e conserve essa plasticidade. Dessa maneira, assim como a existência de um organismo requer a estabilidade operacional de seus componentes, a existência de um sistema social humano exige a plasticidade operacional (comportamental) desse sistema. Os organismos requerem um acoplamento estrutural não linguístico entre seus componentes; os sistemas sociais exigem componentes acoplados estruturalmente em domínios linguísticos, nos quais eles (os componentes) possam operar com a linguagem e ser observadores. Em consequência, para o funcionamento de um organismo o ponto central é ele próprio – e disso resulta a restrição das propriedades de seus componentes. Já para a operação de um sistema social humano, o ponto central é o domínio linguístico gerado por seus componentes e a ampliação das propriedades destes. Essa condição é necessária para a realização da linguagem, que constitui seu domínio de existência. O organismo restringe a criatividade individual das unidades que o integram, pois estas existem para ele; o sistema social humano amplia a criatividade individual de seus componentes, pois esta existe para eles.

A coerência e a harmonia nas relações e interações dos componentes de cada organismo específico se devem, em seu desenvolvimento individual, a fatores genéticos e ontogênicos que demarcam a plasticidade estrutural de seus componentes. A coerência e a harmonia nas relações e interações dos integrantes de um sistema social devem-se à coerência e à harmonia de seu crescimento em meio a ele. Isso ocorre numa contínua aprendizagem social, que é definida por seu próprio funcionamento social (linguístico), e que é possível graças aos processos genéticos e ontogênicos que permitem sua plasticidade estrutural.

Organismos e sistemas sociais humanos são, pois, casos opostos na série de metassistemas formados pela agregação de sistemas celulares de qualquer ordem. Entre eles estão – além de diversos tipos de sistemas sociais formados por outros animais – certas comunidades humanas. Por incorporar mecanismos coercitivos de estabilização a todas as dimensões do comportamento de seus membros, tais comunidades constituem sistemas sociais humanos desvirtuados, que perderam suas características específicas e despersonalizaram seus componentes. Assumiram, assim, a forma de organismos, como foi o caso de Esparta. Organismos e sistemas sociais humanos não podem, pois, equiparar-se sem distorcer ou negar as características próprias de seus respectivos componentes.

Qualquer análise da fenomenologia social humana que não leve em conta as considerações acima será deficiente, porque negará os fundamentos biológicos dessa fenomenologia.

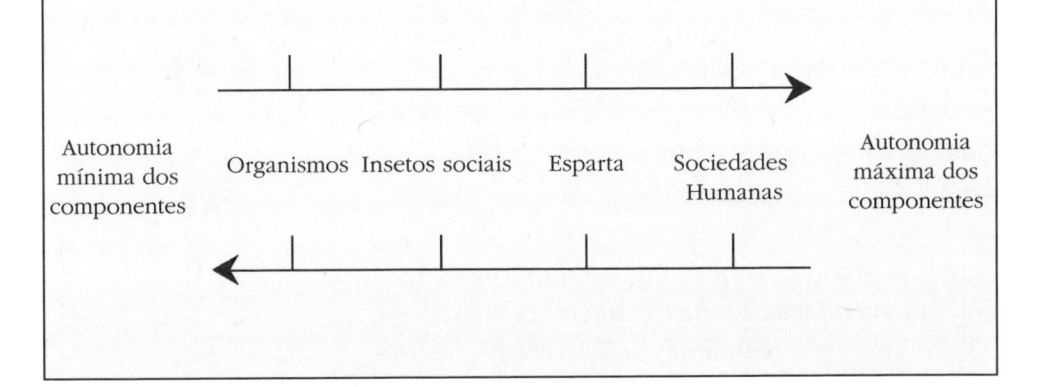

| Autonomia mínima dos componentes | Organismos | Insetos sociais | Esparta | Sociedades Humanas | Autonomia máxima dos componentes |

Fig. 60. Macaco do Japão lava suas batatas.

inteligente, chamada Imo, um dia descobriu que podia lavar as batatas na água, removendo delas a areia que as tornava incômodas para comer. Em questão de dias, os outros macacos, em especial os jovens, passaram a imitá-la e lavavam suas batatas. Em pouco meses, esse novo comportamento se estendeu a todas as colônias adjacentes.

Imo revelou-se uma macaca verdadeiramente brilhante, porque alguns meses depois de ter inventado a lavagem das batatas criou outra conduta, que consistia em tomar o trigo misturado com a areia – e portanto difícil de comer –, mergulhá-lo no mar, deixar que a areia caísse no fundo e recolhê-lo, já limpo, à superfície. Essa segunda invenção de Imo, assim como a anterior, expandiu-se gradualmente pelas colônias da ilha.

> **Conduta cultural**
>
> Entendemos por **conduta cultural** a estabilidade transgeracional de configurações comportamentais ontogeneticamente adquiridas na dinâmica comunicativa de um meio social.

Os mais velhos eram sempre os mais lentos para adquirir a nova forma de comportamento.

Chamaremos de condutas **culturais** as configurações comportamentais que, adquiridas ontogeneticamente na dinâmica comunicativa de um meio social, são estáveis através de gerações. Esse nome não deve surpreender, porque se refere precisamente a todo o conjunto de interações comunicativas de determinação ontogenética que permitem uma certa invariância na história de um grupo, ultrapassando a história particular dos indivíduos participantes. A imitação e a contínua seleção comportamental intragrupal desempenham aqui um papel essencial, na medida em que tornam possível o estabelecimento do acoplamento dos jovens com os adultos, por meio do qual é especificada uma certa ontogenia, que se expressa no fenômeno cultural. Assim, a conduta cultural não representa uma forma essencialmente distinta em relação ao mecanismo que a possibilita. O cultural é um fenômeno que se viabiliza como um caso particular de comportamento comunicativo.

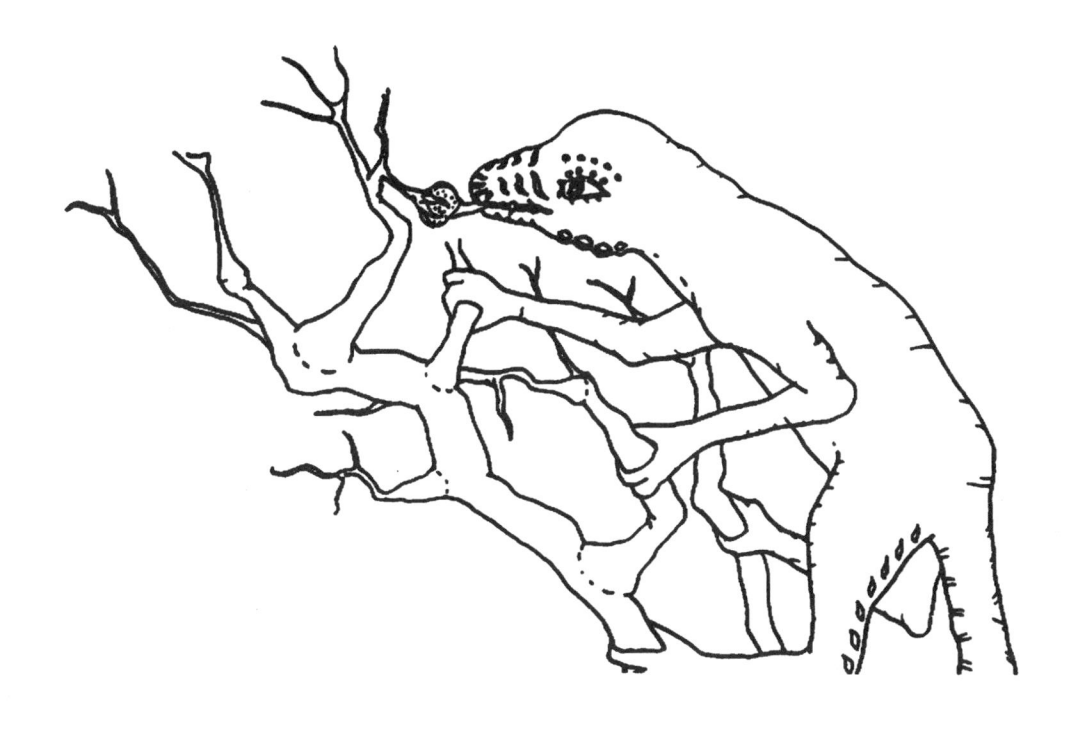

10
- conhecer o conhecer
- ética

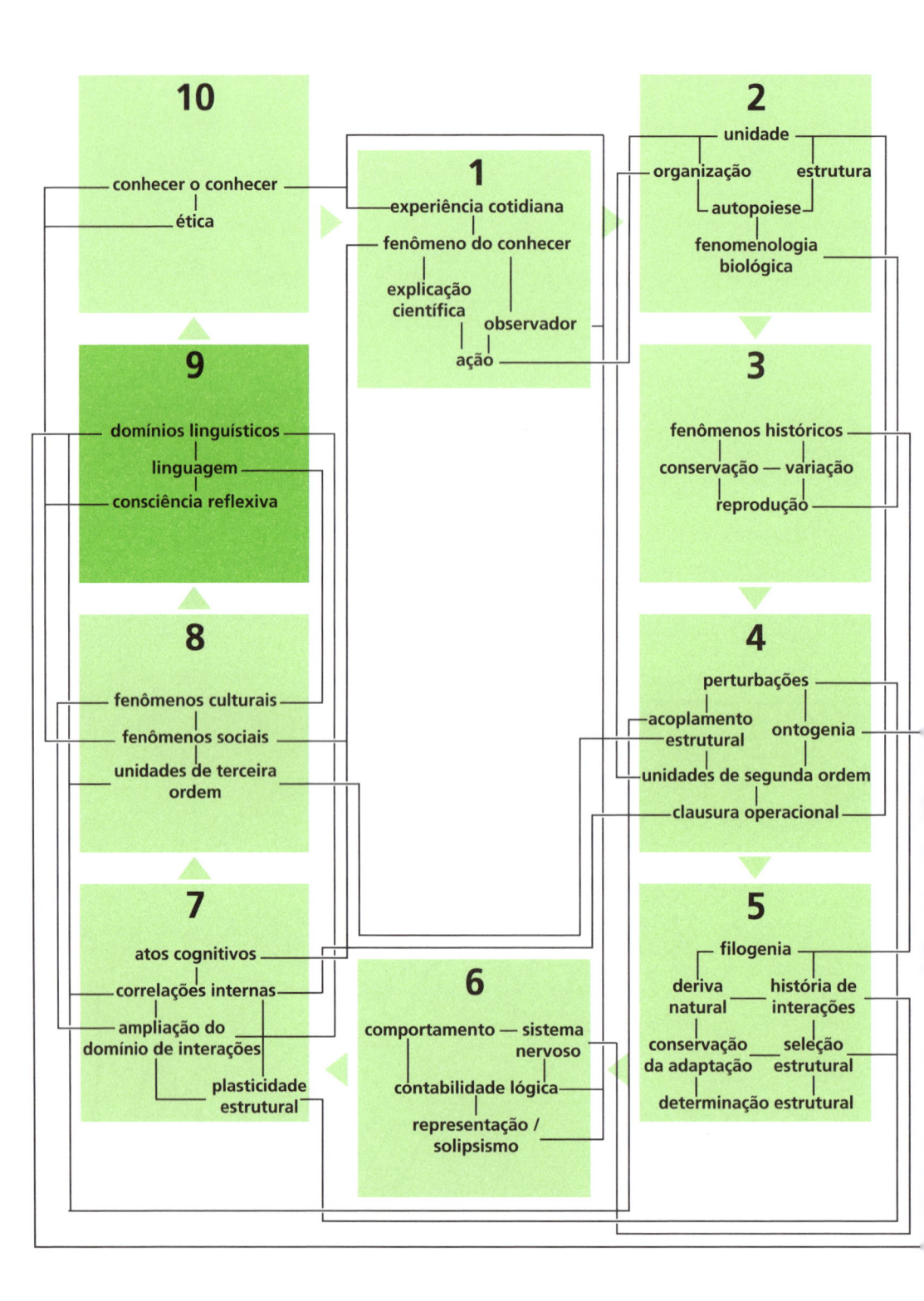

1
- experiência cotidiana
- fenômeno do conhecer
- explicação científica
- observador
- ação

2
- unidade
- organização — estrutura
- autopoiese
- fenomenologia biológica

3
- fenômenos históricos
- conservação — variação
- reprodução

9
- domínios linguísticos
- linguagem
- consciência reflexiva

8
- fenômenos culturais
- fenômenos sociais
- unidades de terceira ordem

4
- perturbações
- acoplamento estrutural
- ontogenia
- unidades de segunda ordem
- clausura operacional

7
- atos cognitivos
- correlações internas
- ampliação do domínio de interações
- plasticidade estrutural

6
- comportamento — sistema nervoso
- contabilidade lógica
- representação / solipsismo

5
- filogenia
- deriva natural
- história de interações
- conservação da adaptação
- seleção estrutural
- determinação estrutural

IX DOMÍNIOS LINGUÍSTICOS E CONSCIÊNCIA HUMANA

Fig. 61. Hieróglifos egípcios.

O gato de um amigo nosso o acordava todas as manhãs ao nascer do sol, caminhando sobre o piano. Se esse amigo se levantava, encontrava-o junto à porta que dava para o jardim para que ele a abrisse, e então saía, muito contente. Se o nosso amigo não se levantasse, o gato voltava a andar sobre o teclado, produzindo um ruído não muito harmonioso.

Seria perfeitamente natural descrever o comportamento desse gato como se ele "significasse" o desejo de que seu dono o deixasse sair para o jardim. Isso corresponderia a fazer uma descrição **semântica** dos comportamentos de nosso amigo e de seu gato. No entanto, sabemos também que as interações deles só ocorreram como um desencadeamento mútuo de mudanças de estado, segundo suas respectivas determinações estruturais. Trata-se de uma nova ocasião para manter a clareza da nossa contabilidade lógica e poder caminhar sobre o fio da navalha, fazendo a diferença entre o modo de operar de um organismo e a descrição de seus comportamentos.

Sem dúvida, há muitas circunstâncias, como a do nosso amigo, em que podemos aplicar uma descrição semântica a um fenômeno social. Isso se faz frequentemente como um recurso literário ou metafórico, que torna a situação comparável a uma interação linguística humana, como nas fábulas. Tal circunstância requer um exame mais preciso.

Descrições semânticas

No último capítulo, vimos que dois ou mais organismos, ao interagir de modo recorrente, geram um acoplamento no qual se envolvem reciprocamente na realização de suas respectivas autopoieses. Dissemos que os comportamentos que ocorrem nesses domínios de acoplamentos sociais são comunicativos e podem ser inatos ou adquiridos. Para nós, como observadores, o estabelecimento ontogênico de um domínio de condutas comunicativas pode ser descrito como o estabelecimento de um domínio de comportamentos coordenados associáveis a termos semânticos. Isto é, como se o determinante da coordenação comportamental assim produzida fosse o significado do que o observador pode ver nas condutas, e não no acoplamento estrutural dos participantes. É essa qualidade dos comportamentos comunicativos ontogênicos – de **poderem aparecer** como semânticos para um observador – que trata cada elemento comportamental como se fosse uma palavra que permite relacionar essas condutas à linguagem humana. É tal condição que ressaltamos, ao designar essa espécie de classe de condutas como constituintes de um **domínio linguístico** que se forma entre os organismos participantes.

O leitor não precisa de exemplos de domínios linguísticos. Vimos vários deles no capítulo anterior. Mas não os assinalamos dessa maneira, porque o tema era o social em geral. Por exemplo, o cantar em dueto é um exemplo elegante de interação linguística. Um bom exercício para o leitor será voltar atrás e rever o capítulo anterior, com o olhar disposto a descobrir quais dos comportamentos comunicativos ali descritos podem ser tratados como linguísticos, e verificar como neles surge a possibilidade de descrições semânticas.

Notemos que a escolha dessa designação – como o termo "ato cognitivo", que vimos anteriormente – não é arbitrária. Equivale a afirmar que os comportamentos linguísticos humanos são, de fato, condutas que ocorrem num domínio de acoplamento estrutural ontogênico que nós, seres humanos, estabelecemos e mantemos como resultado de nossas ontogenias coletivas. Em outros termos, quando descrevemos as palavras como designadoras de objetos ou situações no mundo, fazemos, como observadores, uma descrição de um acoplamento estrutural que não reflete o funcionamento do sistema nervoso, pois este não funciona com representações de mundo.

Em contraste, as condutas comunicativas instintivas – cuja estabilidade depende da estabilidade genética da espécie, e não da cultural – não constituem, de acordo com o que dissemos, um domínio linguístico. Isso acontece justamente porque as condutas linguísticas são a expressão de um acoplamento estrutural ontogênico. A chamada "linguagem" das abelhas, por exemplo, não é uma linguagem, mas um caso misto de comportamento instintivo e linguístico. Trata-se de uma coordenação comportamental fundamentalmente filogenética, que apresenta algumas variações grupais, ou "dialetos", de determinação ontogênica.

Por esse ângulo, o caráter aparentemente tão arbitrário dos termos semânticos (existe alguma relação entre a palavra "mesa" e o objeto **mesa**?) é algo totalmente previsível e consistente com o mecanismo subjacente ao acoplamento estrutural. Com efeito, os modos como se estabelecem,

> ### Domínio linguístico
>
> Toda vez que um observador descreve os comportamentos de interação de organismos como se o significado que ele acredita que essas condutas têm para os participantes determinasse o curso de tais interações, ele faz uma descrição em termos semânticos.
>
> Chamamos de **linguística** uma conduta comunicativa ontogênica, ou seja, um comportamento que ocorre num acoplamento estrutural ontogênico entre organismos, e que pode ser descrito em termos semânticos por um observador.
>
> Chamamos de **domínio linguístico** de um organismo ao âmbito de todos os seus comportamentos linguísticos. Os domínios linguísticos são em geral variáveis e mudam ao longo das ontogenias dos organismos que os produzem.

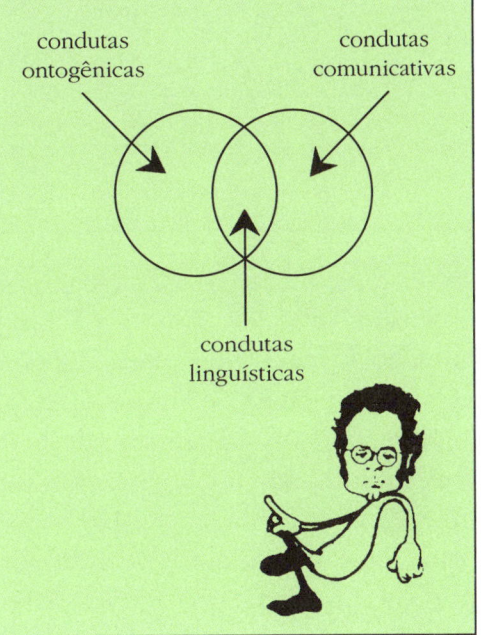

entre os organismos, as recorrências de interações que levam a uma coordenação comportamental podem ser inúmeros ("mesa", *table, Tafel*). O que importa é como suas estruturas acolhem essas interações e não os próprios modos de interação. Se não fosse assim, os surdos-mudos não teriam linguagem, por exemplo. Trata-se, efetivamente, de uma deriva cultural, na qual – como na deriva filogenética dos seres vivos – não há um desenho, e sim um arcabouço *ad hoc*, que vai sendo constituído com o que se dispõe a cada momento.

Com essas determinações *in mentis*, se observarmos a história natural, veremos que, embora o homem não seja o único possuidor de um domínio

> **A linguagem**
>
> Operamos na linguagem quando um observador percebe que temos como objetos de nossas distinções linguísticas elementos do nosso domínio linguístico.

linguístico, este é muito mais abrangente no ser humano e inclui bem mais dimensões de sua vida do que ocorre com qualquer outro animal.

Não faz parte da intenção deste livro discutir em profundidade todas as muitas dimensões da linguagem humana, o que por si só geraria outro volume. No entanto, para nossos propósitos podemos identificar a característica-chave da linguagem, que modifica de maneira tão radical os domínios comportamentais humanos, possibilitando novos fenômenos, como a reflexão e a consciência. Essa característica é que a linguagem permite, a quem funciona nela, **descrever a si mesmo** e à sua circunstância. É a esse respeito que falaremos neste capítulo.

Ao observar o comportamento de outros animais (humanos ou não) num domínio linguístico, vimos que nós, como observadores, podemos tratar suas interações de maneira semântica, como se elas assinalassem ou denotassem algo do meio. Ou seja, num domínio linguístico podemos sempre tratar a situação como se estivéssemos fazendo uma descrição do meio comum aos organismos em interação. No caso humano, para o observador as palavras em geral denotam elementos do domínio comum entre seres humanos, sejam objetos, estados de ânimo, intenções e assim por diante. Em si essa condição não é peculiar ao homem, embora sua variedade de termos semânticos seja muito maior do que a dos outros animais. O fundamental, no caso do homem, é que o observador percebe que **as descrições podem ser feitas tratando outras descrições como se fossem objetos ou elementos do domínio de interações**. Ou seja, o próprio domínio linguístico passa a ser parte do meio de possíveis interações. **Somente quando se produz essa reflexão linguística existe linguagem**, o observador surge e os organismos participantes de um domínio linguístico passam a funcionar num domínio semântico. Do mesmo modo, é só quando isso acontece que o domínio semântico passa a ser parte do meio no qual os que nele operam conservam sua adaptação. Isso acontece a nós, humanos: existimos em nosso funcionamento na linguagem, e conservamos nossa adaptação no domínio de significados que isso faz surgir. Fazemos descrições das descrições que fazemos... (como o faz esta frase)... Somos observadores e existimos num domínio semântico criado pelo nosso modo linguístico de operar.

Nos insetos, como já vimos, a coesão da unidade social é proporcionada por uma interação química, a trofolaxe. Entre nós, humanos, a "trofolaxe" social é a linguagem, que faz com que existamos num mundo sempre aberto de interações linguísticas recorrentes. Quando se tem uma linguagem, não há limites para o que é possível descrever, imaginar, relacionar. A linguagem permeia, de modo absoluto, toda a nossa ontogenia como indivíduos, desde o modo de andar e a postura até a política. Contudo, antes de examinar em profundidade essas consequências da linguagem, vejamos primeiro como foi possível o seu aparecimento na deriva natural dos seres vivos.

História natural da linguagem humana

Durante muitos anos, existiu em nossa cultura um dogma de que a linguagem era absoluta e exclusivamente um privilégio humano, a anos-luz de distância da capacidade de outros animais. Em tempos mais recentes, essa ideia começou a abrandar-se de um modo notável. Em parte, isso se deve a estudos cada vez mais numerosos sobre a vida animal, que revelam em algumas espécies – como os macacos e os golfinhos – possibilidades muito mais ricas que as que nos sentíamos inclinados a reconhecer neles. Mas, sem dúvida, o que mais contribuiu para esse abrandamento foi o fato de que os primatas superiores são capazes de aprender a interagir linguisticamente conosco de uma maneira cada vez mais ampla.

É de supor que desde épocas antigas o homem tenha tentado ensinar a fala a macacos como os chimpanzés, tão parecidos com ele. Entretanto, foi só na década de 1930 que a literatura científica registrou um propósito sistemático, por parte do casal Kellog, nos Estados Unidos. Eles criaram um chimpanzé ao lado de seu próprio filho, com a intenção de ensiná-lo a falar. Foi um fracasso quase completo. O animal era incapaz de reproduzir as modulações vocais necessárias à fala. No entanto, vários anos depois, outro casal

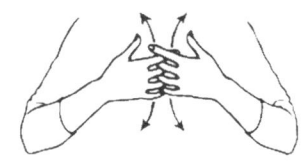

Fig. 62. O Ameslan não é uma linguagem fonética e sim "ideográfica". Aqui, o gorila Koko aprende o gesto correspondente a "máquina".

📖 R.A. Gardner e B.T. Gardner, *Science* 165: 664, 1969.

nos EUA – os Gardner – pensou que o problema podia estar não na capacidade linguística do animal, mas no fato de que suas habilidades não eram vocais e sim gestuais, o que é proverbial nos macacos. Dessa maneira, decidiram repetir o experimento dos Kellog. Mas dessa vez utilizaram como sistema de interações linguísticas o Ameslan, que é um idioma gestual mais rico e mais amplo, internacionalmente utilizado pelos surdos-mudos (Fig. 62). Washoe, o chimpanzé dos Gardner, revelou que não só podia aprender o Ameslan como se tornou hábil com ele, de tal modo que era tentador dizer que o animal aprendera a "falar". O experimento começara em 1966, quando Washoe tinha um ano. Ao completar 5, ele havia aprendido um repertório de cerca de duzentos gestos, incluindo alguns que equivaliam às funções de verbos, adjetivos e substantivos da linguagem falada (Fig. 63).

Fig. 63. Interação linguística interespecífica.

Pois bem, o simples fato de aprender a fazer certos movimentos com a mão para receber as respectivas recompensas não é por si mesmo uma grande façanha, como sabe qualquer treinador de circo. A pergunta é: Washoe usava esses gestos de tal maneira que convencessem a quem o observava de que se tratava de uma linguagem, como é evidente quando se conversa em Ameslan com um surdo-mudo? Quinze anos depois – após muitas horas de pesquisa, e muitos outros chimpanzés e gorilas treinados por diversos grupos –, a resposta ainda é acaloradamente controvertida. Porém, tudo parecia indicar que Washoe – como outros de seus congêneres – adquirira de fato uma linguagem.

Em certas ocasiões, por exemplo – embora até hoje poucas –, esses animais foram capazes de combinar seu limitado repertório de gestos para criar novas gestualidades, que pareceram adequadas no contexto das observações. Assim, de acordo com Lucy, outra chimpanzé treinada com Washoe, uma melancia era uma "fruta-beber" ou um "doce-beber", e um rabanete forte era uma "comida-chorar-forte". E, embora lhe houvessem ensinado um gesto para "geladeira", Washoe preferia usar a proposição "abrir-comer-beber". Significaria isso que Washoe e Lucy estariam refletindo sobre suas ações e revelando recorrências por meio do Ameslan?

O fato de que um primata possa interagir usando os gestos do Ameslan não implica necessariamente que ele possa fazer uso de sua reflexibilidade potencial para distinguir elementos no domínio linguístico como se fossem objetos, como fazem os humanos. Por exemplo, num experimento recente, comparou-se a habilidade de três chimpanzés, todos eles treinados em formas de interação linguística essencialmente equivalentes ao Ameslan. Um deles – Lana – diferia dos outros dois – Sherman e Austin – porque o treinamento destes dera especial ênfase ao uso prático dos signos e objetos na manipulação do mundo por chimpanzés, durante suas interações com os humanos e entre eles próprios. Lana, ao contrário, aprendera uma forma de interações linguísticas mais estereotipadas, por meio de um computador, na qual a ênfase era mais sobre a associação de signos com objetos. O experimento consistia em ensinar os três animais a distinguir duas classes de objetos: comestíveis e não comestíveis (Fig. 64), que deveriam separar em duas bandejas. A seguir, eles receberam uma nova série de objetos

E.S. Savage-Rumbaugh, D.M. Rumbaugh, S.T. Smith e J. Lawson, *Science*, 210: 922, 1981.

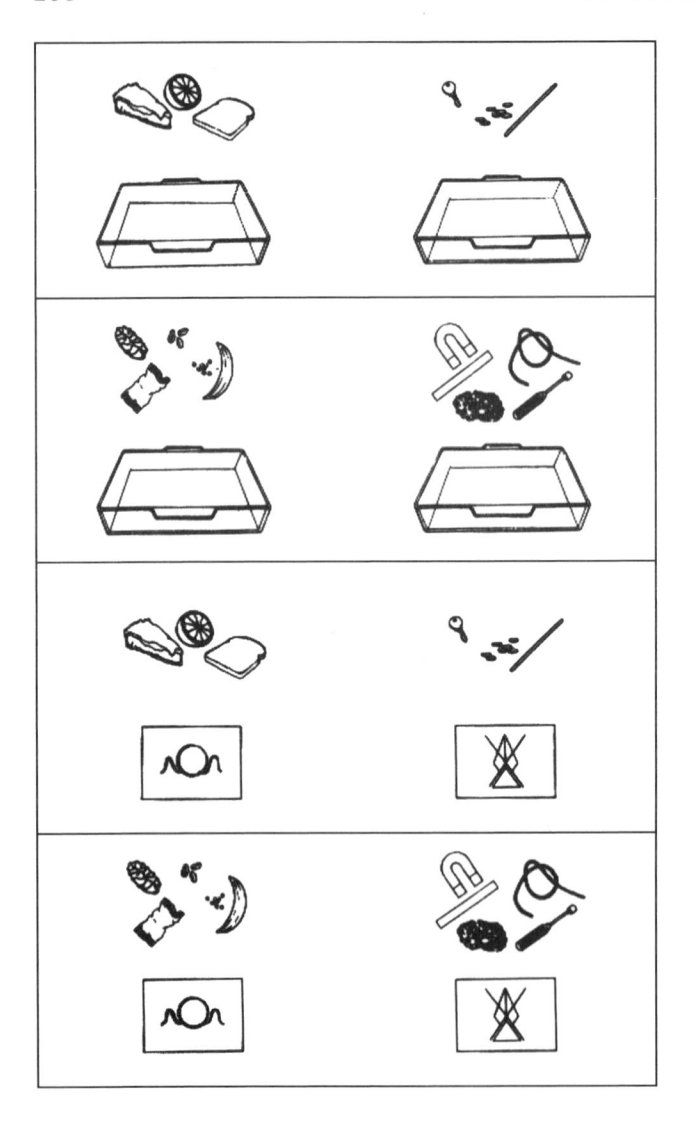

e lhes pediram que os pusessem nas bandejas correspondentes. Nenhum desses animais teve problemas para realizar sua tarefa. O passo seguinte foi mostrar a eles imagens visíveis – ou lexicogramas – do comestível e do não comestível, e depois pedir-lhes que classificassem

Fig. 64. Capacidade de generalização, segundo diferentes histórias de aprendizagem linguística.

corretamente os diferentes objetos segundo esses lexicogramas. Por fim, a prova era associar corretamente o lexicograma a uma nova série de objetos. Nesse novo experimento, Lana fracassou dramaticamente, em comparação com seus congêneres.

O experimento revelou que Lana operava num domínio linguístico, sem utilizar os elementos deste para nele fazer distinções, como ocorre quando se transferem ou se generalizam categorias. Por sua vez, Sherman e Austin eram capazes disso, como mostrara o experimento anterior. Tornou-se claro que eles haviam sido treinados num contexto interativo e exploratório de operacionalidade linguística mais rica, por envolver diretamente a convivência com outros animais e não apenas um computador. Isso fez uma diferença fundamental em suas ontogenias em relação à de Lana.

Todos esses estudos sobre as capacidades linguísticas dos primatas superiores – o gorila também é capaz de aprender a interagir com os signos do Ameslan – são muito importantes para a compreensão da história linguística do homem. Com efeito, esses animais pertencem a linhagens paralelas e muito próximas à nossa, e se parecem tanto conosco que 98% de seu material genético nuclear se superpõe ao humano. Essa pequena diferença de componentes, contudo, é responsável pelas grandes diferenças nos modos de vida que caracterizaram as linhagens dos hominídeos e dos grandes macacos, ou antropoides. Num caso, elas levaram ao desenvolvimento habitual da linguagem, e no outro não. Assim, quando submetidos a um acoplamento linguístico rico

– como aconteceu com Washoe –, esses animais são capazes de entrar nele. Mas a magnitude e o caráter dos domínios linguísticos em que participam se revelam limitados. Não sabemos se isso se deve a limitações linguísticas intrínsecas ou ao âmbito de suas preferências comportamentais. Com efeito, esse fato não nos deve surpreender, pois sabemos que a divergência histórica entre hominídeos e antropoides deve ter envolvido diferenças estruturais no sistema nervoso, associadas a seus modos de vida tão distintos.

Não conhecemos com precisão, e talvez não conheçamos nunca, os detalhes da história das transformações estruturais dos hominídeos. Infelizmente, a vida social e linguística não deixa fósseis e não é possível reconstruí-la. O que podemos dizer é que as mudanças nos primeiros hominídeos, que tornaram possível o aparecimento da linguagem, têm a ver com sua história de animais sociais, de relações interpessoais afetivas e estreitas, associadas à coleta e à partilha de alimentos. Neles coexistiam as atividades aparentemente contraditórias de ser parte integrante de um grupo muito ligado e, ao mesmo tempo, sair e afastar-se por períodos mais ou menos longos, coletando e caçando. Uma "trofolaxe" linguística com capacidade de tecer (recursivamente) uma trama de descrições é um mecanismo que permite a coordenação comportamental ontogênica, como um fenômeno que admite um caráter cultural, ao permitir que cada indivíduo "leve" o grupo consigo, sem necessidade de interações físicas contínuas com ele. Examinemos isso um pouco mais de perto.

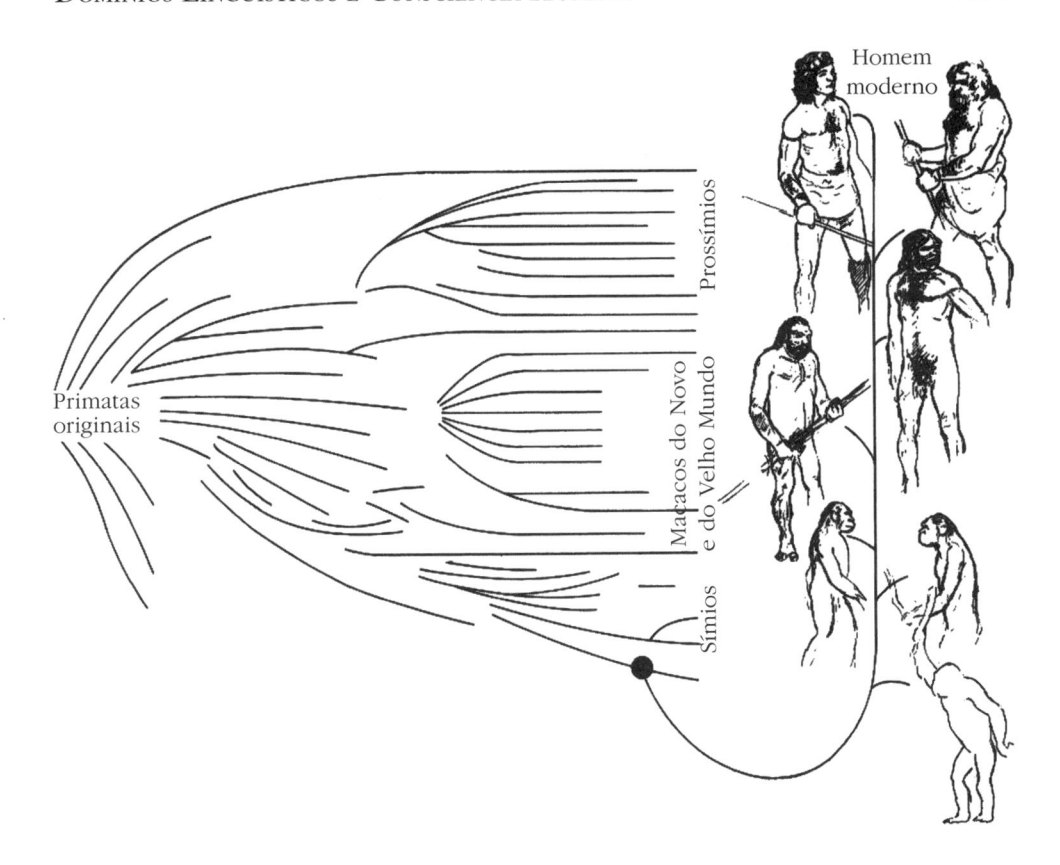

Fig. 65. Nossa linhagem.

A linhagem de hominídeos à qual pertencemos tem mais de quinze milhões de anos (Fig. 65). No entanto, não foi senão há cerca de três milhões de anos que se consolidaram os traços estruturais essencialmente idênticos aos atuais. Entre os mais importantes: o andar bípede e ereto, o aumento da capacidade craniana (Fig. 66), uma conformação dentária específica – associada à alimentação onívora, mas baseada principalmente em sementes e nozes – e a substituição dos ciclos estrais de fertilidade das fêmeas por menstruações. Estas fizeram com que a sexualidade feminina se tornasse contínua e não mais sazonal, e possibilitou a cópula face a face. É certo que nem todas essas transformações – que distinguem os hominídeos de outros primatas – aconteceram de modo simultâneo, mas sim em momentos e ritmos distintos, ao longo de vários milhões de anos. Em algum período, enquanto ocorriam essas transições, o enriquecimento do domínio linguístico associado a uma sociabilidade recorrente levou à produção da linguagem.

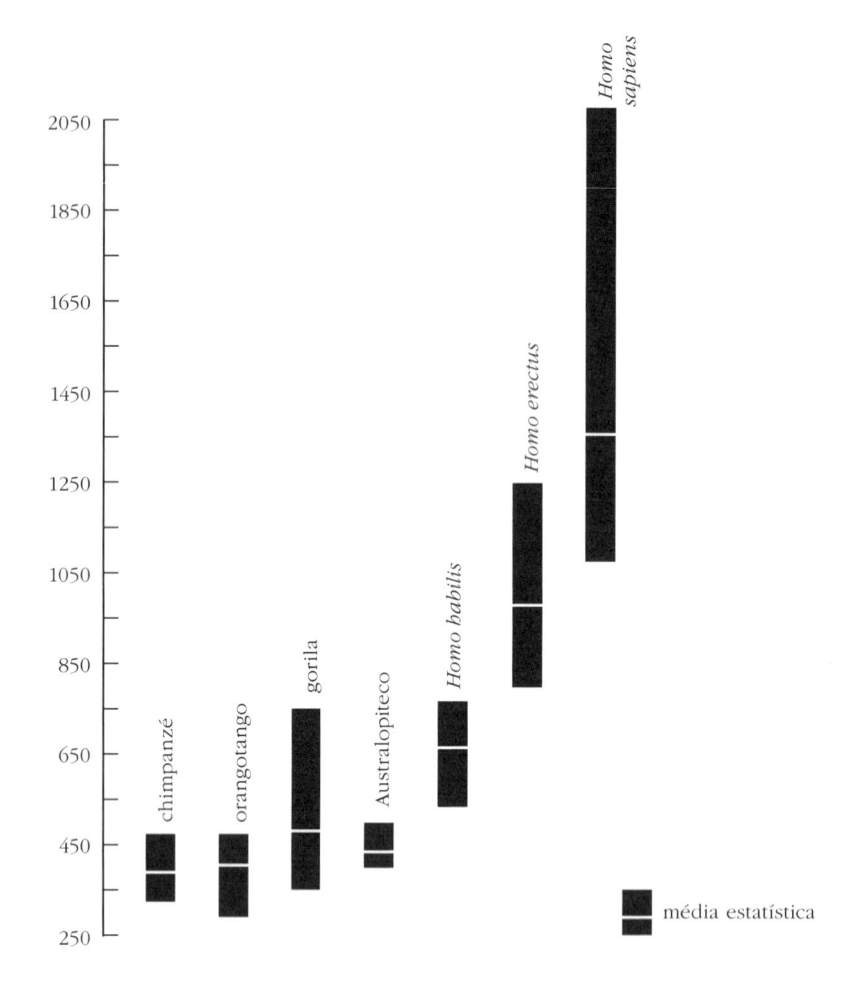

Fig. 66. Comparação da capacidade craniana dos hominídeos.

Podemos imaginar esses primeiros hominídeos como seres que viviam em pequenos grupos ou famílias extensas, em constante movimento pela savana (Fig. 67). Alimentavam-se sobretudo do que coletavam: sementes duras – nozes, bolotas –, mas também da caça ocasional. Como seu andar era bípede, tinham as mãos livres para carregar tais alimentos por longos trechos até seu grupo de base, e não eram obrigados a levá-los no aparelho digestivo, como todo o resto do reino animal. Os achados fósseis indicam que seu comportamento de transportadores era parte integrante da conformação de uma vida social na qual fêmea e macho – unidos por uma sexualidade permanente e não sazonal como a dos outros primatas – compartilhavam alimentos e cooperavam na criação dos filhotes. Isso ocorria no domínio das estreitas coordenações comportamentais aprendidas (linguísticas) que acontecem na incessante cooperação de uma família extensa.

Esse modo de vida de constante cooperação e coordenação comportamental aprendida teria constituído o âmbito linguístico. Sua conservação teria levado a deriva estrutural dos hominídeos pelo caminho do contínuo incremento da capacidade de fazer distinções nesse mesmo âmbito de coordenações comportamentais cooperativas entre indivíduos que convivem de modo íntimo. Tal participação recorrente dos hominídeos nos domínios linguísticos por eles produzidos em sua socialização deve ter sido uma dimensão determinante na eventual ampliação desses domínios. Até que surgiu a reflexão que deu origem à linguagem – o momento em que as condutas

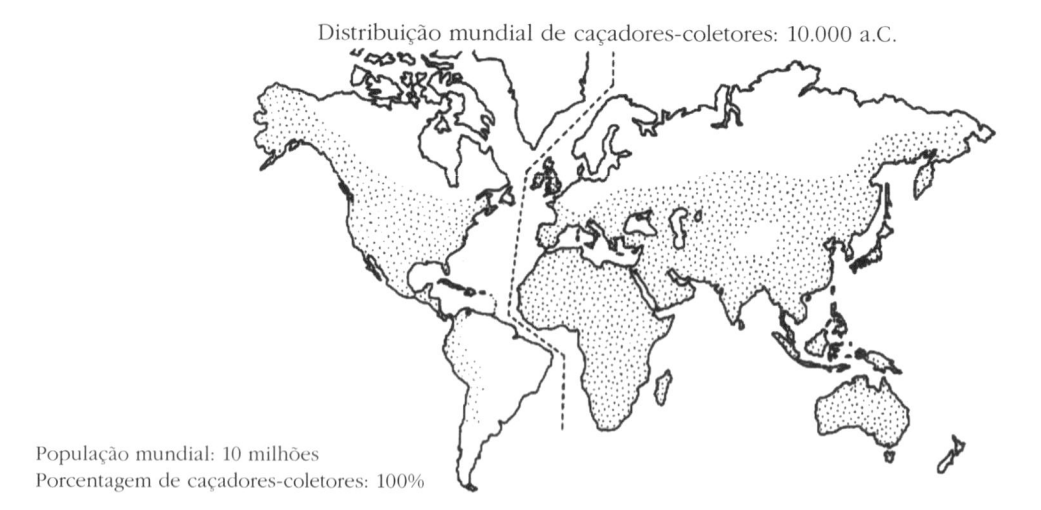

Distribuição mundial de caçadores-coletores: 10.000 a.C.

População mundial: 10 milhões
Porcentagem de caçadores-coletores: 100%

Localidades conhecidas de caçadores-coletores contemporâneos

População mundial : 3 bilhões
Porcentagem de caçadores-coletores: 0,01%

Fig. 67. No período Neolítico, as populações humanas eram coletoras-caçadoras (mapa acima). Essas origens estão ocultas nos estilos de vida atuais (mapa inferior).

1. Esquimós – Alasca
2. Esquimós – Territórios do Noroeste
3. Esquimós – Groenlândia
4. Akuri – Suriname
5. Pigmeus – Zaire
6. Ariangulos – Tanzânia
   Boni – Tanzânia
   Sanye – Tanzânia
7. Korokas – Angola
   Bantos – Angola
8. Bosquímanos de Kalahari – África do Sul, Botsuana
9. Bihar – Índia Central
10. Ilhéus andamaneses – Ilha de Andamã
11. Rucs – Tailândia
12. Aborígenes australianos – Austrália
? Presença não verificada de caçadores-coletores

linguísticas passaram a ser objeto da coordenação comportamental linguística, da mesma maneira que as ações no meio são objetos das coordenações comportamentais. Por exemplo, na intimidade das interações individuais recorrentes, que personalizam o outro com uma distinção linguística particular que funciona como apelativo individual, poderiam ter ocorrido as condições para o aparecimento da reflexão linguística.

Essa foi, até onde podemos imaginar, a história da deriva estrutural dos hominídeos que levou ao aparecimento da linguagem. É com essa herança e com essas mesmas características fundamentais que funcionamos hoje em dia, numa deriva estrutural por meio da qual se conservam a socialização e a conduta linguística acima descritas.

Janelas experimentais para o mental

As características únicas da vida social humana e seu intenso acoplamento linguístico geraram um fenômeno novo, ao mesmo tempo tão próximo e tão distante de nossa própria experiência: a mente e a consciência. Será possível fazer algumas perguntas experimentais que nos revelem esse fenômeno de modo mais detalhado? Bem, uma forma seria perguntar a um primata: "Como se sente sendo um macaco?" Infelizmente parece que a resposta não virá nunca, por causa das limitações que temos para construir com eles um domínio de convivência que admita essas distinções comportamentais ("sentir-se") como distinções linguísticas na linguagem. A riqueza (diversidade) das interações recorrentes é que individualiza o outro na coordenação linguística, o que torna possível a linguagem e determina seu caráter e amplitude. Em todo caso, fica a pergunta.

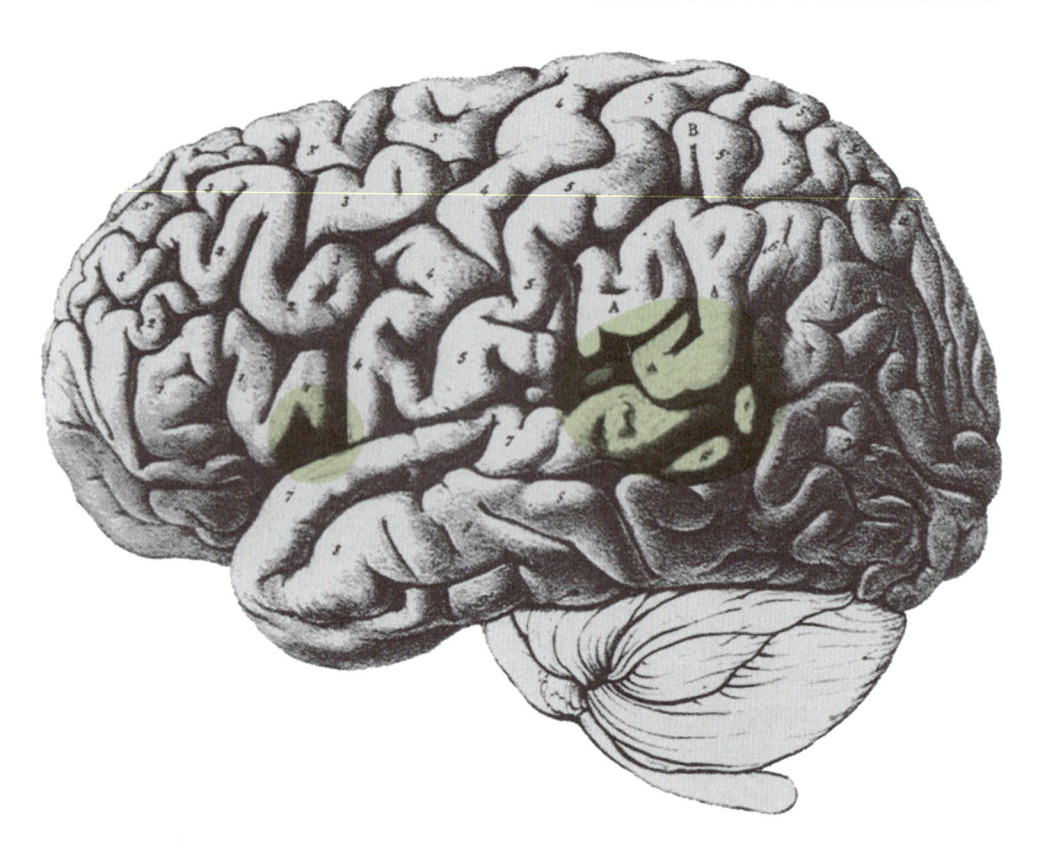

Talvez uma forma mais óbvia de contrastar a experiência dos primatas com a humana não seja por meio da linguagem, e sim aproveitando esse objeto tão ligado à reflexão – o espelho. Em geral, os animais tratam comportamentalmente sua imagem ao espelho como se fosse a presença de outro animal. Um cão late ou abana a cauda para a sua imagem; os gatos procedem de modo equivalente. Entre os primatas, os macacos têm uma conduta claramente parecida e respondem a

Fig. 68. O calcanhar de Aquiles para a habilidade linguística oral humana (colorido).

seu reflexo com todo tipo de gestos. Os gorilas, porém, quando confrontados pela primeira vez com um espelho parecem surpresos, mas logo se acostumam ao efeito e o ignoram. Para explorar mais esse habituar-se à própria imagem, que surge de modo tão diferente do que ocorre com outros animais, foi realizado um experimento. Um gorila foi anestesiado e pintou-se, entre seus olhos, um ponto colorido que só podia ser visto ao espelho. Quando o animal saiu da anestesia e foi posto diante do espelho – surpresa! –, sua mão se dirigiu ao ponto colorido em sua própria testa para examiná-lo. Era de supor que ele a estenderia para tocar o ponto na imagem, onde a estava vendo. Pensou-se que esses experimentos poderiam indicar que, pelo menos nos gorilas (e em outros primatas superiores), há uma certa possibilidade de autoimagem e portanto de reflexão. Está longe de ser claro quais seriam os mecanismos recursivos que permitiriam tal reflexão – se é que existem. E se existem, talvez sejam muito limitados e parciais. O mesmo não acontece com o homem, no qual a linguagem faz com que essa capacidade de reflexão seja inseparável de sua identidade.

Uma ampla janela, que permite perceber o papel desempenhado pelo acoplamento linguístico na produção do mental nos humanos, surgiu de algumas observações feitas com pacientes submetidos à neurocirurgia. Os estudos mais notáveis são uma série feita em um número já bastante grande de pessoas que sofrem de epilepsia. Trata-se de uma síndrome que, em sua pior forma, produz epicentros de atividade elétrica que

G. Gallup, *Amer. Scient.* 67: 417, 1979.

se expandem por todo o córtex, sem nenhuma regulação (Fig. 69).

Como consequência, a pessoa sofre convulsões e perda de consciência, além de uma série de outros sintomas bastante incapacitantes. Em casos extremos dessa doença, tentou-se, há alguns anos, evitar a invasão transcortical da atividade epiléptica cortando a conexão mais importante entre os hemisférios cerebrais, o corpo caloso (Fig. 70). O resultado foi que a epilepsia do indivíduo melhorou até certo ponto, mas os hemisférios deixaram de funcionar como uma unidade, como acontece nas pessoas normais.

Já mencionamos que certas zonas do córtex precisam estar intactas para que a fala seja possível. Na realidade, em quase todos os humanos basta que haja integridade dessas regiões num só lado preferencial, mais comumente o esquerdo. É por isso que se diz que há uma lateralização na linguagem. O que acontece, então, em relação à interação linguística, com os indivíduos em que os hemisférios foram desconectados?

Nas situações do dia a dia não se nota nenhuma diferença. Com efeito, esses pacientes operados podem retomar suas vidas habituais, e não seria possível distinguir uma pessoa operada se a encontrássemos num coquetel. Mas há maneiras de produzir, em laboratório, uma interação preferencial com o hemisfério esquerdo e direito do cérebro em separado. Esses experimentos se baseiam na anatomia do sistema visual, no qual tudo o que vemos com o lado esquerdo estimula neurônios que se encontram no córtex direito e vice-versa (ver diagrama na Fig. 71). Desse modo, se

R.W. Sperry, *The Harvey Lectures* 62: 293, 1968.

Domínios Linguísticos e Consciência Humana 249

Fig. 69. Ataque epilético de uma inca, segundo gravura da época.

fixamos o olhar de um indivíduo e controlamos a localização em seu campo visual das imagens-estímulo, podemos escolher entre interagir preferencialmente com o córtex direito ou o esquerdo.

Nessa situação experimental, descobrimos que é possível encontrar distintos comportamentos, caso a interação com a pessoa ocorra pela direita ou pela esquerda. Por exemplo, um indivíduo se senta diante de uma tela, com a instrução de escolher, entre vários objetos – que não pode ver – aquele que corresponde à imagem projetada (Fig. 72). Se no lado esquerdo (hemisfério direito) projetamos a imagem de uma colher, ele não terá dificuldade para encontrar, pelo tato, a colher que está sob sua mão e mostrá-la. Mas se agora, em vez da imagem de uma colher, mostramos a palavra "colher", o indivíduo não reage. Quando questionado, confessa que não viu nada. Interações faladas ou escritas que só envolvem o córtex direito são, em geral, ininteligíveis para adultos depois da secção do corpo caloso. Nesses casos, eles não podem interagir com o córtex esquerdo na linguagem escrita, do mesmo modo que um bebê ou um macaco. Contudo, pessoas assim são perfeitamente capazes de participar, pelo campo visual esquerdo, de outros domínios linguísticos, como mostram os mesmos experimentos.

Imaginemos agora que em vez de mostrar a essa pessoa uma colher, em seu hemisfério direito, lhe mostremos a imagem de uma bela modelo nua, diante da qual ele se ruboriza. Ato contínuo, perguntamos: "O que aconteceu?" A resposta do indivíduo é: "Mas doutor, que máquina divertida essa sua..." Ou seja, a pessoa com quem estamos conversando por meio de perguntas e da linguagem falada, em interações que só envolvem seu hemisfério esquerdo, simplesmente não é capaz de fazer descrições orais das interações que ocorreram no seu hemisfério direito, do qual o esquerdo está desconectado. Não há recursividade sobre aquilo a que não há acesso. Esse indivíduo, acoplado à nossa linguagem, não viu uma mulher nua. Para ele, a única coisa que aconteceu foi uma mudança de tônus emocional, que por certo tem a ver com as ligações de ambos os hemisférios com outras áreas do sistema nervoso que estão intactas. Diante dessa alteração emocional, o hemisfério linguístico constrói uma história e diz: "Que máquina divertida o senhor tem".

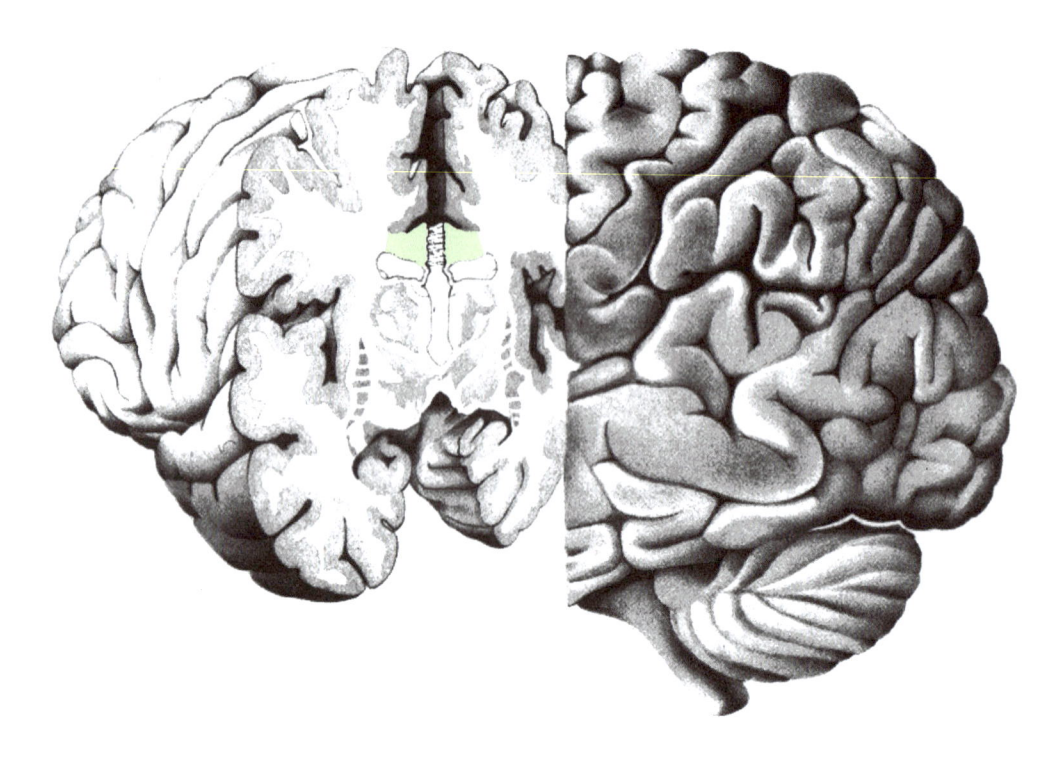

Fig. 70. Desconexão inter-hemisférica no tratamento da epilepsia: o corpo caloso seccionado aparece colorido.

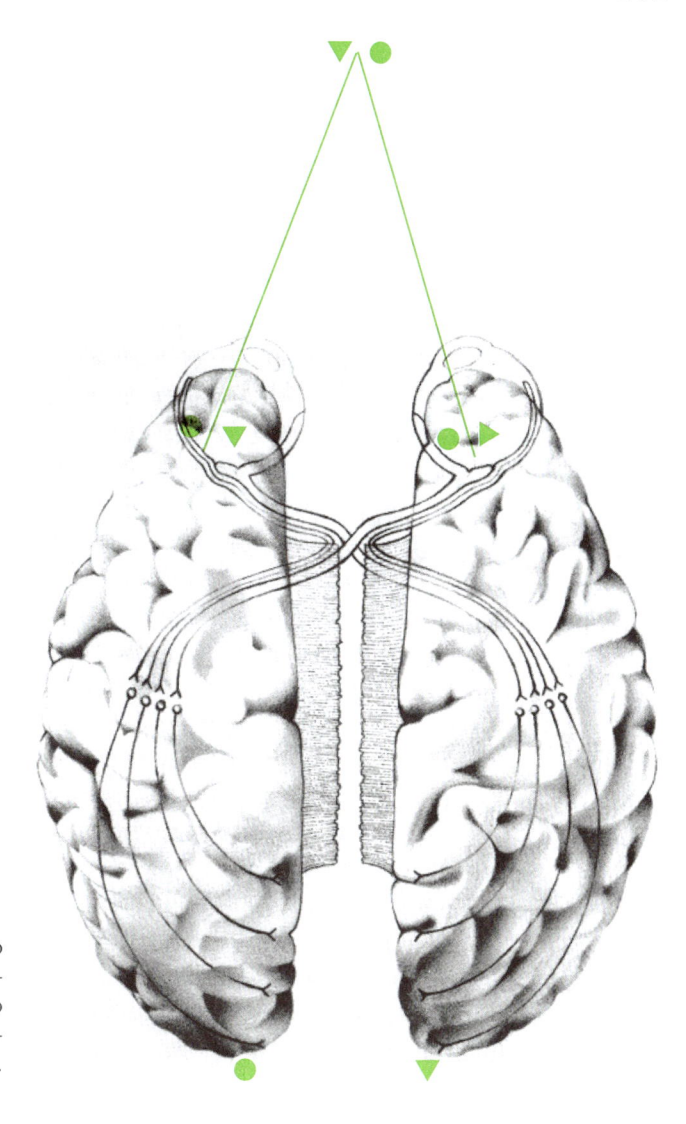

DOMÍNIOS LINGUÍSTICOS E CONSCIÊNCIA HUMANA 251

Fig. 71. Geometria da projeção da retina no córtex. Perturbações localizadas no lado esquerdo afetarão exclusivamente o córtex do lado direito.

📖 M.S. Gazzaniga e J.E. LeDoux, *The Integrated Mind*, Cornell University Press, New York, 1978.

Podemos ir mais longe. Acontece que há uma pequena percentagem de seres humanos nos quais a destruição de qualquer dos hemisférios não interfere na linguagem. Ou seja, indivíduos nos quais existe apenas uma leve lateralização. Felizmente para nós, uma dessas raras pessoas

Fig. 72. Situação experimental para o estudo comportamental de pessoas com secção do corpo caloso. Coloca-se o indivíduo de modo que não possa ver suas mãos nem o objeto a ser manipulado. A seguir, são mostradas imagens à direita ou à esquerda de seu campo visual, que ele deve identificar com as mãos ou com a fala.

foi um paciente submetido à comissurotomia e voluntário do mesmo tipo de experimentos que descrevemos. A diferença essencial é que é possível interagir agora pela esquerda ou pela direita com a linguagem e, em ambos os casos, pedir respostas que exijam reflexão linguística. Paul, um rapaz nova-iorquino de 15 anos, por exemplo, era capaz de escolher a colher quando esta era pedida por meio da palavra escrita, em ambos os hemisférios.

Em consequência, projetou-se para Paul uma nova estratégia experimental. O pesquisador começava com uma pergunta oral como "Quem...?" e os espaços em branco eram completados por uma imagem projetada num dos campos visuais, como por exemplo, "É você?". Essa pergunta, apresentada em ambos os lados, recebeu a mesma resposta: "Paul". Diante da questão "Que dia será amanhã?", a resposta foi, adequadamente, "Domingo". Quando feita ao hemisfério esquerdo, a pergunta "O que você quer ser quando crescer?" foi respondida assim: "Piloto de automóvel de corrida". O que é fascinante, porque a mesma questão, apresentada ao lado direito, tivera como resposta: "Desenhista".

Tais observações indicam que nesse caso, quando se interage com ambos os hemisférios, encontram-se comportamentos que em geral identificamos como próprios de uma mente consciente capaz de reflexão, o que é muito importante. A diferença entre Paul e outros pacientes – que é, claramente, a duplicação de sua capacidade de linguagem oral, com a participação independente de ambos os hemisférios na reflexão linguística falada – nos mostra que sem a recursividade linguística não há linguagem nem parece gerar-se uma mente, ou algo identificável como tal, em nosso domínio de distinções.

O caso de Paul nos mostra algo mais. No curso de uma interação linguística oral, parecia que o hemisfério esquerdo era o predominante nele. Por exemplo, quando se projetava uma ordem escrita para o hemisfério direito, tal como "ria", Paul de fato fingia rir. Quando perguntavam ao hemisfério esquerdo o porquê do riso, o rapaz respondia algo como: "É que vocês são engraçados...". Quando surgiu a ordem "Coce-se", a resposta sobre porque se coçava foi: "Tenho coceira". Ou seja, o hemisfério predominante não teve problemas para inventar alguma **coerência descritiva** para explicar as ações que vira ocorrer mas que estavam fora de sua experiência direta, devido à sua desconexão com o outro hemisfério.

Todos esses experimentos nos dizem algo fundamental sobre a maneira como, na vida diária, organizamos e damos coerência a essa contínua concatenação de reflexões que chamamos de consciência, e que associamos à nossa identidade. Por um lado, mostram-nos que o modo de operar recursivo da linguagem é condição *sine qua non* para a experiência que associamos ao mental. De outra parte, essas experiências fundamentadas no linguístico se organizam com base numa variedade de estados de nosso sistema nervoso aos quais, como observadores, não temos necessariamente acesso direto. No entanto, nós sempre os organizamos de maneira que elas se encaixem na coerência de nossa deriva ontogênica. No domínio linguístico de Paul, não é possível que ele ria sem uma explicação coerente para essa ação. Portanto, sua vivência atribui a esse estado alguma causa como "é que vocês são engraçados", conservando com essa reflexão a coerência descritiva de sua história.

Aquilo que, no caso de Paul, pode revelar-se até certo ponto como consciências desconectadas que funcionam por meio do mesmo organismo, mostra-nos um mecanismo que opera constantemente dentro de nós. Tudo isso nos mostra que, na rede de interações linguísticas na qual nos movemos, **mantemos uma contínua recursão descritiva – que chamamos de "eu" –, que nos permite conservar nossa coerência operacional linguística e nossa adaptação ao domínio da linguagem**.

A esta altura de nossa apresentação, tal não nos deve surpreender. Vimos que um ser vivo se

O mental e a consciência

conserva como unidade sob as contínuas perturbações do meio e as de seu próprio funcionamento. Depois, vimos que o sistema nervoso gera uma dinâmica comportamental ao produzir relações de atividade neuronal interna em sua clausura operacional. O sistema vivo, em todos os níveis, organiza-se de maneira a gerar regularidades internas. No domínio do acoplamento social e da comunicação (na "trofolaxe" linguística), se produz o mesmo fenômeno. Só que a coerência e a estabilização da sociedade como unidade se produzirá, dessa vez, mediante os mecanismos tornados possíveis pelo funcionamento linguístico e sua ampliação na linguagem. Essa nova dimensão de coerência operacional é o que experimentamos como consciência e como "nossa" mente.

Sabemos que as palavras são ações, e não coisas que passam daqui para ali. É nossa história de interações recorrentes que nos permite um efetivo acoplamento estrutural interpessoal. Permite-nos também descobrir que compartilhamos um mundo que especificamos em conjunto, por meio de nossas ações. Isso é tão evidente que é literalmente invisível para nós. Só quando nosso acoplamento estrutural fracassa em alguma dimensão do nosso existir, refletimos e nos damos conta de até que ponto a trama de nossas coordenações comportamentais na manipulação de nosso mundo – e a comunicação – são inseparáveis de nossa experiência. Esses fracassos circunstanciais em alguma dimensão de nosso acoplamento estrutural são comuns em nossa vida cotidiana, desde comprar um pão até educar uma criança. Constituem a motivação para novas maneiras de acoplamento e novas descrições – e assim *ad infinitum*. A vida humana cotidiana e o acoplamento estrutural mais atual estão tão cheios de textura e estrutura que nos assombramos ao examiná-los. Por exemplo, o leitor terá prestado atenção à incrível trama subjacente à conversação mais banal, em relação aos tons de voz, às sequências de uso da palavra, às superposições de ação entre os interlocutores? Em nossa ontogenia, temos nos acoplado assim por tanto tempo que ela nos parece simples e direta. Na verdade, a vida comum de todos os dias é uma filigrana de especificidades na coordenação comportamental.

Dessa maneira, o aparecimento da linguagem no homem, e também no contexto social em que ela surge, gera o fenômeno inédito – até onde sabemos – do mental e da autoconsciência como a experiência mais íntima do ser humano. Sem o desenvolvimento histórico das estruturas adequadas, não é possível entrar no domínio humano – como aconteceu com a menina-lobo. Por outro lado, como fenômeno na rede de acoplamento social e linguístico, o mental não é algo que está dentro de meu crânio. Não é um fluido do meu cérebro: a consciência e o mental pertencem ao domínio de acoplamento social, e é nele que ocorre a sua dinâmica. É também nesse domínio que o mental e a consciência funcionam como seletores do caminho que segue nossa deriva estrutural ontogênica. Além disso, dado que pertencemos a um domínio de acoplamento humano, podemos considerar-nos como fontes de interações linguísticas seletoras de nosso devir. Contudo, como Robinson Crusoé entendeu muito bem ao manter um calendário e ler a Bíblia todas as tardes, isso só é possível se nos comportarmos como se existissem outros, já que é a rede de interações linguísticas que faz de nós o que somos. Nós, que como cientistas dizemos todas essas coisas, não somos diferentes.

A estrutura obriga. Por sermos humanos, somos inseparáveis da trama de acoplamentos estruturais tecida por nossa permanente "trofolaxe" linguística. A linguagem não foi inventada por um indivíduo sozinho na apreensão de um mundo externo. Portanto, ela não pode ser usada como ferramenta para a revelação desse mundo. Ao contrário, é dentro da própria linguagem que o ato de conhecer, na coordenação comportamental que é a linguagem, faz surgir um mundo. Percebemo-nos num mútuo acoplamento linguístico, não porque a linguagem nos permita dizer o que somos, mas porque somos na linguagem, num contínuo ser nos mundos linguísticos e semânticos que geramos com os outros. Vemo-nos nesse acoplamento, não como a origem de uma referência nem em relação a uma origem, mas como um modo de contínua transformação no devir do mundo linguístico que construímos com os outros seres humanos.

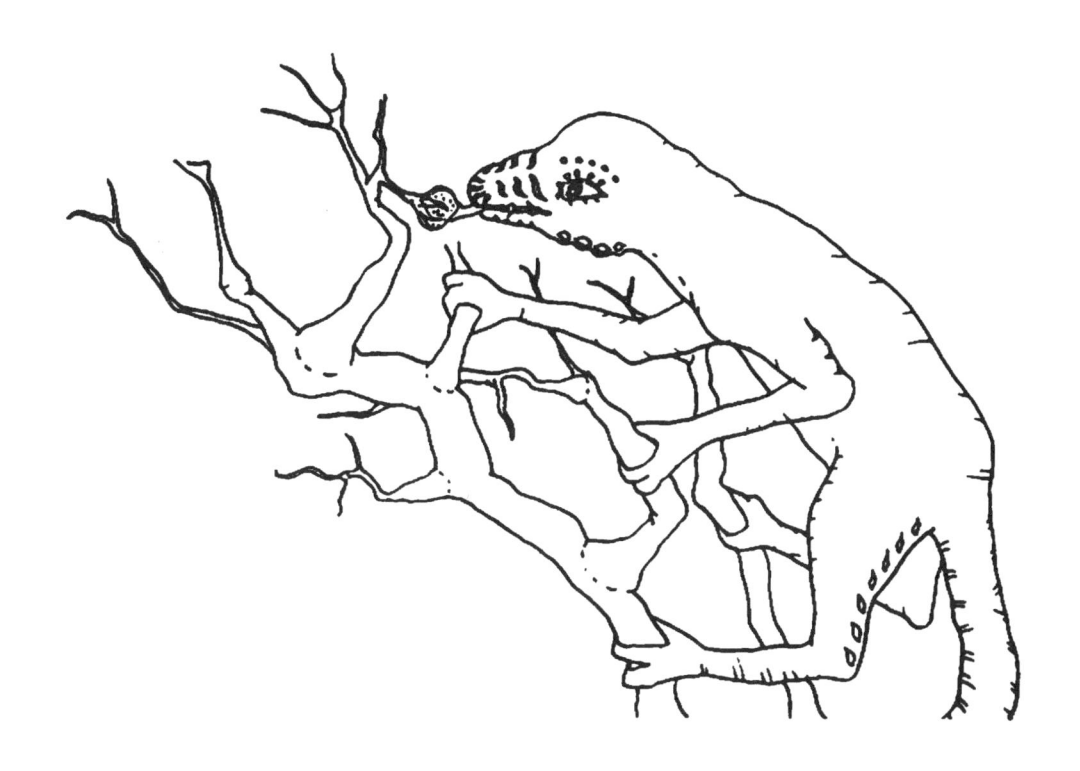

10
- conhecer o conhecer
- ética

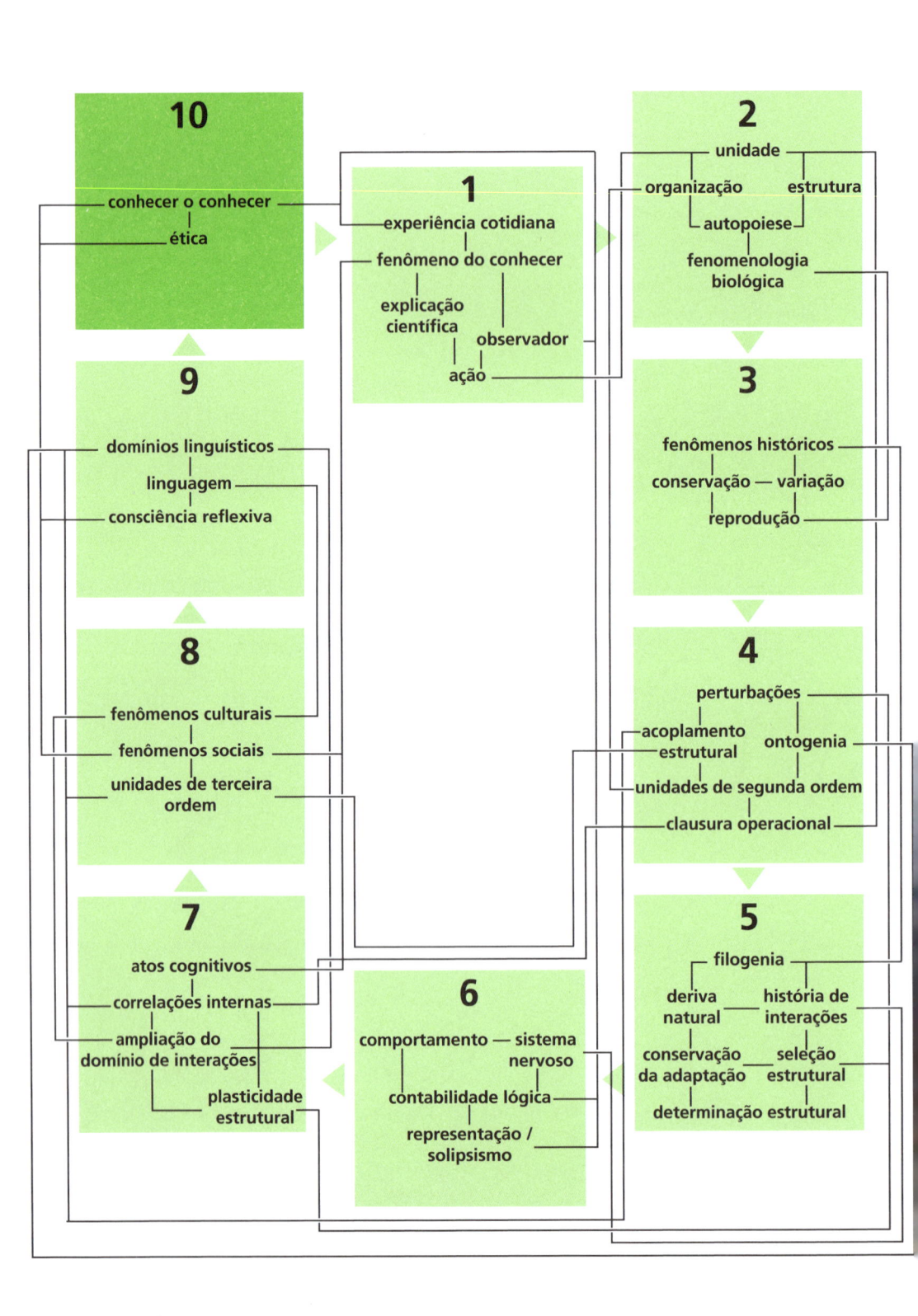

1
- experiência cotidiana
- fenômeno do conhecer
  - explicação científica
  - observador
  - ação

2
- unidade
- organização
- estrutura
- autopoiese
- fenomenologia biológica

3
- fenômenos históricos
- conservação — variação
- reprodução

4
- perturbações
- acoplamento estrutural
- ontogenia
- unidades de segunda ordem
- clausura operacional

5
- filogenia
- deriva natural
- história de interações
- conservação da adaptação
- seleção estrutural
- determinação estrutural

6
- comportamento — sistema nervoso
- contabilidade lógica
- representação / solipsismo

7
- atos cognitivos
- correlações internas
- ampliação do domínio de interações
- plasticidade estrutural

8
- fenômenos culturais
- fenômenos sociais
- unidades de terceira ordem

9
- domínios linguísticos
- linguagem
- consciência reflexiva

X   A ÁRVORE DO CONHECIMENTO

O conhecer e o conhecedor

Como as mãos do gravador de Escher (Fig. 5), este livro também seguiu um itinerário circular. Partimos das qualidades de nossa experiência, comuns à nossa vida social conjunta. A partir daí, fizemos um longo percurso pela autopoiese celular, a organização dos metacelulares e seus domínios comportamentais, a clausura operacional do sistema nervoso, os domínios linguísticos e a linguagem. Ao longo desse percurso fomos armando, gradualmente e com peças simples, um sistema explicativo capaz de mostrar como surgem os fenômenos próprios dos seres vivos. Dessa maneira, terminamos mostrando como os fenômenos sociais – fundamentados num acoplamento linguístico – dão origem à linguagem. Mostramos também como a linguagem, partindo de nossa experiência cotidiana do conhecer nela, nos permite gerar a explicação de sua origem. O começo é o final.

Assim, cumprimos a exigência que nos propusemos ao começar, isto é, que a teoria do conhecimento deveria mostrar como o fenômeno do conhecer gera a pergunta que leva ao conhecer. Essa situação é muito diferente das que encontramos comumente, em que o fenômeno de perguntar e o questionado pertencem a domínios diversos.

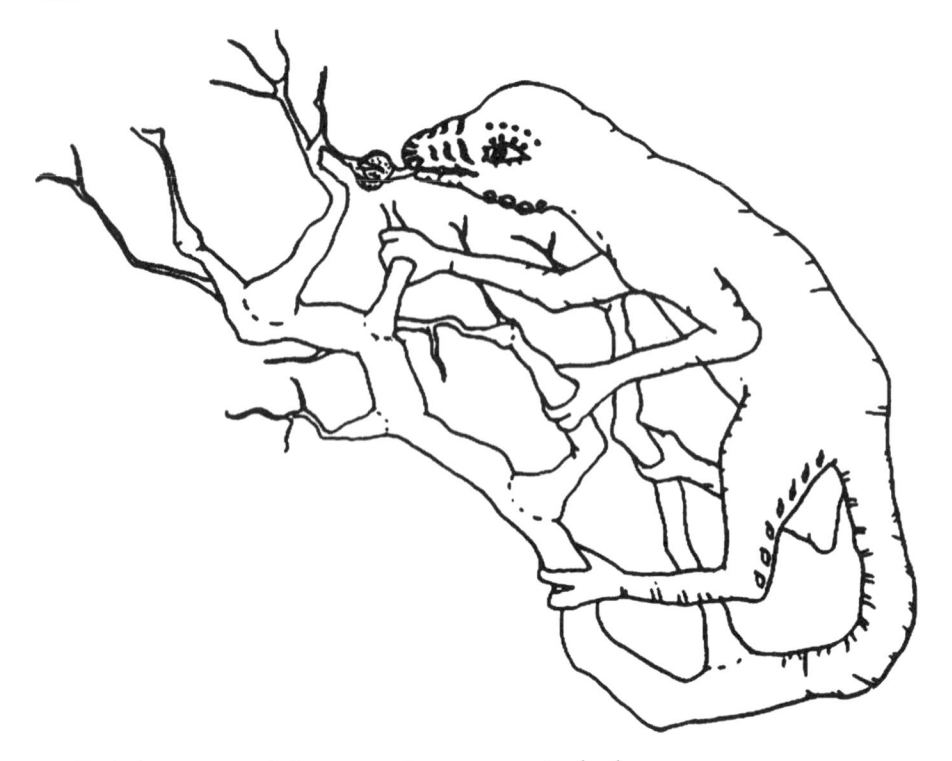

Pois bem, se o leitor seguiu com **seriedade** o que foi dito nestas páginas, se verá obrigado a ver todas as suas ações e o mundo por elas gerado – saborear, preferir, rejeitar ou conversar – como um produto dos mecanismos que descrevemos. Caso tenhamos conseguido seduzir o leitor para que ele veja a si próprio como tendo a mesma natureza desses fenômenos, este livro cumpriu o seu primeiro objetivo.

Fazer isso certamente nos deixa em uma situação inteiramente circular, que produz alguma vertigem – algo parecido ao que se vê na gravura das mãos de Escher. Essa vertigem vem do fato de que aparentemente não temos um **ponto de referência fixo** e absoluto, ao qual possamos ancorar nossas descrições e, desse modo, afirmar e defender sua validade. Com efeito, se simplesmente supomos que há um mundo que é objetivo e fixo, não é possível entender como funciona nosso sistema em sua dinâmica estrutural, pois ele exige que o meio especifique o seu funcionamento. Por outro lado, se não afirmamos a objetividade do mundo, parece que estamos dizendo que tudo é pura relatividade, que tudo é possível na negação de toda e qualquer legalidade. Vemo-nos, então, diante do problema de entender como nossa experiência está acoplada a um mundo que vivenciamos como contendo regularidades que resultam de nossa história biológica e social.

Mais uma vez temos de caminhar sobre o fio da navalha, evitando os extremos representacional (ou objetivista) e solipsista (ou idealista). Nessa trilha mediana, encontramos a regularidade do mundo que experienciamos a cada momento, mas sem nenhum ponto de referência independente de nós mesmos, que nos garanta a estabilidade absoluta que gostaríamos de atribuir às nossas descrições. Na verdade, todo o mecanismo da geração de nós mesmos – como descritores e observadores – nos garante e nos explica que nosso mundo, bem como o mundo que produzimos em nosso ser com os outros, será **precisamente** essa mistura de regularidade e mutabilidade, essa combinação de solidez e areias movediças que é tão típica da experiência humana quando a olhamos de perto.

Entretanto, é evidente que não podemos sair desse círculo e saltar para fora de nosso domínio cognitivo. Seria como, por um *fiat* divino, mudar a natureza do cérebro, modificar a natureza da linguagem e alterar a natureza do porvir, ou seja, a natureza da natureza. Estamos continuamente imersos nesse circular de uma interação a outra, cujos resultados dependem da história. Todo fazer leva a um novo fazer: é o círculo cognitivo que caracteriza o nosso ser, num processo cuja realização está imersa no modo de ser autônomo do ser vivo.

Por meio dessa contínua recursividade, todo mundo produzido oculta necessariamente suas origens. Do ponto de vista biológico, não há como descobrir o que nos aconteceu para que obtivéssemos as regularidades do mundo com as quais estamos acostumados, desde os valores ou preferências até as tonalidades das cores e os odores. O mecanismo biológico nos indica que uma estabilização operacional na dinâmica do organismo não incorpora a maneira como ele se originou. Nossas visões de mundo e de nós mesmos não guardam registros de suas origens. As palavras na linguagem (na reflexão linguística) passam a ser objetos que ocultam as coordenações comportamentais que as constituem operacionalmente no domínio linguístico. Por isso, nossos "pontos cegos" cognitivos são continuamente renovados e não vemos que não vemos, não percebemos que ignoramos. Só quando alguma interação nos tira do óbvio – por exemplo, quando somos bruscamente transportados a um meio cultural diferente –, e nos permitimos refletir, é que nos damos conta da imensa quantidade de relações que consideramos como garantidas.

A bagagem de regularidades próprias do acoplamento de um grupo social é sua tradição biológica e sua cultura. A tradição é ao mesmo tempo uma maneira de ver e de agir, e também uma forma de ocultar. Toda tradição se baseia naquilo que uma história estrutural acumulou como óbvio, como regular, como estável, e a reflexão que permite ver o óbvio só funciona com aquilo que perturba essa regularidade.

Tudo aquilo que, como seres humanos, temos em comum, é uma tradição biológica que começou com a origem da vida e se prolonga até hoje, nas variadas histórias dos seres humanos deste planeta. Por causa de nossa herança biológica comum temos os fundamentos de um mundo comum, e não nos parece estranho que para todos os seres humanos o céu seja azul e que o sol nasça a cada dia. De nossas heranças linguísticas diferentes surgem todas as diferenças de mundos culturais, que como homens podemos viver e que, dentro dos limites biológicos, podem ser tão diversas quanto se queira.

Todo conhecer humano pertence a um desses mundos e é sempre vivido numa tradição cultural. A explicação dos fenômenos cognitivos que apresentamos neste livro se localiza na tradição da ciência e se valida por meio de seus critérios. No entanto é uma explicação singular, pois mostra que ao pretender conhecer o conhecer, encontramo-nos nitidamente com nosso próprio ser. O conhecer o conhecer não se dispõe como uma árvore com um ponto de partida sólido, que cresce gradualmente até esgotar tudo o que há para conhecer. Assemelha-se mais à situação do rapaz em *A galeria de quadros* de Escher (Fig. 73). O quadro que ele vê transforma-se de modo gradual e imperceptível... na cidade em que está a galeria! Não sabemos onde situar o ponto de partida: fora, dentro? É a cidade ou a mente do rapaz? O reconhecimento dessa circularidade cognitiva, porém, não constitui um problema para a compreensão do fenômeno do conhecer, pois na verdade ela fundamenta o ponto de partida que permite sua explicação científica.

Fig. 73. *A galeria de quadros*, de M.C. Escher.

O conhecimento do conhecimento obriga

Segundo o texto bíblico, quando Adão e Eva comeram o fruto da árvore do conhecimento do bem e do mal, viram-se transformados em outros seres e não mais voltaram à antiga inocência. Antes, seu conhecimento do mundo se expressava em sua nudez, e eles se moviam com ela e nela, na inocência do mero saber; depois, sabiam-se desnudos: sabiam que sabiam.

Ao longo deste livro, percorremos a "árvore do conhecimento", e a vimos como o estudo científico dos processos a ele subjacentes. E, se seguimos seus argumentos e internalizamos suas consequências, também nos demos conta de que eles são inescapáveis. **O conhecimento do conhecimento obriga**. Obriga-nos a assumir uma atitude de permanente vigília contra a tentação da certeza, a reconhecer que nossas certezas não são provas da verdade, como se o mundo que cada um vê fosse **o mundo** e não **um mundo** que construímos juntamente com os outros. Ele nos obriga, porque ao saber que sabemos não podemos negar que sabemos.

Por tudo isso que dissemos aqui, esse saber que sabemos leva a uma ética que é inevitável e que não podemos desprezar. Nela, o ponto central é que assumir a estrutura biológica e social do ser humano **equivale a colocar no centro a reflexão sobre aquilo de que ele é capaz e que o distingue**. Equivale a buscar as circunstâncias que permitem tomar consciência da situação em que se está – qualquer que seja ela – e olhá-la a partir de uma perspectiva mais abrangente, a partir de uma certa distância. Se sabemos que nosso mundo é sempre o que construímos com os outros, cada vez que nos encontrarmos em contradição ou oposição com outro ser humano **com o qual desejamos conviver**, nossa atitude não poderá ser reafirmar o que vemos do nosso próprio ponto de vista. Ela consistirá em apreciar que nosso ponto de vista é o resultado de um acoplamento estrutural no domínio experiencial, **tão válido quanto o de nosso oponente, mesmo que o dele nos pareça menos desejável**. Caberá, pois, a busca de uma perspectiva mais abrangente, de um domínio experiencial em que o outro também tenha lugar e no qual possamos construir um mundo juntamente com ele.

O que a biologia nos mostra – se é que temos razão em tudo o que dissemos neste livro – é que a unicidade do ser humano, seu patrimônio exclusivo, está num acoplamento estrutural social em que a linguagem tem um duplo papel. Por um lado, gerar as regularidades próprias do acoplamento estrutural social humano, que inclui, entre outros, o fenômeno das identidades pessoais de cada um. De outra parte, constituir a dinâmica recursiva do acoplamento estrutural social, que produz a reflexividade que conduz ao ato de ver sob uma perspectiva mais ampla. Trata-se do ato de sair do que até esse momento era invisível ou inamovível, o que permite ver que como seres humanos só temos o mundo que criamos com os outros.

A esse ato de ampliar nosso domínio cognitivo reflexivo – que sempre implica uma experiência nova –, podemos chegar pelo raciocínio ou, mais diretamente, porque alguma circunstância nos leva a ver o outro como um igual, um ato

> **Ética**
>
> Todo ato humano ocorre na linguagem. Toda ação na linguagem produz o mundo que se cria com os outros, no ato de convivência que dá origem ao humano. Por isso, toda ação humana tem sentido ético. Essa ligação do humano ao humano é, em última instância, o fundamento de toda ética como reflexão sobre a legitimidade da presença do outro.

que habitualmente chamamos de **amor**. Além do mais, tudo isso nos permite perceber que o amor ou, se não quisermos usar uma palavra tão forte, **a aceitação do outro junto a nós** na convivência, é o fundamento biológico do fenômeno social. Sem amor, sem aceitação do outro junto a nós, não há socialização, e sem esta não há humanidade. Qualquer coisa que destrua ou limite a aceitação do outro, desde a competição até a posse da verdade, passando pela certeza ideológica, destrói ou limita o acontecimento do fenômeno social. Portanto, destrói também o ser humano, porque elimina o processo biológico que o gera. Não nos enganemos. Não estamos moralizando nem fazendo aqui uma prédica do amor. Só estamos destacando o fato de que biologicamente, sem amor, sem aceitação do outro, não há fenômeno social. Se ainda se convive assim, vive-se hipocritamente, na indiferença ou na negação ativa.

Descartar o amor como fundamento biológico do social, bem como as implicações éticas dessa dinâmica, seria desconhecer tudo o que nossa história de seres vivos de mais de três bilhões e meio de anos nos diz e nos legou. Não prestar atenção ao fato de que todo conhecer é um fazer, não perceber a **identidade entre ação e conhecimento**, não ver que todo ato humano, ao construir um mundo na linguagem, tem um caráter ético porque ocorre no domínio social – tudo isso é igual a não permitir-se ver que as maçãs caem para baixo. Proceder assim, sabendo que sabemos, seria um autoengano, uma negação intencional. Para nós, portanto, tudo o que dissemos neste livro não só tem o interesse de toda exploração científica, como o de nos proporcionar a compreensão de que somos humanos na dinâmica social. Liberta-nos de uma cegueira fundamental: a de não percebermos que só temos o mundo que criamos com os outros, e que só o amor nos permite criar um mundo em comum com eles. Se conseguimos seduzir o leitor a fazer essa reflexão, este livro cumpriu seu segundo objetivo.

Afirmamos que, no âmago das dificuldades do homem atual, está seu desconhecimento do conhecer.

Não é o conhecimento, mas sim o conhecimento do conhecimento que cria o comprometimento. Não é saber que a bomba mata, e sim saber o que queremos fazer com ela que determina se a faremos explodir ou não. Em geral, ignoramos ou fingimos desconhecer isso, para evitar a responsabilidade que nos cabe em todos os nossos atos cotidianos, já que todos estes – sem exceção – contribuem para formar o mundo em que existimos e que validamos precisamente por meio deles, num processo que configura o nosso porvir. Cegos diante dessa transcendência de nossos atos, pretendemos que o mundo tenha um devir independente de nós, que justifique nossa irresponsabilidade por eles. Confundimos a imagem que buscamos projetar, o papel que representamos, com o ser que verdadeiramente construímos no nosso viver cotidiano.

Chegamos ao final. O leitor não deve buscar aqui receitas para o seu fazer concreto. A intenção deste livro foi convidá-lo a uma reflexão que o leve a conhecer o seu conhecer. A responsabilidade de transformar esse conhecimento na carne e no osso de suas ações está em suas mãos.

Conta-se que havia uma ilha, que ficava em Algum Lugar, em que os habitantes desejavam intensamente ir para outra parte e fundar um mundo mais sadio e digno. O problema era que a arte e a ciência de nadar e navegar ainda não tinham sido desenvolvidas – ou talvez tivessem sido há muito esquecidas. Por isso, havia habitantes que simplesmente se negavam a pensar nas alternativas à vida na ilha, enquanto que outros tentavam encontrar soluções para os seus problemas, sem preocupar-se em recuperar o conhecimento de como cruzar as águas. De vez em quando, alguns ilhéus reinventavam a arte de nadar e navegar. Também de vez em quando chegava a eles algum estudante, e então acontecia um diálogo assim:

"Quero aprender a nadar."

"O que quer fazer para conseguir isso?"

"Nada. Só quero levar comigo uma tonelada de repolho."

I. Shah, *The Sufis*, Anchor Books, New York, 1964, p. 2-15.

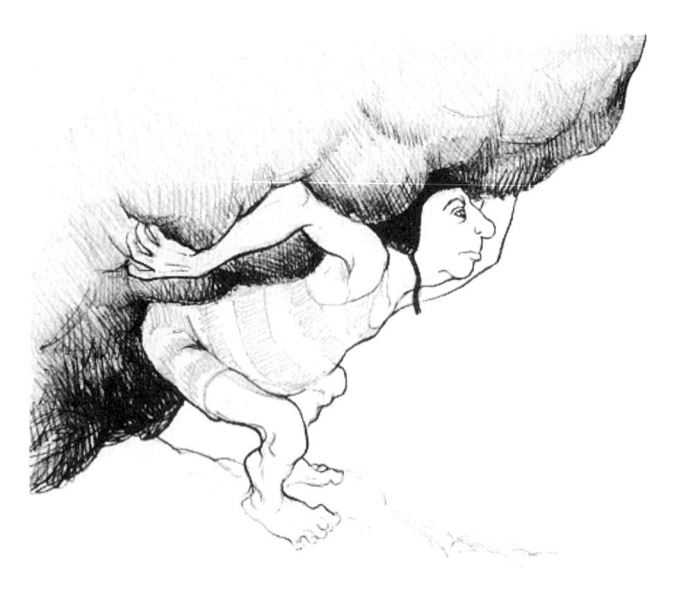

"Que repolho?"

"A comida de que vou precisar no outro lado, ou seja lá onde for."

"Mas há outras coisas para comer no outro lado."

"Não sei o que quer dizer. Não tenho certeza. Tenho de levar meu repolho."

"Mas assim não vai poder nadar. Uma tonelada de repolho é uma carga muito pesada."

"Então não posso aprender. Para você, meu repolho é uma carga. Para mim, é um alimento essencial."

"Suponhamos que – como numa alegoria – os repolhos representem ideias adquiridas, pressupostos ou certezas."

"Hum... Vou levar meus repolhos para onde haja alguém que entenda as minhas necessidades."

10
- conhecer o conhecer
- ética

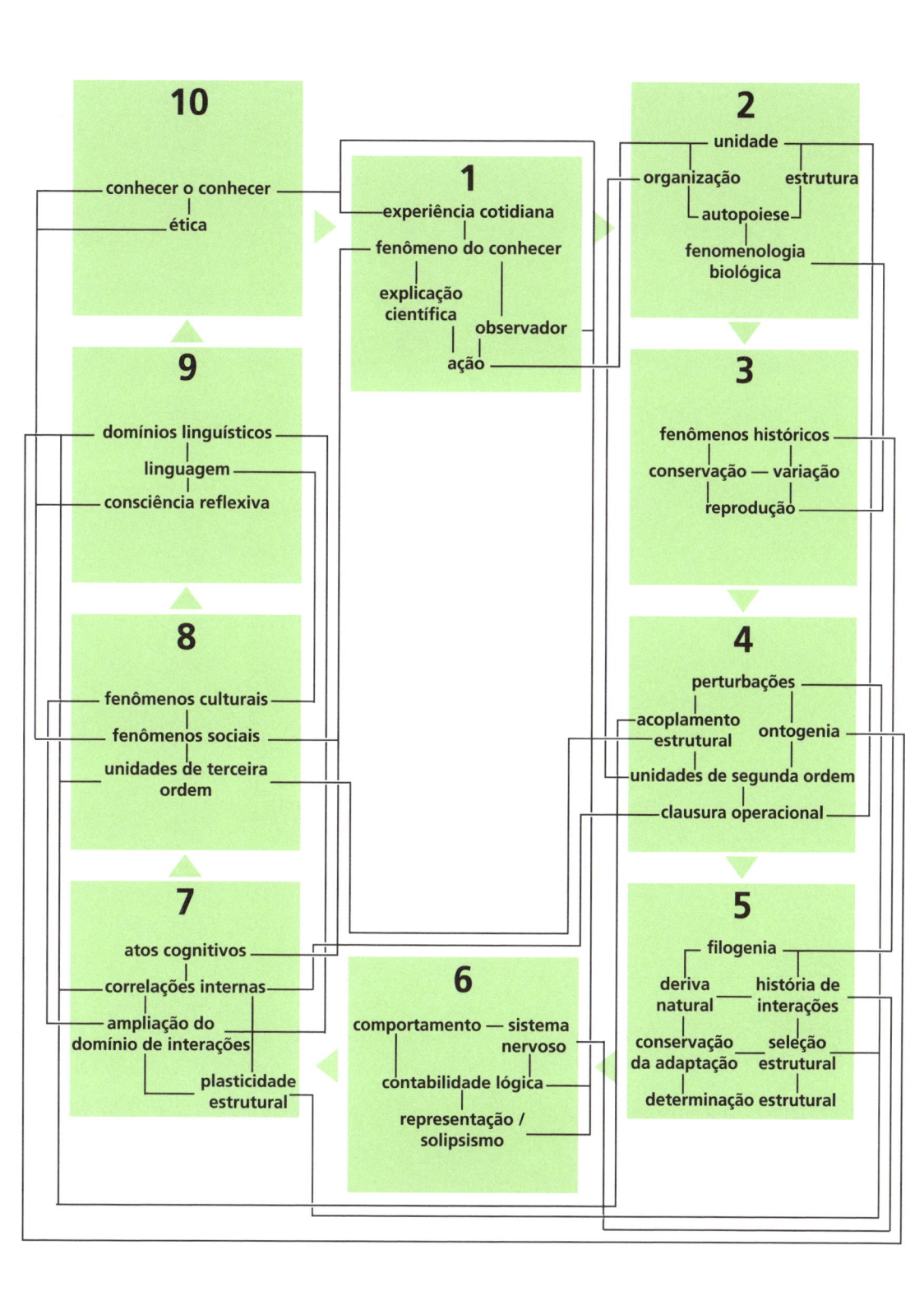

1
- experiência cotidiana
- fenômeno do conhecer
- explicação científica
- observador
- ação

2
- unidade
- organização
- estrutura
- autopoiese
- fenomenologia biológica

3
- fenômenos históricos
- conservação — variação
- reprodução

9
- domínios linguísticos
- linguagem
- consciência reflexiva

8
- fenômenos culturais
- fenômenos sociais
- unidades de terceira ordem

4
- perturbações
- acoplamento estrutural
- ontogenia
- unidades de segunda ordem
- clausura operacional

7
- atos cognitivos
- correlações internas
- ampliação do domínio de interações
- plasticidade estrutural

6
- comportamento — sistema nervoso
- contabilidade lógica
- representação / solipsismo

5
- filogenia
- deriva natural
- história de interações
- conservação da adaptação
- seleção estrutural
- determinação estrutural

Glossário

Ácidos nucleicos — Cadeia de nucleótidos. Ver ADN ou ARN.

ADN (ácido desoxirribonucleico) — Principal componente dos cromossomos. Participa, de modo crucial, da síntese de proteínas celulares, por meio da especificação de sua sequência de aminoácidos, que se faz por intermédio do ARN.

Aminoácidos — Moléculas orgânicas componentes das proteínas. Cada aminoácido é formado por um grupo amínico, um grupo ácido e um resíduo molecular peculiar a cada tipo de aminoácido. Existem cerca de 20 aminoácidos nas proteínas dos seres vivos, como lisina, alanina, leucina etc.

Antropoides — Conjunto dos primatas chamados superiores, que inclui os gorilas, os chimpanzés, os gibões e os orangotangos.

Ano-luz — Unidade de distância astronômica, que corresponde à distância que percorreria um raio de luz em um ano. A velocidade da luz é de aproximadamente 300.000 quilômetros por segundo.

ARN (ácido ribonucleico) — Ácido nucleico que participa na síntese de proteínas no citoplasma celular.

Axônio — Extensão protoplasmática neuronal única, que habitualmente é capaz de conduzir um impulso nervoso.

Bactérias — Seres vivos unicelulares sem compartimentalização interna (procariontes).

Cerebelo — Lobo da porção cefálica do sistema nervoso dos vertebrados, que participa ativamente na regulação fina da atividade muscular.

Receptividade sexual periódica, sazonal ou mensal, nos mamíferos em geral e nos primatas em particular.	**Ciclo estral**
Grandeza que caracteriza a frequência de vibrações das diferentes cores do espectro da luz visível e, em geral, das diferentes radiações eletromagnéticas.	**Comprimento de onda**
Camada celular (neuronal) mais externa dos hemisférios cerebrais.	**Córtex**
Componentes nucleares formados por ácidos nucleicos altamente comprimidos e proteínas. São facilmente visíveis durante a divisão celular, e seu número é fixo para cada espécie viva.	**Cromossomos**
Conjunto de axônios que interligam o córtex de ambos os hemisférios cerebrais.	**Corpo caloso**
Extensões protoplasmáticas neuronais de número e forma variados que não conduzem impulsos nervosos.	**Dendritos**
Fase celular envolvida por uma camada resistente.	**Esporos**
Células com compartimento nuclear e outras estruturas, tais como mitocôndrias, cloroplastos etc.	**Eucariontes**
Conjunto dos fenômenos associados às interações de uma classe de unidades.	**Fenomenologia**
Órgão celular em forma de filamento móvel.	**Flagelo**
Restos ou pegadas mineralizados deixados por um ser vivo.	**Fóssil**
Células que se fundem durante a reprodução sexuada, como o espermatozoide ou o óvulo.	**Gametas**
Unidade descritiva hereditária na genética dos ácidos nucleicos, que corresponde a um segmento de ADN.	**Gene**
Cada uma das porções encefálicas simétricas do sistema nervoso dos vertebrados.	**Hemisférios cerebrais**
Conjunto das espécies do homem atual e suas formas ancestrais.	**Hominídeos**

Glossário

Insulina	Hormônio secretado no pâncreas, que participa na regulação da absorção da glicose.
Metabolismo celular	Conjunto dos processos de transformação química dos componentes celulares que ocorrem permanentemente no interior de uma célula.
Mitose	Processo de descompartimentalização celular que leva à reprodução de uma célula.
Mixomicetos	Grupo de organismos eucariontes, cujo ciclo de vida implica fases com indivíduos ameboides dispersos e fases de agregação celular, com ou sem fusão.
Nervo óptico	Feixe de fibras nervosas que conectam a retina com o cérebro.
Neurônio	Célula própria do sistema nervoso que se caracteriza por ter axônio e dendritos.
Neurotransmissor	Substância secretada nos terminais sinápticos que desencadeia mudanças elétricas no neurônio receptor.
Nucleótidas	Moléculas orgânicas componentes dos ácidos nucleicos. Cada nucleótida é formada pela união de uma molécula de açúcar (ribose), ou desoxirribose, um ácido fosfórico e uma base nitrogenada (purinas ou pirimidinas).
Ontogenia	História de transformações de uma unidade, como resultado de uma história de interações, a partir de sua estrutura inicial.
Plasmódio	Unidade multicelular resultante da fusão de vários indivíduos unicelulares.
Procariontes	Células sem compartimento nuclear.
Proteínas	Moléculas orgânicas formadas pela união em cadeia de numerosos aminoácidos. Essa cadeia se dobra espacialmente de maneiras diversas, segundo sua composição de aminoácidos.

Célula eucarionte de vida livre.	**Protozoário**
Extensão protoplasmática das células ameboides.	**Pseudópodos**
Unidade de distância astronômica que corresponde a aproximadamente 3.260 anos-luz.	**Quiloparsec**
Transformações de partículas elementares que ocorrem sob altíssimas temperaturas (da ordem de 10.000 graus).	**Reações termonucleares**
Recorrente, que volta sobre si mesmo.	**Recursivo**
Ponto de contato íntimo de dois neurônios, em geral entre o axônio de um neurônio e os dendritos ou o corpo celular do outro.	**Sinapse**
Literalmente do grego: fluxo de alimentos.	**Trofolaxe**
Célula resultante da fusão de dois gametas (células sexuais), que é o ponto de partida no desenvolvimento de um metacelular com reprodução sexuada.	**Zigoto**

Fonte das ilustrações

Fig. 1 – *Cristo coroado de espinhos*, de Hieronimus Bosch, Museu do Prado, Madri.

Fig. 5 – *Mãos que desenham*, de M.C. Escher, 1948 (28,5x34 cm), litografia reproduzida de *The Graphic Work of M.C. Escher*, Meredith Press, New York, 1967.

Fig. 6 – Reprodução da fotografia de uma galáxia. Cortesia de Hale Observatories.

Fig. 8 – Extraído de F. Hoyle, *Astronomy and Cosmogony*, Freeman, San Francisco, 1975, p. 276.

Fig. 9 – Adaptado de R. Dickerson e I. Geis, *The Structure and Action of Proteins*, Harper & Row, New York, 1969.

Fig. 10 – Extraído de L. Margulis, *Symbiosis in Cell Evolution*, Freeman, San Francisco, 1981, p. 117.

Fig. 12 – Microfotografia de um embrião de sanguessuga. Cortesia do Dr. Juan Fernández, Departamento de Biologia, Faculdade de Ciências Básicas, Universidade do Chile.

Fig. 14 – Primeira divisão de um embrião de rato. Microscopia de varredura. Cortesia dos Drs. Carlos Doggenweiler e Luís Izquierdo, Departamento de Biologia, Faculdade de Ciências Básicas, Universidade do Chile.

Fig. 19 – *Água*, óleo de G. Arcimboldo.

Fig. 20 – Extraído de J.T. Bonner, *The Evolution of Culture in Animals*, Princeton University Press, 1980, p. 79.

Fig. 21 – Adaptado de J.T. Bonner, *Scientific American*, 1959.

Fig. 22 – Extraído de J.T. Bonner, *Size and Cycle*, Princeton University Press, 1965, lâminas 6, 18, 25, 26.

Fig. 23 – Adaptado de J.T. Bonner, *Size and Cycle*, op. cit., p. 17.

Fig. 24 – Retrato de Charles Darwin, The Bettmann Archive.

Fig. 26 – Adaptado de J. Valentine, *Scientific American*, setembro, 1979, p. 140.

Fig. 27 – Extraído de S. Stanley, *Macroevolution*, Freeman, San Francisco, 1979, p. 68, segundo o trabalho de C. Teichert (1967).

Fig. 30 – Adaptado de R. Lewontin, *Scientific American*, setembro, 1979, p. 212.

Fig. 31 – Orangotango tomando um rato de um gato. Extraído de Biruté Galdikas. Brindamour, *National Geographic*, vol. outubro, 1975, p. 468.

Fig. 33 – Fotografias reproduzidas de C. MacLean, *The Wolf Children*, Penguin Books, New York, 1977, figs. 14, 15, 16, 35.

Fig. 34 – Adaptado de F. Kahn, *El Hombre*, vol. II, p. 235, Ed. Losada, Buenos Aires, 1944.

Fig. 36 – Extraído de Santiago Ramón y Cajal, *Histologie du Système Nerveux*, vol I, Consejo Superior de Investigaciones Científicas, Madri, 1952, fig. 340.

Fig. 37 – Adaptado de J.T. Bonner, *The Evolution of Culture in Animals*, op. cit., p. 61.

Fig. 38 – Adaptado de R. Buchsbaum, *Animals Without Backbones*, The University of Chicago Press, Chicago, 1948, fig. 14-1.

Fig. 39 – Extraído de J.T. Bonner, *The Evolution of Culture in Animals*, op. cit., p. 59.

Fig. 40 – Adaptado de G. Horridge, *Interneurons*. Freeman, San Francisco, 1969, p. 36.

Fig. 42 – Extraído de R. Buchsbaum, op. cit., fig. 84-1.

Fig. 43 – Adaptado de R. Buchsbaum, op. cit., p. 73.

Fig. 45 – Adaptado de uma reconstrução seriada ao microscópio eletrônico de R. Poritsky, *J. Comp. Neurol.* 135: 423, 1969.

Fig. 46 – Extraído de S. Kuffler e J. Nichols, *From Neuron to Brain*, Sinauer Associates, Sunderland, Mass., 1976, p. 9.

Fig. 47 – Extraído de T. Bullock e G. Horridge, *Structure and Function of the Nervous System of Invertebrates*, Freeman, San Francisco, vol. I, 1965, fig. 10.1, segundo um original de O. Bürger (1891).

Fig. 49 – Adaptado de D. Hubel, *Scientific American*, 241: 47, 1979.

Fig. 50 – Desenho original de Juste de Juste.

Fig. 52 – Adaptado de N. Tinbergen, *Social Behavior of Animals*, Methuen Co., Londres, 1953, p. 10.

Fig. 53 – Extraído de E. Wilson, *The Insect Societies*, Harvard University Press, Cambridge, 1971, fig. 8-1, segundo um original de M. Wheeler (1910).

Fig. 54 – Adaptado de E. Wilson, op. cit., fig. 14-9.

Fig. 55 – Adaptado de J.T. Bonner, *The Evolution of Culture in Animals*, op. cit., p. 93.

Fig. 56 – Adaptado de E. Wilson, *Sociobiology*, Harvard University Press, Cambridge, 1978, fig. 25-3, segundo um original de L.D. Mech (1970).

Fig. 57 – Extraído de I. DeVore e K. Hall, em *Primate Behavior*, Holt, Reinhart and Winston, New York, 1965, p. 70.

Fig. 58 – Extraído de V. Reynolds, *The Biology of Human Action*, Freeman, San Francisco, 1976, p. 53.

Fig. 59 – Extraído de J.T. Bonner, *The Evolution of Culture in Animals*, *op. cit.*, p. 121, segundo um sonograma original de T. Hooker e B. Hooker (1969).

Fig. 60 – Extraído de J. Frisch, em: *Primates*, Holt, Reinhart and Winston, New York, 1968, p. 250, segundo uma fotografia original de M. Sato.

Fig. 61 – Extraído de C. Blakemore, *Mechanics of Mind*, Cambridge University Press, 1978, p. 129.

Fig. 62 – Extraído de F. Patterson, em *National Geographic*, 154: 441, 1978, p. 441.

Fig. 63 – Extraído de C. Blakemore, p. 125, de uma fotografia do Institute of Primate Studies, University of Oklahoma.

Fig. 64 – Adaptado de E. Savage-Rumbaugh, D. Rumbaugh, S. Smith e J. Lawson, *Science* 210: 923, 1981.

Fig. 65 – Adaptado de J. Pfeiffer, *The Emergence of Man*, Harper & Row, New York, 1969, p. 8.

Fig. 66 – Extraído de V. Reynolds, *op. cit.*, p. 59.

Fig. 67 – Extraído de J. Pfeiffer, *op. cit.*, p. 311.

Fig. 68 – Desenho original de Louis Gratiolet (1854), em suas *Mémoires sur les Plis Cérébraux de l'Homme et des Primates*, lâmina I, fig. 1.

Fig. 69 – Extraído de C. Blakemore, p. 158, segundo o livro de Guamán Poma de Ayala, *Nueva Crónica y Buen Gobierno*, circa 1613.

Fig. 72 – Adaptado de M. Gazzaniga, *Scientific American*, 217: 27, 1967.

Fig. 73 – *A galeria de quadros*, de M.C. Escher, 1956 (30x23,5 cm), litografia, reproduzida de *The Graphic Work of M.C. Escher*, op. cit.

Obras da Palas Athena Editora
complementares à temática abordada neste livro

Amar e brincar – fundamentos esquecidos do humano
Humberto R. Maturana e Gerda Verden-Zöller

As relações mãe-filho e os fundamentos da democracia a partir da noção da *biologia do amor* – permeados pela expressão afetiva e lúdica – são os temas essenciais tratados nesta obra, reconhecidos de maneira inédita a partir deste enfoque revelador, juntamente com o panorama das origens da cultura patriarcal europeia que culmina na profunda ignorância do que são os direitos humanos.

O Habitar Humano
Humberto R. Maturana e Ximena Dávila Yáñez

Examina a dor e o sofrimento gerados pela estrutura cultural em que estamos e volta nosso olhar para a biosfera, onde nós, humanos – enquanto sistemas vivos – operamos na coerência de nossa natureza orgânica e com o ambiente. Nesse domínio não há competição, mas cooperação, pois a vida não existe, coexiste – no respeito e legitimação de si e do outro na convivência.

As paixões do ego – complexidade, política e solidariedade
Humberto Mariotti

Questões essenciais da atualidade – complexidade, pensamento sistêmico, ciência contemporânea, biologia cultural, psicologia das habilidades interpessoais – bem como suas aplicações práticas em áreas como a ética, a política, a administração, o desenvolvimento sustentado, se alinham a pensadores destacados: Edgar Morin, Gregory Bateson, Humberto Maturana, Francisco Varela e outros de uma valiosa bibliografia.

Diálogo sobre a natureza humana
Boris Cyrulnik e Edgar Morin

Religando-nos à natureza e à cultura, debruçando-se sobre as origens de nossa espécie, dois visionários constatam a impossibilidade de dissociar cérebro e espírito, e apontam para a interdependência – desde sua origem – entre o cultural/psicológico e o cerebral/biológico.

Ética, solidariedade e complexidade
Edgar Morin, Nelson Fiedler-Ferrara, Nelly Novaes Coelho, Edgard de Assis Carvalho, Maria da Conceição de Almeida

Para alcançar o pensamento complexo religam-se saberes, o fio condutor entre as áreas que fundamentam a diversidade do saber humano é restabelecido, buscando o conhecimento solidário com base em uma nova ética da alteridade. É o que emerge de forma elegante e inventiva destas páginas, originadas de um grande encontro parceiro da Palas Athena e a PUC-SP.

Assim caminhou a humanidade
Walter Alves Neves, Rui Sérgio S. Murrieta e Miguel José Rangel Junior (org.)

A saga do *Homo sapiens* e sua interminável peregrinação por este planeta, os fascinantes enigmas da Explosão Criativa do Paleolítico Superior e como tudo isso desemboca no modo de vida que cultivamos até hoje, se revelam em cada página. É provável que este seja o relato mais completo em língua portuguesa sobre tudo o que sabemos a respeito das nossas origens. Uma obra de fôlego que traz – em linguagem acessível – o que há de mais importante e atual acerca do estudo da evolução humana. Além de nos fazer acompanhar o palpitar intenso dos debates científicos e as contínuas modificações de compreensão que cada nova descoberta gera, este encontro com a história humana pode nos ajudar a vislumbrar caminhos mais criativos para o que virá e a descobrir significados mais solidários e profundos para nossa existência na Terra.

A revolução do altruísmo
Matthieu Ricard

Obra tecida por encontros inovadores, integrando ciências e tradições contemplativas, revelações de pesquisas e especialidades na psicologia, biologia evolutiva, filosofia, economia e neurociências, onde o rigor científico e a experiência do autor abrem novas perspectivas sobre a natureza humana, o amor altruísta e a compaixão, o senso de responsabilidade e boa vontade para com nossos semelhantes e os animais. Passo a passo, demonstra como nossas sociedades tendem a encarar as emoções – que geram mal-estar, ódio, raiva, inveja, ciúme – e de que forma treinar a mente para superá-las.

O cálice e a espada – nosso passado, nosso futuro
Riane Eisler

Obra de referência mundial, traz as evidências arqueológicas e históricas das sociedades pacíficas e igualitárias organizadas em torno da cooperação, e de suas chocantes transformações pelo poder da violência, advindas de tribos nômades de pastores que invadiram extensos territórios de nosso planeta durante milênios, promovendo o que veio a se estabelecer como uma cultura de "dominação, exploração e guerras". Expõe antes de tudo os paradigmas da realidade contemporânea, com seus obstáculos e esforços para recriar uma sociedade humana pautada pelos valores da parceria.

O mundo mais bonito que nossos corações sabem ser possível
Charles Eisenstein

Este livro transforma o modo como vemos o mundo e também nossa capacidade para produzir transformações – pessoais, sociais, ambientais e em todas as esferas da atividade humana. Por que o mundo não é como gostaríamos? O que deu errado? Como mudar? Afinal, qual é a natureza da realidade e como podemos nos alinhar a ela a fim de tornar nosso mundo um lugar melhor para viver? Realismo, ciência, sensibilidade, refinamento filosófico e experiência em ativismo social são os ingredientes marcantes deste livro que, numa linguagem direta e simples, revela onde mora a esperança no cenário aparentemente desolador do mundo contemporâneo.

Texto composto em Frutiger e Gatineau,
impresso em papel Offset 90g na **Mundial** Gráfica